KB204218

신약성경에 복음서는 왜 네 권인가? 각 복음서는 완전히 독립된 책인가? 아니면 어떤 연관성이 있는가? 사복음서는 서로 독립적으로 저술되었지만, 전체를 하나의 책으로 간주할 수 있는가? 각 복음서가 제시하는 예수의 상(像)은 어떤 유사점과 독특성이 있는가? 이런 질문들은 사복음서를 해석할 때마다 기독교 역사에서 늘 제기되어온 것이다. 본서는 위와 같은 질문에 시원한 답을 주는 책이다. 저자는 사복음서는 각 복음서 저자가 생각하는 예수 상을 독자적으로 기술하는 네 권의 독립된 책임과 동시에 한 인물에 대한 각 복음서 저자의 초상화를 모아놓은 한 권의 책이라고 본다. 사복음서를 네 권의 독립된 책으로, 그리고 동시에 하나의 사중 복음서로 읽고자 하는 독자에게 본서는 그것에 대한 확고한 신학적 토대를 제공해줄 것이다.

김동수 평택대학교 신학과 교수, 한국신약학회 직전 회장

먼저 프란시스 왓슨의 『네 권의 복음서, 하나의 복음 이야기』를 초기 기독론을 전공한 역자가 직접 번역하여 출판하게 되어 매우 기쁘게 생각한다. 본서는 예수에 대한 다양한 관점이 초기 교회를 통해 어떻게 상호보완적인 통합신학으로 발전할 수 있었는지를 보여주면서 초기 교회가 이해하는 예수 그리스도의 정체성과 그 삶이 주는 근본적인 의미에 다가서고 있다는 점에서 주목할 만하다. 본서는 '따로 그리고 같이'라는 관점을 가지고 독자들이 네 권의 복음서에 나타난 예수의 초상을 서로 충돌하여 이해하지 않으면서도 통합적으로 이해할 수 있는 길(사중 복음서)이 무엇인지를 보여준다.

본서를 읽으면서 갖게 되는 가장 깊은 인상은 B. S. 차일즈가 정경비평을 주창한 이래로, 정경비평적 관점을 가지고 신약 정경인 복음서를 분석하는 획기적인 시도가 본서를 통해 구체화되었다는 생각이 머리 속에서 떠나지 않는다는 것이다. 이는 저자가 사중 복음서를 각 복음서의 저자뿐만 아니라 각 복음서의 수신자인 초기 교회의 공동 작품으로 수용하고 있다는 점에서, 어떻게 각 복음서의 독자성이 훼손되지 않으면서도 상호보완적인 모음집의 형태로 자리잡게 되었는지를 초기 교부들의 자료에 의존하여 설명하고 있다는 점에서, 초기 교회가 어떻게 하나의 통일성 있는 문서로 사중 복음서를 이해하여 하나의 통합된 예수의 초상을 그리고 있는지를 보여주고 있다는 점에서 그렇다. 이러한 과정을 통해 저자는 사복음서의 수평적 읽기(상호대조)의 필요성과 그 유용성을 제시하고 있으며, 사복음서의 기저에 흐르는 신학적 통일성이 교회 역사를 통해 구체화되었음을 제시하고 있다. 그럼에도 이러한 일련의 학문적 작업을 수행함에 있어 저자는 복잡한 개념이나 용어를 사용하지 않고, 사복음서의 차이점(각 복음서의 도입부)과 유사점(각 복음서의 수난사화)에 대한 분석과 초기 교회의

문서 인용을 통해 담담하게 펼치고 있다. 따라서 본서는 목회자와 신학에 입문한 신학생뿐만 아니라 복음서에 관심이 있는 평신도들에게도 추천할 만한 귀한 책으로 자리매김하게 될 것이다. 이에 기쁜 마음으로 독자들에게 일독을 권하며 추천사를 가름한다.

김세현 시드니신학대학교 한국신학부 신약학 교수

우리 앞엔 네 복음서가 놓여 있다. 당연시하는 네 복음서다. 혹시 이런 질문을 해보았는가? 왜 서로 다른 사복음서일까? 단일한 복음의 메시지라면 하나의 복음서로도 충분하지 않은가? 학자들은 다양한 비평방법론을 계발하게 이 문제를 다루었다. 자료비평, 양식비평, 편집비평, 문학비평, 수사비평 등이다. 새로운 시각에서 이 문제를 다룬 저서가 저명한 신약학자 프란시스 왓슨에게서 나왔다. 그는 책 제목에서 사복음서(four gospels)라는 용어 대신 "사중 복음"(fourfold gospel)이란 용어를 사용한다. 저자는 사복음서가 초기 기독교회 역사 안에서 어떻게 평가, 보전되고 어떤 역할을 했는지를 역사적·주석적·신학적 렌즈를 사용하여 상세히 살펴본다. 이런 과정을 통해 사복음서는 근본적으로 예수 그리스도의 수난 사건에 정점을 찍으면서 한 분 예수에 대한 네 가지 초상화를 그려내고 있다고 주장한다. 사복음서의 다양성 속의 통일성을 추구하는 복음서 전문 연구서다. 왓슨은 복음서 연구에 새로운 길을 내고 있음이 분명하다.

류호준 백석대학교 신학대학원 은퇴 교수

본서는 '한 분 예수'가 '네 편의 복음서'로 확정된 이유와 그 과정을 추적하여 다양한 관점을 지닌 '네 복음서'가 하나님의 말씀인 '단 한 명의 예수'에 관한 하나의 초상화라고 확언한다. 이 논지는 복음서의 신학과 그 형성 과정을 밝히는 주요한 단서가 된다. 또한 '네 복음서'가 저자들의 손을 거쳐 교회와 소통한 산물임을 기억할 때 가장 잘 해명된다는 저자의 주장에 독자의 공감 지수는 급상승할 것이다. 저자가 소개하는 '네 복음서'에 내장된 보다 더 충만한 의미(*sensus plenior*)와 교회사에서 차지하는 '네 복음서'의 독보적인 위치를 파악하는 단 하나의 방식은 저자의 설명을 따라가는 겸손한 독서임이 틀림없다.

윤철원 서울신학대학교 신학대학원 신약학 교수

왓슨은 관찰력과 통찰이 매우 탁월한 성서학자다. 이 책은 네 겹의 다름을 통해 조화로운 하나를 발견하게 한다. 그런데 복음서는 왜 넷일까? 에스겔서에는 하나님의 한 보좌를 떠받드는 네 생물이 나온다. 교부들은 이 네 생물을 사복음서의 상징으로 사용했다. 그는 예수의 초상에 관한 다른 네 증언의 개별적 특성을 찾아내어 고유한 목소리를 듣게 만든다. 그러나 동시에 모두를 조화롭게 함께 읽을 때 각 복음서의 유익의 합보다 더 큰 유익이 있다는 사실을 보여준다. 즉 사복음서란 교향곡을 연주하는 오케스트라에서 각 악기의 고유한 음이자 그 조화에서 전체적인 웅장함을 들을 수 있는 하나의 복음이기도 하다.

이민규 한국성서대학교 신약학 교수

복음서의 다양성과 통일성을 파악하는 것은 신약성서를 읽는 모든 독자의 관심사다. 마태, 마가, 누가, 요한의 목소리를 따로 들으면서 동시에 그들이 만드는 화음을 듣는 것이 늘 쉬운 일은 아니다. 프란시스 왓슨은 이미 『복음서 저작』(*Gospel Writing*)이라는 학술서를 통해 각각의 음과 화음을 잘 해석해준 뛰어난 학자로 평가받는다. 그의 복음서 연구가 비전문 독자들을 위해 다시 펼쳐진 책이 바로 본서다. 그런 의미에서 이 책이 국내에 소개된 것은 한국교회를 위해 큰 기쁨이 아닐 수 없다. 여전히 숲보다 나무를 보는 것에 익숙한 한국교회의 성서 읽기가 이 책을 통해 균형을 찾게 되리라 확신하기 때문이다. 무엇보다 신약성서에 나타난 예수의 정체성을 진지하게 연구해온 학자가 이 책을 번역한 것은 다행스러운 일이 아닐 수 없다. 역자는 신약학계에서 누구보다 다양성과 통일성의 문제를 끊임없이 고민해온 성실한 학자다. 독자들은 이 책을 통해 전문 서적이 같은 분야의 학자에 의해 번역되어야만 하는 이유를 깨닫게 될 것이다. 프란시스 왓슨의 목소리를 유창한 한국어로 들을 수 있도록 배려해준 역자에게 심심한 감사의 뜻을 표한다.

정용한 연세대학교 연합신학대학원 신약학 교수, 교목

현대판 사사기 시대를 맞은 신약학계의 '기울어진 운동장' 안에 해석학적 수류탄을 지속적으로 투척하고 있는 '용감한 올드 보이'(a brave old boy) 프란시스 왓슨. 신약성서에 대해 시종여일 추구하는 그의 해석적 관심과 접근은 '의식 있는 신학적 읽기'다. 역사적 상황을 충분히 고려하되 정경적 문맥을 우선시해야 하는, 즉 1세기 교회의 해석 공동체 신앙의 동기와 삶의 목적을 오늘의 현대 독자들이 사려 깊게 수용하면서 읽어나가는 해석의 여정이다. 이런 독법은 주경-분석적 탐구를 거쳐 신학-통합적 이해로까지 도달할 것을 요청한다. 이런 점에서 왓슨의 『네 권의 복음서, 하나의 복음 이야기』는 신학자로서 자신의 해석학적 나무로부터 거둬들인 '신학적 열매' 중 하나이다. 나사렛 예수를 향한 '네 편의 역사적 복음서'는 한 분 주 예수 그리스도의

진리를 믿고 따라야 할 '한 권의 신학적/신앙적 복음서'임을 진지하게 보여준 셈이다. 말하자면 '사중 복음서'다. 국내 독자들(성도, 신학생, 목회자, 학자)도 왓슨의 소리에 귀 기울일 수 있는 좋은 시기가 왔다. 성서를 읽는 동기와 목적을 고민하기 원하는 '용감한 영 보이'(a brave young boy)가 우리들의 교회/신학교 해석 공동체 안에 하나둘 일어나길 기대한다. 손에 잡은 왓슨의 책이 그런 축복으로 다가가기를!

허주 아세아연합신학대학교 신약학 교수

『네 권의 복음서, 하나의 복음 이야기』는 오늘날 독자들이 가장 섬세한 성경 해석자 가운데 한 명에게 기대하는 모든 장점을 두루 갖추고 있다. 이 책 안에는 지식의 깊이와 넓이, 뛰어난 주해 능력, 명쾌한 논증, 확실한 신학적 판단 등 복음의 진리를 위한 모든 것이 다 들어 있다.

존 웹스터 세인트앤드루스 대학교 신학 교수

과연 신학적으로 우리가 네 권의 정경 복음서를 보유하고 있다는 것은 무엇을 의미할까? 에스겔의 환상과 에우세비오스의 정경 목록 등 다양한 자료를 활용하면서 프란시스 왓슨이 제시한 이 질문에 대한 그의 답변은 교회의 전통에 깊이 뿌리를 두고 있다는 점과 더불어 놀라우리만큼 신선하다. 『네 권의 복음서, 하나의 복음 이야기』는 전문가들만을 위한 책이 아니며, 이 책은 풍부한 내용과 엄청난 가치를 지니고 있다.

베벌리 로버츠 가벤타 베일러 대학교 신약학 교수

프란시스 왓슨의 공헌은 언제나 예리하고 혁신적인데, 폭넓은 독자층을 형성할 이 책 또한 예외가 아니다. 전문적인 역사 지식과 해석학적 적확성을 겸비한 그의 타의 추종을 불허하는 능력은 마치 그가 마태복음에서 새것과 옛것을 그 곳간에서 내오는 이상적인 서기관인 양 착각하게 만든다.

데일 C. 앨리슨 Jr. 프린스턴 신학대학교 신약학 교수

요한복음에 관한 오래된 진부한 표현은 요한복음은 마치 어린아이가 발장구치거나 코끼리가 수영할 수 있는 바다와 같다고 한다. 이 훌륭한 책을 놓고서도 이와 똑같은 말을 할 수 있는데, 이 책은 학생을 위한 탁월한 입문서가 될 뿐 아니라 예리한 역사적 탐정 수사와 사려 깊은(그리고 때로는 감동적인) 주해가 차고 넘쳐 전문가들에게도 명쾌한 통찰을 안겨주는 책이다.

사이먼 개더콜 케임브리지 대학교 신약학 교수

The Fourfold Gospel

A Theological Reading of the New Testament Portraits of Jesus

Francis Watson

신약성경에 나타난 예수의 초상에 대한 신학적 해석

네 권의

하나의 복음 이야기

복음서

프란시스 왓슨 지음

이형일 옮김

새물결플러스

목차

서문

정경 복음서를 "신학적으로" 읽는다는 것은 기독교 신앙의 주요 관심사와 관련하여 복음서가 제기하는 다양한 질문을 다루는 것을 의미한다. 복음서 해석이 그런 의미에서 모두 신학적인 것은 아니며, 이 말은 분명 일리가 있다. 복음서 텍스트는 기독교 신앙과 맞닿는 부분이 거의 없으면서도 여전히 의미 있는 질문을 다수 제기한다. 신학적인 해석도 단 한 가지가 아니다. 신학적인 해석은 매우 다양한 방식으로 전개될 수 있으며, 세속적인 것에 오염되는 것을 두려워한 나머지 비판적인 학문이 사용하는 도구를 포기하는 것은 어쩌면 제일 바람직하지 못한 처사일 것이다.

이 책은 사복음서가 동시에 사중 복음서라는 사실에 근거한다. 복음서 텍스트는 오직 다른 복음서 텍스트와의 관계 속에서 그 진가를 발휘한다. 복음서 텍스트는 각기 나름대로 독특성을 보유하면서도 여전히 서로 연관되어 있으며, 그 연관성 너머에서는 존재하지 않는다. 다수성(plurality)은 단일성(unity)을 의미하며, 단일성은 또한 다수성을 의미한다. 따라서 우리는 "네 복음서"를 이야기할 수 있고, 또 서로 다른 네 개의 "~에 의한 복음"도 이야기할 수 있다. 복음서 저자 가운데 이와 같은 구조를 미리 생각한 사람은 아마 아무도 없었을 것이다. 실은 오직 한 사람(마가)만이 "복음"이라는 단어에 열정을 담아 사용한다. 사실 사중 복음서는 복음서 저자들의 작품이기보다는 복음서를 읽은 초기 독자들의 작품이다. 사중 복음서는 복음서 **수용** 과정이 가져다준 결과(복음서를 수용한다는 것은 수용한 것을 창의적으로 재구성하는 과정을 거치기 때문)이며, 또한 복음서 제작이라는 지속적인 작업의 결과이기도 하다. 초기 교회에서 잘 알려진 다수의 인물이 이러한 제작 과정에서 매우 중요한 역할을 감당했다. 앞으로 이 책에서는 이레나이우스, 오리게네스, 에우세비오스, 히에로니무스 등의 이름이 자주 기론될 것이다. 히지만 이러한 복음서 수용은 복음서를 읽고, 기도하는 가운데 삶으로 살아내고, 또 이를 아끼고 사랑함으로써 이 복음서들이 지속적으로 사람들 사이에서 통용되고 새로운 환경 속에서 새로운 요구에 부응하도록 힘쓴 여러 공동체와 개인의 손길을 통해 진전되었다. 이 네 권의 복음서가 형성되는 데는 각 복음서의 초기 선택과 연계뿐만 아니라 각 저자의 정체 및 약력, 각 복음서에 부여된 상징, 복음서의 유사한 점과 다른 점에 대한 학문적인 분석과 해석이 한 몫을 담당했다. 초기 교회는 이런 과정과 기타 다른 수단을 통해 자신에게 주어진 주요 복음서들을 **이해했으며**, 그중 한 가지 이야기는 서로 다른 네 가지 방식으로 반복해서 읽히고 전해졌다.

　　이것이 바로 본서가 복음서의 시작과 결말을 해석하는 방식이다. 나는 이미 앞서 『복음서 저작』(*Gospel Writing*)이라는 훨씬 더 두꺼운 책에서 이와 관련하여 현대 복음서 연구의 한계를 비판함과 동시에 현대의 복음서 연구 전통이 수용할 수 있는 주장을 개진한 바 있다. 그 책의 정경적 관점은 점점 더 뚜렷해지는 정경의 경계가 가져다준 새로운 상황을 강조하며 배제된 텍스트뿐만 아니라 포함된 텍스트에 초점을 맞추었다. 따라서 본서의 신학적인 해석은 바로 그 경계 안에 있는 텍스트를 비롯해 그 텍스트가 (개별적으로든 상호관계 속에서든 간에) 해석자에게 던지는 신학적인 질문에 초점을 맞추고자 한다. 나의 주된 대화 상대자는 현대 저자이기보다는 고대 저자인 경우가 많은데, 이는 내가 "비평학이 발전하기 이전에 진행된 주해의 우월성"을 믿기 때문이 아니라 이러한 특정한 작업의 특성이 이를 요구하기 때문이다.

　　나는 이 책 서론에서 (1세기에 시작해서 2세기에 그 과정이 마무리된) 사중 복음서가 어떻게 탄생하게 되었는지를 보여주고자 한다. 이것은 내가 『복음서 저작』에서 이미 상세하게 다룬 내용이며 본서에서 기원 문제는 단지 서론에 불과하다. 이는 이 책의 주된 내용이 사중 복음서의 기원이 아닌 그 형태와 의미를 다루고 있기 때문이다. 이 책 1부의 네 장은 각 복음서를 다루고, 또 세부적으로 각 장은 기본적으로 각 복음서의 특성이 각 복음서 서두에 명시되어 있다는 교부들의 추론을 전제한다. 이 네 장은 모두 그리스도, 곧 사람들이 하나님의 아들로 고백하는 분에 대한 사복음서의 독특한 신학적 관점을 묘사하기 위해 각 복음서의 독특한 도입부에 초점을 맞춘다. 초기 교회는 에스겔서와 요한계시록이 사용한 상징 자료를 활용하여 이러한 독특한 관점을 나타냈는데, 하나님의 보좌 주변에 있는 이 네 생물—사람, 사자, 소, 독수리—의 상징성은 상당히 유용하다. 이러한 다양한 관점은 서로 다를 뿐 아니라 상호 보완적이다. 적어도 이러한 다양한 관점은 그렇게 읽도록 의도된 것이며, 이 책에서도 그 방법을 채택하고 있다. 이러한 상호 보완성은 역사적인 측면보다는 신학적인 측면에서 발견되는데, 이는 복음서 저자들이 예수의 삶에 대한 사실적인 정보를 제공하기보다는 그의 삶이 주는 근본적인 의미를 강조하는 데 더 큰 관심을 기울이고 있기 때문이다. 사복음서는 하나의 초상화이지, 전기적 사전(biographical dictionary)에 게재된 한 항목이 아니다.

6장과 7장은 본서 2부의 두 핵심 장인데, 이 두 장은 복음서의 결말부에 초점을 맞추어 네 명의 복음서 서사가 모두 동일한 이야기를 소개하고, 또 재차 소개하는 수난 내러티브에 포함된 여러 기사—승리의 예루살렘 입성, 겟세마네 십자가 처형, 빈 무덤—를 해석해나간다. 우리는 이러한 사건에 대한 복음서의 사중적 증언을 가이사랴의 에우세비오스가 고안해낸 소위 정경 목록의 도움을 받아 분석해나갈 것이다. 이 목록은 근대 이전에 복음서에 효율적인 상호 참조 시스템을 도입했을 뿐 아니라 여러 복음서가 다양한 방식으로 서로 연계되어 있음을 밝혀내는 데 이바지했다. 에우세비오스의 정경 목록은 비록 최근 들어 거의 인정을 받지 못하거나 부정확한 방식으로 이

해되고 있긴 하지만, 여전히 초기 교회가 이루어낸 가장 놀라운 업적 가운데 하나다. 예비적인 내용을 담고 있는 5장은 사복음서를 모두 하나로 묶어주는 역할을 하면서, 서로 다른 네 복음서를 단 한 권의 책 안에 집어넣을 만한 이유를 새롭게 제시한 에우세비오스의 시스템을 집중적으로 다룬다. 이것이 바로 사중 복음서가 하나의 사중 복음서 **책**으로 자리매김한 방식이다.

복음서 텍스트는 모두 종결 부분에서 서로 한군데로 모이지만, 이 텍스트들이 그 복음이 말하는 진리—기독교의 관점에서 볼 때 하나님과 세계, 그리고 그 세계 안에서와 하나님 앞에서의 인간적 존재에 관한 최종적인 진리를 담고 있는 예수에 관한 진리—로 어떻게 모이는지에 대한 의문은 여전히 남아 있다. 이러한 진리에 관한 의문은 심지어 이에 관한 논의가 오로지 텍스트에만 집중될 때에도 곳곳에 암묵적으로 나타나 있지만, 복음이 근본적으로 (오늘날과 마찬가지로 고대 세계에서) **허위**로 간주될 때, 그리고 이로써 인간의 안녕에 해롭다고 여겨질 때는 더욱더 명시적으로 드러난다. 아울러 우리는 본서 마지막 장인 8장에서 이러한 주장들을 통해 올바른 역사 인식에 기초하여 복음 진리의 본질을 신학적으로 반추할 기회를 얻게 된다.

나는 이 책도 사중 복음서에 대한 하나의 **해석**에 불과하다는 것을 강조할 필요가 있다고 본다. 이 책은 어떤 규범을 제시하려는 의도가 전혀 없다. 이 책은 마태복음 도입부에 나오는 계보가 이 복음서를 이해하는 데 유일한 열쇠라거나, 앞으로는 복음서 연구가 에우세비오스의 정경 목록에 근거해야 한다고 주장하지 않는다. 이러한 주장은 아무런 근거가 없을 뿐 아니라 황당무계한 것이다. 기본적으로 사중 복음서가 독립적인 단일체로서 존재한다는 지적은 매우 다른 방향으로 흘러갈 수도 있다.

나는 나의 박사후연수 연구조교인 매튜 크로포드(Matthew Crawford)에게 감사한다. 그는 이 책의 집필을 적극적으로 후원해준 "사중 복음서와 그 경쟁자들"이라는 우리의 공동 연구 프로젝트에 크게 이바지했다. 나는 또한 재정 지원을 해준 대영 예술 및 인문학 연구회(UK Arts and Humanities Research Council)에도 감사한다. 나는 2014년 초여름에 암스테르담에 있는 자유 대학교에서 보낸 연구 안식년 기간 이 책의 첫 네 장의 초안을 논의하기 위해 정기적으로 만난, 예리한 눈과 논리 정연한 사고를 하는 네 명의 학부생의 논평으로부터 많은 도움을 받았다. 그들이 바로 루번 판 데 벨트(Ruben van de Belt), 마르티너 판 데르 헤르베르흐(Martine van der Herberg), 안드레 포르트만(André Poortman), 미리암 베르쇼프(Mirjam Verschoof)다. 나는 그들에게 깊은 감사의 뜻을 표하고, 나에게 항상 편하게 지낼 수 있는 아늑한 집을 제공해주는 벨트 얀 리타어르트 페이르볼터에게도 진심으로 감사한다. 그는 내가 암스테르담에서 보낸 시간이 결코 잊지 못할 추억이 되도록 최선을 다했다. "사중 복음서의 형성"이라는 원고는 암스테르담, 케임브리지, 더럼, 세인트앤드류스에서 있었던 대학원 세미나에서 발표했고, 발표할 때마다 원고의 질은 계속 향상되었다. 그 자리에 참석한 모든 이들에게 감사드린다.

2014년 9월에 나는 이 책의 초안을 토대로 싱가포르에 있는 트리니티 신학교에서 다섯 번의 강의를 할 수 있는 특권을 누렸다. 그것은 기독교가 아직 비교적 새로운 현상일 뿐 아니라 2-3세기의 교회를 연상시킬 만큼 빠르게 성장하고, 서구의 상황과 크게 대비되는 아시아에서 사복음서에 관해 강의할 수 있었다는 점에서 매우 독특하고 놀라운 경험이었다. 나는 나의 제자인 레너드 위(Leonard Wee)와 응에이 풍 니안(Nguei Foong Nghian) 교장, 그리고 그 당시 나에게 친절과 환대를 아끼지 않은 다른 많은 교수와 학생과 학교 후원자들에게도 감사의 뜻을 표하고 싶다. 나는 여기서 타이완(Taiwan)과 찰스 룽(Charles Leung)의 이름을 특별히 언급하고 싶다. 1학년 학생들을 가르치는 수업에서 복음서 대조표(Synopsis) 활용 방법과 병행 본문 연구를 가르친 것은 특별히 기억에 남는 소중한 경험이었다.

이 책을 집필하면서 나는 종종 내가 1999년부터 2007년까지 아버딘 대학교에서 지도하던 박사학위 논문의 주제로 되돌아가 있는 나 자신을 발견하곤 했다. 나는 특별히 조엘 케네디(Joel Kennedy), 수레쉬 베물라팔리(Suresh Vemulapalli), 리처드 코넬(Richard Cornell), 톰 홀싱어 프리젠(Tom Holsinger Friesen), 데이빗 니엔휘스(David Nienhuis), 제이크 앤드류스(Jake Andrews)에게 감사한다. 우리는 (차례대로) 마태복음의 계보, 공관복음의 "주의 길" 모티프, 교부들의 기독론적 논쟁에 나타난 요한복음, 이레나이우스, 에우세비오스, 아우구스티누스 등에 관해 매우 흥미로운 대화를 나누었다.

나는 이 책을 감사와 애정을 담아 나의 부모님께 헌정한다. 나는 이 책이 비(非)전문 독자도 읽을 수 있는 짧은 책을 기다리던 그들의 오래된 바람을 채워 주기를 소망한다.

프란시스 왓슨

2015년 3월 19일

잉글랜드 더럼에서

네 권의 복음서, 하나의 복음 이야기

약어표

ANF	*Ante-Nicene Fathers*
CCSL	Corpus Christianorum: Series Latina. Turnhout: Brepols, 1953–.
CD	Karl Barth, *Church Dogmatics*
CSEL	Corpus Scriptorum Ecclesiasticorum Latinorum
FC	Fathers of the Church
GCS	Die griechischen christlichen Schriftsteller der ersten [drei] Jahrhunderte
ICC	International Critical Commentary
KEK	Kritisch-exegetischer Kommentar über das Neue Testament (Meyer Kommentar)
LCL	Loeb Classical Library
LW	*Luther's Works*
LXX	Septuagint
NA[28]	Nestle-Aland, *Novum Testamentum Graece.* 28th ed. Stuttgart: Deutsche Bibelgesellschaft, 2012.
NKZ	*Neue kirchliche Zeitschrift*
NPNF[1]	*Nicene and Post-Nicene Fathers*, Series 1
NPNF[2]	*Nicene and Post-Nicene Fathers*, Series 2
NTS	*New Testament Studies*
ThTo	*Theology Today*
WA	*Weimarer Ausgabe (D. Martin Luthers Werke: kritische Gesamtausgabe)*
WA DB	*Weimarer Ausgabe, Deutsche Bibel*
ZNW	*Zeitschrift für die neutestamentliche Wissenschaft und die Kunde der älteren Kirche*

서론

사중 복음서의 형성

몇 권의 복음서가 있는가? 복음서 저자의 이름은 각각 무엇인가? 성
경에 대한 이보다 더 기본적인 질문은 찾기 어렵다. 성경에 대한 이해
도가 날로 악화해가는 오늘날에도 이러한 질문에 자신 있게 답할 수
있는 사람(나이와 배경에 상관없이, 그리고 교회와 연관이 있든 없든 간에)은
여전히 많다. 네 권의 복음서가 있다. 복음서 저자의 이름은 각각 마
태, 마가, 누가, 요한이다.

　　물론 이것은 올바른 답이다. 그런데 과연 정말 그럴까? 이 답은
틀리지는 않았어도 최소한 오해를 불러일으킬 소지는 남아 있다. 따
라서 이 답은 다소 정제될 필요가 있다. **신약성경에는** 네 권의 복음서
가 있다. 물론 초기 교회 내에서는 다른 복음서 또는 복음서를 닮은
텍스트도 회람되고 있었지만 말이다. 정경 복음서를 쓴 저자의 이름
을 마태, 마가, 누가, 요한으로 부르고, 이를 연대기 순으로 배치한 것
은 다름 아닌 기독교 **전통**이다. 텍스트 자체는 익명으로 되어 있으며,

그 텍스트의 저자나 편집자는 자신의 정체를 드러내려는 의도를 거의 드러내 보이지 않는다.

만약 이 답변이 정제될 필요가 있다면 그 질문도 기정사실화된 "복음서"와 "복음서 저자"에 대한 명칭과 함께 정제될 필요가 있다. 이 텍스트들은 보편적으로 "복음서들"로 알려졌지만, 이 복수형 단어는 적절하지 않을지도 모른다. 그중 하나인 마가복음은 스스로 "예수 그리스도의 복음"[1]이라고 지칭하는데, 어쩌면 이는 더 이상의 복음서가 나올 여지를 전혀 남겨 두지 않는 듯하다. 다른 두 복음서인 누가복음과 요한복음은 이 단어를 전혀 사용하지 않는다. 단수형 단어인 "복음"은 원래 기독교 메시지—글로서가 아닌 사람이 직접 전달하는 좋은 소식—을 가리켰다. 사도 바울도 한때 오직 하나밖에 없는 참된 복음을 다른 복음으로 보충하려는 자에게(심지어 그가 천사라도) 이중적 저주를 선언한 바 있다.[2] 과연 바울은 네 권의 복음서가 존재하거나 또는 존재해야 한다는 말을 어떻게 받아들였을까?

따라서 우리가 앞에서 던진 순진한 질문과 그에 대한 답변은 재설정되어야만 한다. 우리는 과연 네 권의 정경 복음서와 신약성경에 포함되지 않은 복음서 문헌 간의 관계를 어떻게 설정해야 할까? 과연 우리는 신약성경 안에 서로 다른 네 개의 텍스트가 있다고 보아야 할까, 아니면 서로 다른 버전의 단일 텍스트가 있다고 보아야 할까? 이

••
1   막 1:1.
2   갈 1:8-9.

처럼 여러 개의 텍스트나 버전은 어떻게 "복음서"라는 용어와 그 복음서 저자의 이름과 연계되었을까? 왜 **다름 아닌** 이 네 개의 텍스트가 다른 텍스트나 다른 버전을 제치고 한데 묶이게 되었을까? 이러한 질문에 답변을 제시하려는 작업은 우리에게 이 네 개의 복음서 모음집이 어떻게 형성되었는지를 설명해줄 것이다. 이 사중 복음서는 우연히 생긴 것이 아니다. 이것은 네 번째 복음서 저자가 자신의 펜을 내려놓는 순간 비로소 자동으로 형성된 것이 아니다. 이것은 복음서 저자들의 글을 읽은 초기 독자들을 통해 공동으로 이루어진 작업이다.

이를 더 간략하게 말하자면 복음서와 복음서 저자에 관한 우리의 예비적 질문은 다음과 같다. (1) 네 권 이상의 복음서인가? (2) 네 권보다 적은가? (3) 왜 "복음서"인가? (4) 복음서 저자의 이름은 어떻게 붙여진 것인가? (5) 왜 이 네 가지 복음서인가?

네 권 이상의 복음서?

네 개의 복음서 모음집은 신약성경의 초석이긴 하지만, 이것은 단지 네 복음서만 기록되었다는 것을 의미하지는 않는다. 추가로 기록된 일부 복음서도 이미 널리 알려져 있으며, 일부는 사랑을 받고, 또 일부는 비난을 받았다. 이 복음서들은 편의상 "외경" 복음서 범주에 속해 있으며, 정경 복음서 내러티브의 시작 또는 결말부를 전형적으로 확대한 것이다. 「야고보 원복음」(*Protevangelium of James*)은 예수 탄생의 정황에 관한 기사의 서곡으로서 마태복음과 누가복음의 자료를 토대로 마리아의 탄생 및 성장 과정을 이야기한다. 「도마 유년기 복음」(*Infancy Gospel of Thomas*)은 자신의 마법적인 능력을 언제나 선한 방식으로 사용하지는 않는 어린 예수에 관한 흥미로운 이야기를 담고 있다. 「니고데모복음」(*Gospel of Nicodemus*)은 빌라도 앞에서 진행된 예수의 심문과 그의 죽음, 지옥 하강 및 부활에 대한 원수들의 반응 등 추가적인 정보를 독자들에게 제공해준다. "외경"이라는 명칭은 이 복음서들이 정경 복음서와 근본적으로 다르며, 또 상당히 나중에 기록되었고, 진정성과 권위가 결여되어 있음을 암시한다. 어쩌면 이 복음서들을 읽고 활용한 이들은 이를 훨씬 더 높이 평가했을 수도 있다.

19세기 말에 이집트 사막에서 발견된 수많은 파피루스 복음서 단편—그리고 때로는 온전한 복음서—은 이보다 더 중요한 질문을 우리에게 던진다. 이러한 단편 대다수는 단일 복음서가 들어 있는 파피루스에서 나온 것이며, 각 복음서에 대한 통계 자료는 2세기부터 7세기에 이르기까지 각 복음서의 유명세와 영향력을 대강 짐작할 만한 지표를 제공해준다. 사도에게 귀속되는 두 복음서는 다른 복음서에 비교해 월등히 앞선다. (최종 통계에 따르면) 요한복음은 스물여섯 개의 사본을, 마태복음은 스물두 개의 사본을 보유하고 있다. 누가복음은 여덟 개의 사본으로 3위를 차지했지만, (「유다복음」과 같이 단 한 개의 사본을 보유한) 마가복음은 「도마복음」(네 개의 사본), 「베드로복음」(세 개의 사본), 「마리아복음」(세 개의 사본) 등 비(非)정경 복음서에 뒤진다.[3] 다른 단편들은 알려지지 않은—저자에 대한 언급이 현재 남아 있지 않다는 의미에서 "알려지지 않은"—복음서에서 나왔다. 이 가운데 가장 중요한 복음서로는 1934년 대영 박물관이 매입한 파피루스 유증자의 이름을 딴 「에거튼복음」(Egerton Gospel)을 꼽을 수 있다. 만약 사본의 연대를 2-3세기의 것만으로 한정한다 해도 그 비율은 거의 같으며, 각각 마태복음이 아홉 개, 누가복음이 네 개, 도마복음이 세 개, 마리아복음이 두 개, 베드로복음이 두 개, 유다복음이 한 개, 에거튼복음이 한 개씩—그리고 마가복음은 전혀 없고—이다. 심지어 후대에도 베드로복음과 도마복음과 마리아복음은 계속해서 그리스어 또는 콥트어 번역본을 탄생시켰다.[4] 이러한 통계에 의하면 복음서 텍스트를 소유한 자들은 누가복음 사본이나 마가복음 사본뿐 아니라 비정경 복음서 사본도 소유하고 있었을 개연성이 높다.

구할 수 있는 복음서 텍스트를 모두 사용한다는 것 자체가 반드시 반역자이거나 이단임을 자처하는 것은 아니었다. 이 점은 2세기 말에서 3세기 초 사이에 기록된 알렉산드리아의 클레멘스의 저작을 통해 분명하게 나타난다. 클레멘스의 논리는 다음과 같다고 할 수 있

..
3   정경 텍스트에 대한 통계는 NA[28], 792-99의 신약성경 파피루스 목록에서 가져온 것이다. 이 파피루스의 코덱스 형태 사용에 관해서는 특히 다음을 보라. L. Hurtado, *Earliest Christian Artifacts*, 43-93.

4   비(非)정경 텍스트에 대한 사본학적 증거에 관한 자세한 내용은 다음을 보라. T. Kraus and T. Nicklas, *Das Petrusevangelium*, 25-31, 55-63; S. Gathercole, *Gospel of Thomas*, 3-13; C. Tuckett, *Gospel of Mary*, 5-10; T. J. Kraus, M. J. Kruger, T. Nicklas, *Gospel Fragments*, 11-22 (*Egerton*).

다.[5] 예수의 어록은 네 권의 정경 복음서 외의 다른 복음서 텍스트에 들어 있을 수 있고, 진정성도 겸비할 수 있다. 정경 복음서 텍스트 자체는 완전함을 주장하지 않는다. 정반대로 "예수는 제자들 앞에서 이 책에 기록되지 않은 다른 많은 이적을 행하셨다."[6] 만약 다른 책에 예수가 행하고 말한 것을 나타내는 진정한 전승이 담겨 있다면 그 전승을 보존하고 있는 문학적 정황은 부차적이다. 실제로 예수의 어록을 기록한 이가 마태인지 아니면 도마인지는 사실상 중요하지 않다. 어록과 발화자가 필사자보다 훨씬 더 중요하다. 3세기 또는 6세기에 이집트에 사는 그리스도인에게 "몇 권의 복음서?"라는 질문을 던진다면 그의 답변은 그리 간단하지 않았을 수 있다. 그는 단지 네 권의 복음서만 교회에서 읽을 수 있도록 허용되어 있었다는 점을 인식하고 있었지만, 그럼에도 가치 있는 진정한 복음서 문헌이 교회 밖에도 존재한다는 점 또한 확실히 알고 있었다.

이것은 오늘날 터키와 시리아 국경에서 가까운 곳에 있는 로마령 킬리키아 해변 마을인 로수스(Rhossus)에 사는 그리스도인들이 갖고 있던 견해다. 3세기 초 그곳에 사는 그리스도인들은 인근 안티오키아의 주교인 세라피온에게 그들의 공공 예배에서 비정경 복음서인 「베드로복음」을 사용할 수 있게 허락해 달라고 요청했다. (이 텍스트에서 나온 수난 및 부활 내러티브는 1886년에 발견되었다. 다른 초기 증거는 이 복

⁎⁎
5   보다 더 상세한 논의는 다음을 보라. F. Watson, *Gospel Writing*, 418-36.
6   요 20:30; 참조. 21:25.

음서가 "베드로"가 일인칭 단수로 말하는 마태복음과 유사한 범위를 다루는 온전한 복음서였음을 확증해준다.)[7] 지중해 동부 지역의 주요 관할구 가운데 하나의 주교이자 이단에 대해 철저하게 반대한 세라피온은 사실 이 텍스트를 읽어본 적이 없다. 하지만 그는 이 복음서 사용을 요청하는 이들의 주장에 설득당해 이를 허락해주었다. 얼마 지나지 않아 「베드로복음」에 대해 더 잘 알게 된 그는 다소 난감함을 감추지 못한 채 이제 이단들이 덧붙였다고 믿고 있는 본문들을 열거하면서 로수스 그리스도인들에게 서신을 써 보냈다. 그럼에도 그는 「베드로복음」의 기본적인 건전성을 부인하지 않는다. 이단들이 덧붙인 본문에 대해 보일 수 있는 반응은 그 본문을 단순히 지워버리든지 아니면 그것을 폐기하고 새로운 사본을 만드는 것이다(이 복음서 전체를 포기하는 것이 아니라). 이 경우에는 로수스의 그리스도인들이 또 다른 복음서를 추가로 채택한 것이 그 자체로 정통주의 주교에게조차도 근본적으로 잘못된 것은 아니었다. 그럼에도 이 복음서 사용에 대한 허락을 요청했다는 점은 다른 텍스트를 사용하는 것 또한 이미 하나의 관례였음을 암시한다. 그럼에도 우리는 (비록 확신을 가질 수는 없지만) 마태복음, 마가복음, 누가복음, 또는 요한복음의 사용을 허락해줄 것을 세라피온에게 서신으로 써 보낸 사람이 아무도 없다고 추정할 수 있다.

신약성경이 네 복음서를 포함하고 있다면 이는 단지 이 네 복음

----

7   관련 텍스트는 다음의 책에 수집되어 있다. Kraus and Nicklas, *Das Petrusevangelium*. 로수스에 있는 교회에 보낸 세라피온의 편지의 인용문이 다음의 글에 보존되어 있다. Eusebius, *Church History* 6.12.1-6.

서만이 기록되었다는 것을 의미하지 않는다. 이는 이 네 복음서가 교회의 설교와 가르침과 예배를 위한 기초의 역할을 하기 위해 훨씬 더 다양한 복음서 문헌 가운데서 채택되었음을 의미한다. 따라서 네 복음서 모음집은 단지 복음서 저자 개개인의 작품이 아니라 교회의 작품이다.[8]

네 권보다 적은?

우리가 "마태복음", "마가복음", "누가복음"으로 알고 있는 텍스트는 각기 독특한 정체성을 갖고 있다. 그럼에도 마태복음은 자기가 세운 보다 포괄적인 틀 안에 마가복음의 내용 대부분을 포함한다. 누가복음도 마찬가지다. 누가도 마태가 마가복음에 덧붙인 자료의 많은 부분을 공유하는데, 아마 이 자료도 마태복음에서 유래했을 것이다.[9] 마가의 내러티브는 예수의 수세 사건과 시험 사건부터 그의 갈릴리 사역, 변화산 사건, 예루살렘을 향한 여정을 비롯하여 성금요일 및 부활절 아침이라는 극적인 사건까지를 다룬다. 그 사이에는 치유, 축귀 및 다른 이적 사건, 무리나 제자들을 위한 비유와 교훈, 갈릴리와 예루

--

8 따라서 순전히 역사적 관점에서 볼 때 사복음서는 "그 복음서들이 거한 공간과 불가분의 관계에 있으며, 기독교 교회의 정경처럼 계속해서 그 공간에 거한다"(M. Bockmuehl, *Seeing the Word*, 77).

9 M. Goodacre, *Case against Q*가 설득력 있게 논증하듯이 말이다.

살렘에서 벌어지는 대적자들과의 논쟁이 들어 있다. 좀 더 나중에 기록된 마태복음은 이러한 기본 틀을 유지하면서도 중간중간 마가복음의 기본 구조에 의미 있는 새로운 단원을 삽입하면서 이를 보완한다. 이 복음서 저자는 그의 전임자보다 훨씬 더 포괄적인 기사를 제공하기를 원한다. 그는 어쩌면 자신의 텍스트가 첫 번째 복음서를 보완하는 두 번째 복음서로, 마가복음과 나란히 사용될 것을 기대했는지도 모른다. 아마도 그는 마가복음을 **대체할** 것을 기대한 것 같다. 그의 복음서는 자신을 이 글을 쓴 유일한 저자로 보지 않는다. 마태는 저자일 뿐만 아니라 그 이전 복음서를 확대하고 보완하여 두 번째 버전을 펴낸 편집자이기도 하다. 따라서 여기서 중요한 질문이 제기된다. 과연 우리는 여기서 두 권의 복음서를 갖게 된 것인가, 아니면 단일 복음서의 두 버전을 갖게 된 것인가? 그렇다면 누가는 과연 세 번째 버전을 추가한 것인가? 과연 복음서를 기록한 저자들은 제각기 저자인가, 아니면 익명의 편집자인가?

마가복음은 세례자 요한의 사역으로 시작하는데, 그에 대한 정보는 놀라우리만큼 단 몇 구절에 축약되어 있다. 우리는 여기서 그의 사역에 관한 예언과 회개 및 세례 촉구, 그리고 심지어 그의 이례적인 의복과 음식에 관한 정보를 접한다. 예수는 아무런 예고도 없이 갑자기 등장한다. "그때에 예수께서 갈릴리 나사렛으로부터 와서 요단강에서 요한에게 세례를 받으시고."[10] 그리고 즉시 하늘이 열리고 비둘

••
10   막 1:9.

기가 내려오고 신적 목소리가 예수를 가리켜 "나의 사랑하는 아들"이라고 인정한다.[11] 이 모든 것은 너무 급작스럽게 일어난다. 왜 이 특정 세례의 대상이 이처럼 주목받는지에 관해서는 아무런 설명이 없다. 그런데 마태는 예수 사역의 시작이라고 할 수 있는 이 사건을 이해하는 데 필요한 배경과 정황을 우리에게 제공해준다. 예수의 긴 계보가 나온 후에는 마리아의 기적적인 잉태가 하나님이 처음부터 이 특정 인물의 삶에 개입하셨다는 징후를 일러준다. 심지어 예수가 "갈릴리 나사렛" 출신이라는 (마가가 지적한) 사실도 단순히 우연이 아니다. 마태는 자기 복음서의 두 번째 장을 베들레헴에서 태어난 메시아가 어떻게 성경에서 예언한 대로 나사렛에서 성장하게 되었는지를 보여주는 데 많은 지면을 할애한다.

마가복음의 갑작스러운 시작은 또한 갑작스럽게 끝나는 결말과 일치한다. 예수의 여자 제자들은 부활절 이른 아침에 그의 무덤을 찾아가지만, 그의 시체 대신 그의 부활을 선포하는 흰옷 입은 어떤 신비스러운 청년을 발견하고 두려움에 떨며 도망친다.[12] 어떤 2세기 독자는 이러한 결말에 불만을 품고 막달라 마리아를 비롯하여 길 가는 두 제자와 열한 제자를 계속해서 만나는 부활 이후의 출현 사건을 추가로 덧붙인다.[13] 이 "긴 결말"의 저자는 마가의 이러한 결론 없는 결말에 우려를 표한 초기 교회의 유일한 독자가 아니다. 마태는 이 이야기

----

11   막 1:10-11.
12   막 16:1-8.
13   막 16:9-20.

를 완전히 새롭게 수정했다. 그는 그 흰옷 입은 청년을 천사로 묘사하고, 또 예수가 무덤에서 돌아가던 여인들을 어떻게 만났는지, 그리고 갈릴리의 어떤 산 위에서 열한 제자를 만났는지를 기록하기 이전에 그 이야기에 동산지기를 등장시킨다.[14]

이로써 마가가 구상한 복음서 내러티브에는 이제 새로운 시작과 결말이 주어지고, 그 사이에 또 다른 사건들이 추가된다. 마가복음의 예수는 그의 첫 네 제자를 부른 후 가버나움에 있는 회당에 들어가 자신의 가르침으로 사람들을 매우 놀라게 한다. "이는 그가 가르치시는 것이 권위 있는 자와 같고 서기관들과 같지 아니함일러라."[15] 마가는 여기서 예수의 가르침의 내용에 관해 우리에게 아무런 언급도 하지 않고, 오히려 예수가 그때 행한 놀라운 축귀에 초점을 맞춘다. 마가와 마찬가지로 마태도 첫 제자들을 부르는 사건을 소개하고, 예수의 권위 있는 가르침에 대한 청중의 호의적인 반응을 보고한다.[16] 이 두 기사에서 사용된 어법은 서로 이례적으로 닮았다. 하지만 이 가르치는 장면의 정황이 마태복음에서는 회당에서 산꼭대기로 바뀌고, 축귀 이야기는 소위 산상수훈으로 불리는 매우 정교하고 예술적인 구조 안에서 예수의 권위 있는 가르침으로 대체된다.[17]

마태의 편집은 마가복음의 시작과 결말, 그리고 중간 지점 여러

..
14   마 28:1-20.
15   막 1:22.
16   마 4:18-22; 7:28-29.
17   마 5:1-7:27.

곳에 새로운 자료를 추가하는 방식을 따른다. 누가의 마가복음 편집 역시 대체로 이와 유사하다. 누가도 마태와 마찬가지로 마가복음의 내러티브를 따라가면서 초반에 탄생 이야기와 계보를 추가하고, 결말부에 가서 부활 이후의 출현 이야기를 덧붙인다. 누가 역시 추가 자료(가르침, 내러티브 또는 이 둘 다)가 담긴 크고 작은 단락을 삽입한다. 마태복음과 유사한 점도 있지만, 서로 대조를 이루는 부분도 있다. 마태복음에서는 요셉이 탄생 이야기에서 주인공으로 등장하지만, 누가복음에서는 마리아가 주인공이다. 마태는 예수의 족보를 아브라함과 다윗에서부터 솔로몬과 유다의 왕들까지 추적해나가는 반면, 누가는 이와는 정반대로 다윗의 다른 아들로부터 시작해서 아브라함과 아담에게까지 거슬러 올라간다.[18] 마태는 예수가 그 위대한 설교를 산 위에서 행한 것으로 소개하는 반면, 이에 대한 누가의 축소판은 평지에서 이루어진다.[19] 마태복음에서는 부활하신 주님과 제자들의 재회가 갈릴리에서 이루어지지만, 누가복음에서는 예루살렘에서 이루어신다.[20] 이러한 유사점과 대조점은 결코 우연의 일치가 아니다. 비록 많은 학자가 여전히 다른 견해를 갖고 있지만, 누가가 마태복음을 알지 못한 가운데 자신의 복음서를 기록했다고 보기는 어렵다.[21] 과연 누가는 마태복음을 보완하고자 한 것인가, 아니면 마태를 자신의 경쟁

••
18   눅 3:23-38.
19   마 5:1; 눅 6:17.
20   마 28:16; 눅 24:33-36.
21   다음을 보라. F. Watson, *Gospel Writing*, 117-55.

자로 여긴 것인가? 그는 자신의 복음서 서문에서 신뢰할 만한 기사를 쓰고자 "시도한" 그 이전의 저자들의 글을 철저한 연구의 결과를 토대로 작성한 자신의 작품과 대조한다.[22] 적어도 이것은 더 나은 교육을 받은 그리스도인들이 오랫동안 기다려온—그리고 예수의 삶과 사역에 대한 신뢰할 만하고 정확한!—책이다.

과연 마태와 누가는 오래된 자료를 새롭게 갱신하거나, 또는 심지어 경쟁력을 갖춘 새 버전으로 출간한 것인가? 심지어 이 가운데 한 사람이라도 마가복음이 단독 작품으로서 미래가 있다고 생각했을까? 초기 기독교 비평가 가운데 한 사람인 켈소스는 바로 이 점에 관해 논하는데, 그의 적대적인 톤에도 불구하고 그의 논평에는 통찰력이 들어 있다. 켈소스에 의하면 그리스도인들은 "처음 작성된 형태의 복음서를 세 번이나 네 번 혹은 더 많이 수정했으며, 반론을 논박하기 위해 이를 개정했다."[23] 그에 의하면 그리스도인들은 다수의 복음서를 만들기보다는 본래부터 한 복음서에 대한 여러 버전을 제작했다. 그들은 초기 버전에 대한 반론을 반박하기 위해 그렇게 했다. 마가복음에 대한 마태복음의 편집 과정이나 마태복음에 대한 누가복음의 편집 과정을 묘사하는 켈소스의 말은 매우 타당해 보인다.

이 복음서들이 본래 서로 어떤 관계였든지 간에 정경 사중 모음집 안에서 이들을 서로 나란히 놓고 보면 그 관계는 전부 바뀌고 만

--

22 눅 1:1-4.
23 Origen, *Against Celsus* 2.27에서 인용.

다. 네 권의 복음서를 인정하겠다는 교회의 결정은 단순히 그것을 있는 그대로 **인정**할 뿐 아니라 각 복음서에 독립된 지위와 타당성을 **부여**하는 것이었다. 만약 마가복음이 훨씬 더 정교한 후대의 복음서에 흡수되기 위한 예비 작업으로 여겨졌다면 이 복음서를 정경에 포함한 결정은 이 복음서가 그 자체로 의미 있는 작품임을 인정해주는 것이다. 만약 한때는 누가가 마태복음을 비평하는 저자였다면 이제 각 복음서 버전은 서로 대등한 위치를 점위한다. 같은 텍스트에 대한 서로 다르고 상충적인 버전은 이제 세 권의 "공관복음"이 된 것이다.

왜 "복음"인가?

비록 바울에게 있어 복음은 글보다는 말과 더 깊이 연관되어 있지만, "복음"이라는 용어는 바울 서신에서 60회 등장한다. 복음은 발화되고, 설교 되고, 전해지고, 선포된다. 같은 주장을 하기 위해 다양한 용어가 사용된다.[24] 이 연설은 성경의 형태로 기록된 텍스트보다 앞서며, 이 텍스트는 이 복음 사건을 해석하는 데 필수 자료가 된다. 이 연설은 또한 바울 서신이라는 형태로 이어져, 한때 그 메시지를 듣거나

---

24 복음은 발화되고(살전 1:5; 2:2), 설교 되고(*kērussein*: 갈 2:2; 살전 2:9), 전해지고 (*kataggellein*: 고전 9:14), 선포된(*euaggelizesthai*: 고전 9:18; 15:1; 고후 11:7; 갈 1:11) 메시지다. 따라서 복음은 또한 들려지고(갈 3:2, 5; 참조. 엡 1:13; 골 1:5) 전해진다(고전 15:1).

믿은 독자에게 이를 상기시켜준다. 하지만 복음은 글로 기록된 것이 아니었다. 복음은 대인관계적인 **사건**, 즉 어떤 특정한 시간과 장소 안에서 한 사람은 말하고 다른 이들은 듣는, 그런 의사소통의 사건이다. 바울에게 있어 복음은 "그리스도의 복음"이다.[25] 왜냐하면 이 복음을 선포하라고 보내신 분도 그리스도시며, 이 복음을 통해 말씀하시는 분도 그리스도시고, 그 내용 자체도 그리스도시기 때문이다. 더욱더 구체적으로 말하자면 이 복음은 그리스도께서 어떻게 우리의 죄를 위해 죽으시고 사흘 만에 부활하셨으며, 그의 죽음이 그의 장사 됨을 통해 어떻게 강조되었고, 그의 부활이 어떻게 그의 추종자들에게 확인되었는지를 일러준다.[26] 이와 같은 일련의 사건을 글로 서술한 텍스트도 분명 **복음과 같은** 것이지만, "복음"이라는 용어가 저술의 영역으로 확대된 데에 관해서는 여전히 설명이 필요하다.

이에 대한 설명은 현존하는 것 가운데 가장 오래된 복음서의 도입부에서 찾아볼 수 있다. "예수 그리스도의 복음의 시작."[27] 여기서 "예수 그리스도의 복음"은 이 복음서 전체의 원제목—나중에 "마가복음"이라는 보다 더 익숙한 제목으로 대체된—인 것으로 보인다.

마가는 말로 전달된 메시지라는 의미의 복음에 대한 초기 견해를 공유한다. 마가는 예수가 사역 초기에 갈릴리로 돌아와 "때가 찼

••
25 롬 15:19; 고전 9:12; 고후 2:12; 9:13; 10:14; 갈 1:7; 빌 1:27; 살전 3:2; 참조. 살후 1:8.
26 고전 15:3-9.
27 막 1:1.

고 하나님의 나라가 가까이 왔으니 회개하고 복음을 믿으라"라고 선포했다고 묘사한다.[28] 때가 찼다는 말은 이미 현재 일어나고 있는 사건, 즉 하나님 나라의 도래를 가리킨다. 복음의 내용이 하나님 나라이며, 만약 마가의 텍스트 자체가 복음이라면 "복음"의 이 두 가지 의미는 서로 일치할 수밖에 없다. 즉 하나님 나라는 마가가 서술하듯이 예수 안에서, 그리고 그를 통해 나타난다. 물론 예수가 사역을 시작하면서 자기의 죽음과 부활을 선포할 수는 없었겠지만, 그는 하나님께서 결정적으로 개입하셨다는 사실을 직접 선언할 수는 있었다(비록 그 내용 자체는 아직 밝혀지지 않았지만).

마가는 다른 본문에서 "복음"이라는 용어를 예수가 떠난 후에 사도들이 선포한 메시지를 가리키는 데 사용한다. 그는 "나와 복음을 위하여" 자기 가족과 소유를 버리거나 자기 목숨을 잃는 자에 관해 언급하는 예수를 묘사한다.[29] 말세가 오기 전에 "복음이 먼저 만국에 전파되어야 할 것이니라."[30] 예수의 머리에 값비싼 항유를 부은 여인의 이야기는 "온 천하에 어디서든지 복음이 전파되는 곳에[서]" 거듭 말해질 것이다.[31] 마가복음의 긴 결말에서 부활하신 주님은 열한 사도를 "온 천하에 다니며 만민에게 복음을 전파하[도록]" 파송한다.[32] 마가의 내러티브 초반에 예수는 갈릴리에서 복음을 선포한다.

··
28   막 1:14-15.
29   막 8:35; 10:29.
30   막 13:10.
31   막 14:9.
32   막 16:15.

내러티브가 마무리될 무렵에는 복음이 모든 민족에게, 온 천하에, 그리고 온 창조세계에 전파되는 미래가 예고된다. 마가는 바로 이 문맥에서 "예수 그리스도의 복음의 시작"[33]을 선언하면서 자신이 기록한 텍스트에 "복음"이라는 용어를 적용한다. 여기서 강조되는 개념은 그가 기록한 복음서가 사도들의 원 설교의 체현(embodiment)이자 연속(continuation)이라는 것이다. 마가는 이 복음서를 기록함으로써 사도들의 증언이 미래 세대에까지 전해지는 데 이바지한다.

마가는 분명 예수에게 귀속된 말씀과 행동을 글로 쓰기로 작정한 최초의 인물은 아니었다. 그는 이 복음서를 현재의 형태로 만들 때 자신이 활용하게 될 초기 기록 자료가 부족하지 않았을 것이다. 그가 이러한 초기 자료에 관여했다는 사실은 많은 부분 확인 가능하며, "복음"이라는 용어가 강조된 본문에서도 포착된다. 전통적인 말씀은 예수가 "나를 위하여" 자신을 희생할 필요가 있음을 언급하지만, 마태와 누가는 이를 그 이전의 형태로 되돌려놓는다. "복음을 위하여"를 덧붙인 장본인은 바로 마가다.[34] 마가가 자신의 텍스트에 "복음"이라는 표제를 붙일 때도 후대의 복음서 저자들은 다시 한번 그의 발자취를 따르기를 거부한다. 마태와 요한은 자신의 텍스트를 복음이라고 부르기보다는 단순히 "책"(*biblos*, 마 1:1, 아마도 오직 계보를 가리켜; *biblion*, 요 20:30; 참조. 21:25)이라고 부른다. 누가는 독자들에게 아주

<hr />

33 막 1:1.
34 막 8:35; 참조. 마 16:25; 눅 9:24.

잘 구성된 연속적인 "기사" 또는 "내러티브"(diēgēsis, 눅 1:1; 참조. 3절)를 제공한다. 오직 마가만이 이러한 유형의 책이 "복음"으로 묘사되어야 한다고 생각한 것으로 보인다.

2세기 중반에 이르러 순교자 유스티누스는 자신이 "사도들의 회고록"(Memoirs of the Apostles)이라고 부르는 텍스트가 일반적으로 "복음서"(euaggelia)로 알려져 있다고 말한다.[35] 이 가운데 일부(특히 마태복음과 누가복음)는 유스티누스의 로마 지역에서 이미 사용되고 있었고, 이로써 이 복음서 간의 유사점과 독특성을 인정하는 의미에서 일종의 공통 용어가 필요하게 되었다. 비록 "~의 전기"라는 제목의 고대 전기와 많은 공통점이 있지만, 이 복음서를 "예수의 전기"로 명명할 생각을 한 사람은 아무도 없었던 것 같다.[36] 유스티누스의 표제(Apomnēmoneumata, "회고록")는 결코 대중적으로 알려질 기미를 전혀 보이지 않았다. 따라서 이 네 "회고록" 또는 "전기"는 애초부터 **복음서**라는 이름으로 불렸다.

- -

35 Justin Martyr, *1 Apology* 66.3
36 R. Burridge, *What Are the Gospels?*는 사복음서가 그리스-로마 전기의 전형적인 사례라고 주장했다.

어떻게 복음서 저자의 이름이 붙여졌을까?

후대의 복음서는 그 텍스트 안에 각 저자의 이름을 포함하는 것을 선호한다. 「베드로복음」 가운데 지금까지 보존된 주요 단원 끝부분은 다음과 같이 기록한다. "나, 시몬 베드로와 나의 형제 안드레는 우리의 그물을 가지고 바다로 나갔다."[37] 「도마복음」은 독자들에게 "살아 계신 예수께서 말씀하시고, 디두모 유다 도마가 기록한 비밀스러운 말씀"을 소개한다고 주장한다.[38] 이미 저자에 대한 관심이 두 권의 정경 복음서에서 감지된다. 요한복음의 긴 결말부(요 21장, 후대 삽입)는 "예수가 사랑한 [익명의] 제자"가 이 복음서의 기초를 이루는 증언의 책임자일 뿐만 아니라 이 복음서를 저작한 장본인이라고 말한다.[39] 증인이 비로소 저자가 된 것이다. 전승은 얼마 지나지 않아 이 저자를 "요한"이라고 부른다. 누가복음 서문에서는 복음서 저자가 일인칭 단수로 말한다. "나도…좋은 줄 알았노니." 이러한 복음서 저자의 자기 소개는 이 저자에게도 잘 알려진 동시대 유대 작품에 나오는 내용과 비교하면 상당히 소박한 편이다. "출신 상으로는 히브리인이요 예루살렘 태생이자 제사장인 나, 맛디아의 아들 요세푸스는…"[40] 이 복음서 저자는 오직 데오빌로라는 헌정자의 이름만 언급하고, 자신의 이

..
37   베드로복음 14:60.
38   도마복음, 서문.
39   요 21:24.
40   *Jewish War* 1.1.

름은 전혀 꺼내지도 않는다. 하지만 심지어 저자에 관한 이런 소박한 관심조차도 마가복음과 마태복음에 들어 있는 좀 더 오래된 복음서 전승에서는 결코 찾아볼 수 없다. 이 복음서 저자들이 언급한 첫 번째 인물은 자신들이 아니라 바로 "하나님의 아들 예수 그리스도",[41] "아브라함과 다윗의 자손 예수 그리스도"[42]다. 저자의 이름이 결코 예수에 대한 관심을 가로막을 수 없었다. 그러므로 복음서는 그야말로 익명의 작품일 수밖에 없었다.[43]

이러한 익명성에 대한 전승은 초기 복음서 독자들의 글에서도 찾아볼 수 있다. 「디다케」(또는 전체 제목을 밝히자면 「열두 제자의 가르침」)라는 이름으로 알려진 문헌은 이와 상당히 밀접하게 연관되어 있는 마태복음보다 10-20년 정도 이후에 집필되었을 것이다. 저자는 열두 제자의 이름으로 독자들을 훈계하면서 마태복음의 산상수훈을 인용한다.

위선자들처럼 기도하지 말고, 주님이 그의 복음서에서 명령하셨듯이 이렇게 기도하라. 하늘에 계신 우리 아버지여, 이름이 거룩히 여김을 받으시오며…[44]

..
41 막 1:1.
42 마 1:1.
43 M. Hengel, *Four Gospels*, 48-56은 사복음서가 본래 익명으로 유통되었다는 추론을 정면으로 부인한다.
44 디다케 8.2.

너희의 기도와 구제와 모든 행동을 **우리 주님의 복음서에** 기록된 대로 행하라.[45]

여기서 "복음서"는 분명히 구두 전승이 아닌 글로 기록된 문서이며, 그 문서는 분명히 마태복음을 가리킨다.[46] 이 문서는 우리가 "마태복음"이라고 부르지만, 「디다케」를 쓴 저자에게는 "우리 주님의 복음서"로 알려진 "열두 제자의 가르침"이라는 권위 있는 문서다. 우리 주님께서 우리에게 무언가를 명령하셨다면 그것을 필사한 사람의 이름을 아는 것도 중요하다.

「디다케」가 집필된 지 수십 년이 지난 이후에 순교자 유스티누스는 트리포라는 이름의 가상의 비(非)기독교 유대인과 자신이 나눈 대화를 글로 기록했다. 트리포는 비록 말이 많은 유스티누스보다 비교적 매우 짧게 등장하지만, 상당히 긍정적인 인물로 소개된다. 한 시점에서 트리포는 자신도 과거에 기독교 신앙에 관심이 있었음을 시사한다.

나는 소위 **"복음서"에** 기록된 당신의 행동 지침을 너무나도 멋지고 위대하다고 여기므로 아무도 이것을 지킬 능력이 없다고 생각한다. 왜냐하면 나는 그것들을 아주 자세히 읽었기 때문이다.[47]

••
45   디다케 15.4.
46   참조. 마 6:1-15.
47   Justin Martyr, *Dialogue with Trypho* 10.2.

트리포는 자신이 여기서 구체적으로 어떤 행동 지침을 염두에 두고 있는지를 밝히지 않지만, 유스티누스는 다른 문맥에서 주로 산상수훈을 비롯하여 마태복음과 누가복음의 다른 공통 자료에서 가져온 본문을 소개한다.[48] 트리포는 그저 구두 전승이 아니라 글로 된 기독교 문서를 읽었고, 그 문서는 표제가 붙어 있었다고 주장한다. 그가 언급한 표제는 바로 "복음서"다. 유스티누스도 자신의 글에서 이와 동일한 표제를 사용한다.

> 이 말씀은 **복음서**에 기록되어 있다. "내 아버지께서 모든 것을 내게 주셨으니 아들 외에는 아버지를 아는 자가 없고 아버지와 또 아들의 계시를 받는 자 외에는 아들을 아는 자가 없느니라."[49]

정확한 어법은 사실 정경 복음서의 원문과 약간 다르지만, 이 어록은 마태복음 11:27이나 누가복음 10:22, 또는 이 두 본문에서 가져왔을 것이다. 하지만 유스티누스에게 있어 이 어록은 "마태복음" 또는 "누가복음"에서 가져온 것이 **아니라** 그저 "복음서"에서 가져온 것이다. 「디다케」에서 마태복음을 가리키는 "복음서"라는 용어는 비로소 그 의미가 마태복음에 포함되지 않은 다른 복음서의 자료까지 포함할 정도로 확대되었을 것이다. 유스티누스의 "복음서"는 예수의 말씀을

··
48   Justin Martyr, *1 Apology* 15-17.
49   Justin Martyr, *Dialogue with Trypho* 100.1.

인용한 그의 다른 본문에 기초하여 판단하자면 근본적으로 누가에 의해 보완된 마태복음, 곧 "마태복음-플러스 알파"다. (비록 유스티누스가 「베드로복음」에 관해 알고 있었듯이 마태복음과 요한복음도 알고 있었겠지만, 이 두 복음서는 그의 글에서 거의 나타나지 않는다.) 그럼에도 여전히 저자의 이름은 언급되지 않는다. 이 시점에서는 어떤 특정 인물의 특이한 관점보다는 사도들의 공통된 증언이 복음서의 근원이었다.

그렇다면 왜 오로지 주님의 말씀과 행동에만 초점을 둔 사도들의 복음서에 한 개인의 이름이 붙여지게 된 것일까? 그 이유는 바로 정경이라는 경계선이 그어져야 했기 때문이다. 다른 유사한 문서와 확실하게 구분하기 위해 특정 문서들 주변으로 이러한 경계선이 그어졌다. 이 선을 긋기 위해서는 그 문서들의 정체성이 분명해야만 했다. 바로 그런 이유에서 최초의 복음서 저자의 이름—마태, 마가, 누가, 요한—이 오직 이 네 복음서만 인정한다는 교회의 최초의 주장이 제기될 시점에 등장한 것이다. 이러한 가운데 가장 중요한 인물로 대두된 사람은 바로 리옹의 주교였던 이레나이우스였다. 기원후 180년경 이레나이우스는 그의 글에서 다음과 같이 말한다.

마태는 베드로와 바울이 로마에서 복음을 전하고 교회를 세우는 동안 히브리인들 가운데, 그리고 그들의 언어로, 글로 된 복음서 기사를 썼다. 그들이 떠난 후에 베드로의 제자이자 해석자인 마가도 베드로가 설교한 것을 우리에게 글로 남겼다. 그리고 바울의 추종자인 누가도 그가 선포한 복음을 책의 형태로 남겼다. 이어서 주님의 품에 안겼던 주님의

제자인 요한은 아시아에 있는 에베소에 살면서 복음서를 출간했다.[50]

네 명의 복음서 저자가 확실하게 정해지자 이레나이우스는 "복음서는 이제 정해진 숫자보다 더 많을 수도 없고 적을 수도 없다"라며 하나님의 말씀인 그리스도가 그가 세운 교회에 사중 복음서, "유앙겔리온 테트라모르폰"(*euaggelion tetramorphon*)을 주셨다고 주장할 수 있게 되었다.[51] 익명의 복음서는 확실하게 구별될 수 없었으므로 이 사중 복음서는 네 명의 저자가 필요했다. 사실 이레나이우스의 진술이 역사에 관한 진정한 정보를 보존하고 있는지는 불분명하다. 이보다 더 중요한 것은 과거에는 서로 구분할 수 없었던 익명의 문서에 저자의 이름이 각각 부여되면서 발생하게 된 크나큰 변화를 심도 있게 관찰하는 것이다.[52]

왜 이 네 복음서인가?

네 복음서 모음집에는 필연적인 것은 아무것도 없었다. 복음서 저자들은 그것을 예상하지 못했을 것이다. 그들이 예상했다 하더라도 아

..

50 Irenaeus, *Against Heresies* 3.1.1.
51 Irenaeus, *Against Heresies* 3.11.8.
52 사본 전승에서 복음서 저자들의 이름의 초기 등장에 관해서는 다음을 보라. S. Gathercole, "Titles of the Gospels."

마도 그들은 그것을 기꺼이 받아들이지는 않았을 것이다. 복음서 간의 차이는 종종 능동적인 견해 차이로도 해석될 수 있다. 하지만 복음서 저자들에게는 이 문제에 대한 자신의 생각을 표현할 수 있는 기회가 주어지지 않았다. 사중 복음서는 그 독자들의 공동 작품이다. 특히 자신이 속한 지역 공동체에서 어떤 복음서를 읽고 사용해야 하는지를 놓고 매우 중요한 결정을 내린 수많은 무명의 독자가 함께 만들어낸 작품이다. 이러한 수많은 지역의 결정이 동방 교회와 서방 교회 사이에서 형성된 폭넓은 합의를 점차적으로 이끌어냈다.

분명 이와는 전혀 다른 결과를 낳았을 수도 있다. 마태복음이 선호의 대상이 됨에 따라 마가복음은 사용이 중단되고 자취를 감출 수도 있었다. 마태복음은 누가복음으로 대체될 수 있었고, 요한복음은 다른 초기 복음서와의 불일치로 거부될 수도 있었다. 오직 한 복음서만 선택을 받거나 여러 초기 복음서가 이를 모두 포괄하는 단일 작품으로 통합될 수도 있었다. 이미 마감된 정경 복음서 모음집에 다섯 번째 복음서를 포함하는 안이 다시 거론될 수도 있었다. 사실 초기 증거는 이러한 시나리오가 일부 지역에서 실제로 일어났음을 보여준다. 원칙상으로는 그 어떤 복음서도 이 가운데서 우위를 차지할 수 있었지만, 실제로는 그렇지 않았다. 전체의 결정이 이를 허용하지 않았다.

마태복음 때문에 마가복음이 모든 지역에서 빛을 잃은 것은 아니다. 마가복음의 긴 결말은 어떤 편집자에 의해 덧붙여졌는데, 그는 이 초기 복음서의 독자성을 보전하고 싶었다. 대다수 독자는 누가복음이 마태복음의 경쟁 대상이기보다는 이를 보완해주는 것으로 여겼다. 요한복음이 예수의 신성에 관해 제시하는 증거의 긍정적인 가치는 다른 초기 복음서들과의 양립 가능성보다 우위를 차지했다. 일부 지역에서 광범위하게 사용된 복음서가 다른 지역에서는 그 뿌리를 내리지 못하기도 했다. 일반 주류 기독교에 속한 이들보다 자신이 우월하다고 생각한 엘리트 그리스도인 그룹은 일부 복음서 사용을 의도적으로 제한하기도 했다. 아무튼 이러한 네 복음서 사용이나 또 이에 대한 인식은 네 권의 복음서가 **존재해야** 한다는 이레나이우스의 타당하고 합리적인 주장을 넉넉하게 뒷받침해줄 만큼 충분했다.

이레나이우스 자신도 네 복음서 외에 다른 복음서를 직접 접한 적이 거의 없었던 것으로 보인다. 갈리아 같이 먼 지역에 사는 그를 포함하여 그의 동료 그리스도인들은 예를 들어 이집트에서 폭넓게 회람되던 복음서를 접할 기회가 없었을 것이다. 아마도 이레나이우스의 주된 관심사는 더 많거나 적은 수의 복음서를 지지하는 사람들을 대상으로 네 권의 복음서를 주장하는 것이 아니라 이 네 복음서가 모두 골고루 인정받도록 하는 데 있었을 것이다. 이보다 대략 20-30년 전에 쓴 유스티누스의 글에서는 복음서가 기본적으로 누가복음에 의해 보충된 마태복음을 가리켰고, 마가복음과 요한복음은 알려지긴 했지만 거의 사용되지 않았다. 이레나이우스에 의하면 마태복음, 마가복음, 누가복음, 요한복음은 모두 동일한 지위를 갖고 있었다. 복음서 집필 과정은 하나의 공동 작업이었다. 그리고 그들의 작품이 하나님의 승인을 받았음을 보여주는 가장 좋은 증거는 이 작품들이 라틴어를 사용하는 서방 교회와 그리스어를 사용하는 동방 교회를 모두 아우르는 전체 기독교 세계에서 널리 유포되고 인정받았다는 사실이다. 나중에 "정경"으로 승인된 사복음서는 모두 초기 기독교 안에서 이미 깊이 뿌리를 내리고 폭넓게 통용된 작품이다.

이러한 사중 정경 복음서는 완전히 다른 모습을 취할 수도 있었다. 하지만 그렇다손 치더라도 이를 제멋대로 나온 "임의적인 결과"라고 말할 수는 없다. 이 사중 복음서가 현재의 모습을 갖추게 된 것도 단지 일부 주교나 또는 어떤 공의회에서 반대했거나 사리 판단 능력이 부족한 다수에 의해 강요당했기 때문이 아니라 어떤 복음서가 필사되고 통용되어야 하는지를 판단하고 결정하는 소소한 결정 과정이 배후에 있었기 때문에 가능했다. 이레나이우스의 사중 복음서 개념은 이러한 소소한 결정이 일반적으로 어떻게 전개되었는지를 알 수 있는 기회를 제공해주며, 이러한 결정에 대한 그의 해석이 규범적으로 받아들여진 것은 그것이 신뢰성과 진실성을 담보하고 있다고 여겨졌고, 또 여전히 그렇게 여겨지고 있기 때문이다.

이러한 선별 과정은 매번 복음서 전승이 형성 되는 단계에서 전개되었으며, 이 선별 과정이 어떻게 진행되었는지는 그 이전 단계와 비교해보면 잘 알 수 있다. 요한복음 저자는 복음서 종결 부분에 이르러 우리에게 다음과 같이 일러준다.

예수께서 제자들 앞에서 이 책에 기록되지 아니한 다른 표적도 많이 행하셨으나, 오직 이것을 기록함은 너희로 예수께서 하나님의 아들 그리스도이심을 믿게 하려 함이요, 또 너희로 믿고 그 이름을 힘입어 생명을

얻게 하려 함이니라.[53]

어떤 표적은 포함되고, 또 어떤 표적은 제외되었다. 선별된 첫 번째 표적과 두 번째 표적에는 그 순번이 매겨져 있다. 첫 번째 표적은 물을 포도주로 변화시킨 사건이고, 두 번째 표적은 왕의 신하의 아들을 치유한 사건이다.[54] 이러한 순번은 지속되지는 않지만, 선별 작업은 계속된다. 이렇게 선별된 표적은 베데스다 못에서 걷지 못하는 병자를 고쳐준 사건, 5천 명을 먹인 사건, 물 위를 걸은 사건, 선천적 시각 장애인의 눈을 고쳐준 사건, 나사로를 다시 살린 사건 등이다. 이 복음서 저자(혹은 그의 자료)는 영생의 길을 효과적으로 안내하지 못하는 표적은 제외하고 그 가운데 일곱 개의 표적만 선별했다. 이러한 선별 과정을 "임의적"이라고 규정하는 것은 무의미하다. 이 복음서 저자는 아마도 자신의 선택에 대한 나름대로의 근거가 있었을 것이다. 물론 그 근거를 우리가 이제는 다 알 도리가 없지만 말이다. "오직 이것을 기록함은…너희로…믿게 하려 함이요"는 이미 주어진 자료에 대한 공정한 평가에 기초하여 의미 있는 선택을 했음을 암시한다.

요한복음 저자가 영생으로 인도하는 믿음을 독려하기에 가장 좋아 보이는 일곱 가지 표적을 선별한 것처럼 네 권의 복음서를 공동으로 선택한 결정도 동일한 목적을 가지고 있었다. 어떤 복음서가 다른

---

53 요 20:30-31.

54 참조. 요 2:11; 4:54.

복음서에 비해 왜 더 빨리, 그리고 더 널리 전파되었는지는 베일에 싸여 있지만, 한 가지 분명한 것은 각 단계마다 진실성과 그 의미를 평가하는 과정이 항상 포함되어 있었다는 점이다. 어떤 공동체 안에서 사용하기 위한 용도로 복음서 필사본을 새롭게 만든다는 것은 이 복음서가 그 공동체의 지속적인 삶에 긍정적인 영향을 미치고 있음을 명백히 드러내는 것이다. 어떤 복음서를 그만 사용하거나 폐기하는 것은 그 복음서가 더 이상 유용하지 않거나, 대체 가능하거나, 오도할 가능성이 있다고 판단하는 것을 의미한다. 사복음서 모음집은 한 세기보다 더 긴 세월을 지나며 여러 지역의 결정이 한데 모여 만들어진 결과물이다.

복음서 저자가 언제, 어떻게, 어디서 각기 자신의 복음서를 기록했는지 간략하게 서술하는 글에서 이레나이우스는 사중 복음서를 네 명의 저자에게 귀속시킨다. 물론 그의 판단은 타당하다. 개별 텍스트에 대한 네 명의 저자-편집자가 없었다면 사중 복음서 모음집 또한 존재할 수 없었을 것이다. 하지만 이러한 저자의 계획은 단지 빙산의 일각에 불과하다. 복음서 한 권을 집필하는 것과 그 복음서가 "정경"으로—즉 현재와 미래의 모든 기독교 공동체의 규범으로—인정받는 것은 전혀 다른 얘기다. 정경으로 인정받는 것은 한순간의 일이 아니었으며, 복음서 초기 사용자들의 **분별** 과정을 필요로 했다. 이레나이우스로부터 반세기가 지난 후에 오리게네스는 이 부분을 아주 적나라하게 보여주었다.

누가복음은 "우리 가운데서 일어난 여러 가지 일을 차례대로 엮

어내려고 시도한 사람이 많이 있었다"라는 진술로 시작한다. 오리게네스는 "시도한"이라는 단어에 주의를 기울인다. 많은 사람이 복음서를 쓰려고 했지만, 그들에게는 교회가 인정한 네 권의 정경 복음서에 담긴 신적 영감이 빠져 있었다. 그리고 교회는 진정한 복음서와 그저 한순간 시도한 복음서 사이에 존재하는 차이점을 분별할 수 있었다. 왜냐하면 교회의 일원 가운데는 진짜 지폐와 위조지폐를 분별하는 기술을 갖춘 "경험 많은 환전상"도 포함되어 있었기 때문이다.

옛사람 가운데 많은 사람이 자기도 예언을 한다고 주장했던 것처럼 그들 가운데 어떤 이들은 거짓 예언자였고, 또 어떤 이들은 참 예언자였는데, 사람들은 참 예언자와 거짓 예언자를 식별할 수 있는 은사인 분별의 영을 소유하고 있었다. 따라서 이제 새 언약 시대에 접어 들어 많은 사람이 복음서를 쓰려고 했지만, "경험 많은 환전상들"이 이를 모두 인정하지 않고 그중 오식 일부민 선택했다. "시도한"이라는 단어는 신적 은사 없이 복음서를 쓰려고 시도한 사람들을 비난하는 의미인 것 같다. 왜냐하면 마태는 마가, 요한, 누가와 마찬가지로 무언가를 단지 "시도한" 것이 아니라 성령의 감동으로 글을 썼기 때문이다. 하지만 「이집트인복음」이나 「열두사도복음」으로 불리는 복음서의 경우, 그 저자들은 단순히 그것을 "시도한" 것에 지나지 않는다.…사실 "시도한" 사람은 "많이" 있었다. 왜냐하면 「도마복음」도 통용되고 있었고, 「맛디아복음」 등 다른 많은 복음서도 유통되고 있었기 때문이다. 이것들은 이러한 글쓰기를 단순히 "시도한" 것에 불과한 작품이다. 그러나 하나님의 교회는

단 네 권만을 선택했다.[55]

55 Origen, *Homilies on Luke* 1. 오리게네스의 요점은 John Webster가 잘 요약했듯이 칼뱅의 요점과 밀접하게 연관되어 있다. "정경과 관련된 교회의 행위는 자의적인 판단이기보다는 신실한 동의라는 행위다"(*Holy Scripture*, 62[강조는 원저자의 것임]). 이러한 구분은 중립적인 영역에서 입증될 수 없다는 주장은 그 중요한 의미를 퇴색시키지 않는다.

1부

다양한 관점

예언자 에스겔과 선견자 요한은 서로 다른 시대와 장소에서 하나님의 보좌—혹은 그리스도의 보좌?—에 대한 환상을 경험한다. 첫 번째 경우에는 이 보좌가 전차이기도 하다. 이 사실은 그 보좌에 달린 바퀴와 바벨론 강가의 포로 생활에서 에스겔이 명상에 잠겨 있을 때 이 보좌가 그를 만나기 위해 왔다는 것을 통해 알 수 있다. 두 번째 경우에는 이 보좌가 천상에 놓여 있다. 이 보좌에는 비록 바퀴가 없지만, 그 환상을 보기 위해 요한은 천상의 세계로 올라가야 한다. 이 두 경우에서 모두 보좌는 네 생물이 동행하거나 이들에게 둘러싸여 있는데, 예언자에 의하면 네 생물은 각각 서로 다른 얼굴을 네 개씩 갖고 있으며, 선견자에 의하면 네 생물은 서로 다른 네 얼굴 가운데 하나씩만을 갖고 있다.

　　이 정경 복음서의 초기 독자에게 이러한 성경의 이미지는 다 함께 한 분 그리스도를 증언하는 아주 다른 네 복음서를 기록한 저자들의 경험과 일치한다. 천상의 생물이 지닌 서로 다른 얼굴과 이 지상의 사복음서 간에 일치하는 모습은 각 복음서의 서로 다른 도입부에서도 극명하게 나타난다. 사람의 얼굴은 마태복음의 도입부에서 아브라함과 다윗의 자손인 유대인 예수의 계보와 일치한다. 사자의 얼굴은 마가가 세례자 요한이라는 야생적인 인물을 소개하는 광야에서 부르짖는 사자의 소리를 연상시킨다. 소의 얼굴은 누가의 내러티브가 시작하고 끝맺는 제사 및 성전을 암시한다. 높이 치솟는 독수리는 복음서 저자 요한이며, 그의 복음서는 태초부터 하나님과 함께 계셨고, 또 하나님이신 영원한 말씀을 증언하면서 시작한다. 천상의 생물처럼 네 복음서 저자는 서로 다른 관점을 통해 동일한 신-인적 존재를 본다. 이러한 다각적이면서도 상호 보완적인 관점은 사중 복음서에 내재해 있으며, 우리는 초기 교회 독자들의 안내를 받아 복음서의 다양한 도입부를 자세히 검토하면 좋을 것 같다.

1장

첫 번째 복음서: 유대인 예수

복음서와 그 기원에 관한 가장 오래된 기독교 문헌은 복음서 저자의 이름을 마태-마가-누가-요한 순으로 기록 연대에 따라 열거한다. 일부 초기 그리스어와 라틴어 복음서는 본문 자체를 마태-요한-누가-마가 순으로 다소 다르게 배치한다. 여기서는 마가와 요한의 위치가 서로 바뀌는데, 요한은 이제 그의 사도적 지위에 따라 두 번째 자리로 격상하고, 마가는 네 번째 자리로 밀려난다. 아무튼 마태복음은 다른 복음서의 근간으로서 최초의 복음서로 소개된다. 여기서 제기되는 질문은 이 복음서가 어떻게, 그리고 왜 이러한 중요한 지위를 차지하게 되었느냐는 것이다.

마태복음을 가장 맨 앞에 배치하는 이러한 전통에 의견을 달리하는 목소리도 있는데, 사실은 주의를 기울여야 할 매우 중요한 목소리다. 소아시아의 히에라폴리스의 주교였던 파피아스는 2세기 초엽에 현존하는 문헌 가운데 최초로 마태복음을 언급한다. (그를 인용한)

에우세비오스에 의하면 파피아스는 마태복음을 언급하기 직전에 마가복음을 언급한다.[1] 파피아스는 마가복음이 베드로의 설교에 기초를 둔 반면, 마태복음은 "[예수의] 말씀을 히브리어로 기록했고, 각 사람은 자신의 능력 안에서 이를 번역했다"라고 우리에게 일러준다. 에우세비오스는 이 상호 연관된 두 본문을 차례대로 인용하는데, 이는 그것이 파피아스의 본문 안에서도 동일한 순서로 등장하기 때문이다. 파피아스에 의하면 마가복음이 가장 먼저 기록되었고, 그다음으로 마태복음이 기록되었다. 마가는 "비록 순서대로는 아니지만, 주님께서 말씀하시고 행하신 것을 기록했고, 거기에 마태가 주님의 어록을 자신의 버전으로 편찬했다." 비록 "복음서"라는 용어를 사용하지는 않았지만, 파피아스는 이 두 작품이 예수의 어록을 내러티브 문맥 안에 배치했음을 암시한다.

파피아스가 마태복음을 마가복음 다음에 배치했다면 후대 작자들은 언제나 마태복음을 맨 앞에 배치했나. 마가복음이 실제로 가장 먼저 기록되었다는 사실은 19세기에 들어서서 (재)발견된 것이다. 하지만 마태복음이 가장 먼저 기록되었다는 주장은 역사적으로 신뢰할 만한 것으로 받아들이기는 어렵지만, 여전히 흥미롭고 중요한 주장이다. 오리게네스는 자신이 쓴 마태복음 주석 서문에서 자신이 물려받은 전승을 다음과 같이 언급한다.

••
1   Eusebius, *Church History* 3.39.15-16.

하늘 아래에 있는 전체 교회 안에서 유일하게 논쟁의 여지가 없는 네 복음서에 관하여: 가장 먼저 기록된 것은 마태복음이며, 이전에는 세리였고 나중에는 예수 그리스도의 사도가 된 마태는 히브리어로 저작하면서 유대교 배경을 가진 신자들을 위해 이 복음서를 집필했다.[2]

초기 기독교 작가들이 마태가 자기 복음서를 유대 그리스도인을 위해 기록했다고 가정할 때 그들은 아마도 아브라함으로부터 시작하는 1장의 예수의 계보를 염두에 두었을 것이다. 4세기 말 안디옥에서 마태복음을 연속으로 설교한 요안네스 크리소스토모스는 이를 다음과 같이 증언한다.

유대 신자들이 마태에게 와서 그가 구두로 말한 것을 글로 기록해달라고 요구했을 때 그는 자기 복음서를 히브리인의 언어로 저작했다고 한다. (그리고 마가도 이집트에서 제자들의 요구에 그렇게 대응했다.) 따라서 히브리인을 위해 쓴 글에서 마태는 오직 그리스도가 아브라함과 다윗의 후손이라는 점만을 보여주고자 했다.…[이] 복음서 저자는 처음부터 계보로 시작했다. 왜냐하면 그리스도가 아브라함과 다윗의 후손이라는 것만큼 유대인을 기쁘게 할 만한 것이 없었기 때문이다.[3]

2   Origen, *Commentary on Matthew* (preface to book 1) 411.
3   Chrysostom, *Homilies on Matthew* 1.7.

여기서도 마태복음은 모든 복음서 가운데 가장 먼저 기록되었다. 이집트에 있던 마가도 마태가 유대 지방에서 세운 선례를 따라갔다. 크리소스토모스는 마태복음의 유대적 성격을 드러내는 예수의 계보를 내세우면서 각 복음서의 특성은 그 도입부에서 극명하게 나타난다고 말한다. 네 복음서는 모두 수난 기사와 부활 기사로 끝나지만, 그 도입부는 각기 다르다. 즉 각 복음서는 아브라함의 후손(마태복음), 세례자 요한의 사역(마가복음), 사가랴와 엘리사벳(누가복음), 영원한 말씀(요한복음) 등으로 출발한다. 만약 우리가 마가복음, 누가복음, 요한복음과는 달리 무엇이 마태복음을 진정으로 마태복음답게 만드는지 알고자 한다면 우리는 마태복음의 도입부로 시선을 돌려야 한다. 마태복음의 계보는 이 복음서 전체의 성격을 결정한다. 마태복음이 맨 앞에 나오는 이유는 이 복음서가 유대인으로 구성된 가장 오래된 기독교 공동체를 위해 기록되었기 때문이다. 또한 이러한 믿음은 대체로 이 복음서가 지닌 독특성을 어떻게 평가하느냐에 달려 있는데, 이러한 독특성은 맨 앞에 나오는 유대인 예수의 계보를 통해 확연하게 드러난다.

이러한 유형의 복음서 전승은 18세기 말부터 비평적으로 검증을 받기 전까지 계속 이어져왔다. 현대 학계의 관점에서 보면 이러한 전승은 역사적으로 문제의 소지가 다분하다.[4] 사실 가장 먼저 기록된

---

4   하지만 파피아스 전승에 대한 보다 더 긍정적인 평가는 다음을 보라. R. Bauckham, *Jesus and the Eyewitnesses*(『예수와 그 목격자들』, 새물결플러스 역간), 202-39.

복음서는 마태복음이 아니라 마가복음이다. "마태"와 "마가"는 이 두 복음서를 집필한 익명의 저자를 우리가 단지 편리하게 지칭하기 위한 이름일 뿐이다. "마태"는 자신의 복음서를 쓰기 위한 기초로 "마가복음"을 사용했다. 그는 독자적인 목격자의 기사를 쓰지 않았고, 또한 사도도 아니었다. 그가 주로 사용한 자료인 마가복음의 경우처럼 그는 자신의 복음서를 히브리어가 아닌 그리스어로 저작했다. 마태를 마가복음의 해석자로 본다면 우리는 종종 좋은 통찰력을 얻게 되며, 또한 초기 복음서의 관점에서 후대의 복음서를 해석해야 한다는 현대의 복음서 연구 방법은 타당하고 납득할 만하다.

하지만 정경 모음집 안에서 마태복음은 여전히 최초의 복음서 자리를 고수한다. 현대 성경에서 창세기가 출애굽기 앞에 나오듯이 마태복음은 여전히 마가복음 앞에 나온다. 원칙적으로 신약성경은 연대기순으로 데살로니가전서가 가장 먼저 배치되고, 야고보서나 베드로후서가 맨 끝에 등장하고, 그 사이에 마가복음, 마태복음, 누가-행전, 요한복음이 등장하는 순서를 따를 수 있다. 하지만 이러한 신약성경은 별 의미가 없다. 신약성경은 서로 다른 세 개의 모음집(복음서, 바울 서신, 일반 서신)으로 구성되어 있으며, 요한계시록이 맨 끝에 등장하고, 사도행전이 그 사이에서 구조적으로 중요한 가교 역할을 하는 스물일곱 권의 초기 기독교 저작이다. 만약 이 모음집이 해체된다면 신약성경의 존재 자체가 사라지고 말 것이다. 이는 정경 복음서 문서와 기원후 50-150년에 기록된 다른 모든 기독교 문서 간의 경계선이 붕괴되는 것을 의미한다. 정경 모음집은 그 탄생 경위가 어떠하든지 간에 그 자체로 독립된 실체와 온전함을 보유하고 있다. 설사 마가복음이 마태복음보다 먼저 기록되고, 마태복음이 마가복음을 주요 자료로 사용했더라도 마태복음의 본래 자리는 바뀌지 않는다. 마태복음은 여전히 첫 번째 복음서이며 정경 모음집의 근간이 된다. 이러한 초기 전승은 역사적으로 취약점을 보유하고 있음에도 불구하고 정경 안에서 이 복음서가 담당하는 역할에 매우 중요한 의미를 제공한다.

　　마태복음이 가장 먼저 등장하는 이유는 이 복음서가 독자들에게 유대 배경에서 자라고 사역한 유대인 예수를 소개하고 있기 때문이다. 예수는 갑자기 불현듯 튀어나온 인물이 아니다. 마태복음에 의하면 그는 메시아로서 다윗의 자손이자 아브라함의 자손, 곧 이스라엘 민족과 하나님 사이의 관계를 묘사하는 성경 전체 이야기의 영향력 아래 있는 한 유대인이다.[5] 마태복음은 이방인 독자와 유대인 독자를 모두 염두에 둔다. 이 복음서는 유대 계보로 시작하여 모든 민족으로 제자 삼으라는 명령으로 끝맺는다. 그럼에도 이방인 독자는 유대인 예수, 곧 유대 성경에 담긴 보화—율법과 예언서—를 온 세계에 드러내 보이는 예수의 세계로 안내를 받는다. 마태복음의 예수는 유대인"임에도" 이 세상의 구세주가 아니라, 유대인"으로서" 이 세상의 구세주다. (초기 독자의 관점에서 볼 때) 마태복음이 정경 모음집에서 맨 앞에 오는 이유는 예수가 유대인이란 사실을 강조한 저자의 의도가 예수가 누구인지를 이해하는 열쇠가 되기 때문이다. 그 당시에도 오

..
5　　마 1:1.

늘날처럼 그 무엇으로도 오염되지 않은 순전한 예수를 선호하는 그리스도인들이 있었다. 정경 설계자들은 정경 안에 마태복음을 가장 먼저 배치함으로써 순전하고 비(非)유대적인 예수는 단지 공상에 지나지 않는다는 사실을 공표한다.

이로써 마태복음이 소개하는 예수는 유대인이다. 그렇다면 예수가 유대인이라는 사실은 무슨 의미일까? 우리는 이 사실을 어떻게 이해하고, 또 어떻게 적용해야 할까? 바로 이것이 도입부에서 계보를 통해 이 복음서 저자가 답하고자 하는 질문이다.

메시아의 이중적 기원

마태복음은 "비블리오스 게네세오스"(*biblos geneseōs*)라는 두 단어로 시작한다. 우리는 이 두 단어를 "창세기"로도 번역할 수 있다. 사실 이 어구는 창세기에 대한 그리스어 버전에서 직접 가져온 것인데, 거기서 이 어구는 아담으로부터 시작해서 셋을 거쳐 노아와 그 아들들로 이어지는 계보를 소개하는 역할을 한다.[6] 이러한 성경의 언어는 이 복음서 저자에게 복음서 첫 단락에 부합하는 표제를 연상시킨다. "아브라함과 다윗의 자손 예수 그리스도의 계보라."[7] 그리스어 용어 "게네

..

6   창 5:1-32.
7   마 1:1.

시스"(genesis)는 무언가가 생겨나는 과정—기원, 원천, 또는 시초—을 가리킨다. 이 용어는 문맥에 따라 "계보" 또는 "탄생"으로도 번역될 수 있다. 사실은 이 두 의미가 마태복음 1장에 모두 들어 있다. "예수 그리스도의 계보"에서 "계보"(genesis)라는 단어는 분명히 "족보"를 의미한다. 예수는 다윗의 자손이자 아브라함의 자손이며, 이 첫 번째 진술에 이어 저자가 신중을 기해 작성한 족보가 곧이어 나온다.

우리는 이와 연관된 또 다른 "게네시스"를 계보 끝자락에서 발견한다. "예수 그리스도의 나심(genesis)은 이러하니라" 혹은 "예수 그리스도의 탄생(genesis)은 이런 방식으로 이루어졌다."[8] 이 진술은 예수의 기적적인 잉태와 베들레헴 출생을 다루는 기사로 이어진다. 따라서 마태복음의 예수는 이중 계보 또는 이중 기원을 가지고 있다. 그는 많은 조상의 후손이며, 성령을 통해 기적적으로 잉태된 마리아의 자식이기도 하다. 예수 그리스도의 "게네시스"는 아브라함에서 다윗을 거쳐 요셉으로 이어지는 그의 계보이며, 또한 마리아의 몸에서 대이난 그의 출생이다.

여기서 한 가지 문제점이 있다. 계보와 출생은 서로 상충하는 듯 보인다. 더 정확히 말하자면 그의 기적적인 탄생은 그의 계보를 파기해버리는 것 같다. 이 계보는 그 끝자락에서 "엘르아살은 맛단을 낳고, 맛단은 야곱을 낳고, 야곱은 마리아의 남편 요셉을 낳았으니 [그]

8　마 1:18.

에게서 그리스도라 칭하는 예수가 나[셨다]"고 진술한다.[9] 여기서 "그에게서"는 오직 마리아만을 지칭한다. 요셉은 여기서 아버지가 아니라 남편이다. 긴 조상의 목록은 요셉의 아버지 야곱에 와서 멈춘다. 우리는 야곱이 요셉을 낳았기 때문에 그다음에는 요셉이 그리스도라 칭하는 예수를 낳았다는 진술이 나올 것을 기대한다. 그것이 이 정황에 가장 잘 들어맞지만, 복음서 저자는 아버지 없는 아이의 어머니에게 초점을 맞추기 위해 조상 목록에서 갑자기 이탈한다. 요셉의 이름은 언급되기는 하지만, 곧바로 외면당한다. 그는 남편이긴 하지만 절대로 아버지는 아니다. 그의 아내에게서 태어난 아이는 자신의 아이가 아니다. 그는 당연히 이 일에 부정적으로 반응한다.

> 그의 어머니 마리아가 요셉과 약혼하고 동거하기 전에 성령으로 잉태된 것이 나타났더니, 그의 남편 요셉은 의로운 사람이라. 그를 드러내지 아니하고 가만히 끊고자 하여 이 일을 생각할 때에 주의 사자가 현몽하여 이르되 "다윗의 자손 요셉아! 네 아내 마리아 데려오기를 무서워하지 말라. 그에게 잉태된 자는 성령으로 된 것이라."[10]

이로써 요셉은 혼인을 그대로 진행하고 자신과 무관하게 잉태된 아이의 어머니의 남편이라는 보잘것없는 신분을 그대로 받아들인다.

..
9   마 1:16.
10   마 1:18-20.

복음서 저자는 요셉이 다윗의 자손인데 예수가 어떻게 다윗의 자손이 될 수 있는지를 설명하지 않는다. 저자는 요셉이 예수를 자기의 아들로 입양했다고 말할 수도 있었지만, 그렇게 하지 않는다. 사실 누가나 요한과 달리[11] 마태는 요셉을 결코 예수의 아버지라고 말하지 않는다. 동방 박사들이 귀한 예물을 가지고 베들레헴에 도착했을 때 그들은 "아기와 그의 어머니 마리아가 함께 있는 것"을 본다.[12] 요셉은 이 그림에서 완전히 배제되어 있다. 그의 역할은 보호자의 역할이다. 그는 천사의 지시를 따르면서 헤롯의 노여움을 피하고자 "아기와 그의 어머니"를 이집트로 데려갔다가 헤롯이 죽은 후에 이스라엘 땅으로 다시 데려온다.[13] 요셉은 아버지보다 보호자에 더 가깝다. 이 아기는 한 번도 **그의** 아기로 묘사되지 않는다. 그럼에도 이 계보가 진정으로 메시아의 것이라면 요셉과 이 아기의 관계는 이 복음서 저자에게 있어 여전히 중요하다. 아무튼 이 계보에 등장하는 인물은 요셉의 조상이 아니라 예수의 조상이며, 그들은 오직 요셉을 **통해서만** 예수의 조상이 될 수 있다.

마태복음의 예수는 이중 기원 또는 이중 계보를 가지고 있다. 그는 유대인으로 아브라함의 자손이며 많은 조상의 후손이다. 그것이 그가 요셉으로부터 물려받은 유산이다. 그러나 그의 어머니 마리아는 요셉과는 무관하게 성령을 통해 그를 잉태했고, 이로써 예수는 단

··
11   눅 2:41-48; 요 1:45; 6:42.
12   마 2:11.
13   마 2:13-14, 20-21.

순히 아브라함의 자손이나 다윗의 자손이 아니라 "하나님이 우리와 함께하신다"라는 의미의 임마누엘이다.[14] 이러한 기적적인 잉태는 계보의 사슬을 끊어버리지만, 저자는 여전히 잉태와 그 이후의 사건보다 그의 계보에 두 배 이상의 지면을 할애한다.

이 복음서 저자는 단지 혼동을 일으키고 있는 것일까? 과연 그는 예수의 기원과 관련하여 상호 독립적이지만 양립 불가능한 두 가지 전승—일반적인 계보의 경로를 따르는 전승과 기적을 주장하는 전승—을 서로 통합하고자 하는가? 그것이 가능성 있는 결론이긴 하지만, 결코 필수적인 결론은 아니다. 우리는 심지어 계보의 마지막 사슬이 끊어지는 한이 있더라도 이 계보가 어떻게 여전히 유효한지 그 단서를 찾기 위해 이 계보 자체를 자세히 살필 필요가 있다.

내러티브 형태의 계보

자세히 들여다보면 이 계보는 단순히 어떤 집안, 후손 또는 유전에 관한 것이 아니라 오히려 성경에 기록된 이스라엘의 역사를 극도로 축약한 요약본이다. 예수는 기적적으로 잉태되지만, 또한 성경 내러티브에서 서술하는 이스라엘 역사의 결과이자 목표다. 그가 마리아의 뱃속에서 형성되었듯이 그는 또한 이 이야기를 통해 그 모습을 갖추

••
14   참조. 마 1:23.

어나간다. 이 이야기는 창세기로부터 시작한다.

> 아브라함이 이삭을 낳고, 이삭은 야곱을 낳고, 야곱은 유다와 그의 형제
> 들을 낳고, 유다는 다말에게서 베레스와 세라를 낳고, 베레스는 헤스론
> 을 낳고, 헤스론은 람을 낳고….[15]

이 진술은 단순히 이 계보에 나타난 사실만을 전달하기보다는 창세
기 내러티브 전체 단원을 통째로 언급한다. 그리스어 동사 "에겐네
센"(egennēsen)은 낳는 행위를 가리킨다. 아브라함은 이삭을 **낳았다**. 이
사건은 이렇게 일어났다.

> 여호와께서 말씀하신 대로 사라를 돌보셨고, 여호와께서 말씀하신 대
> 로 사라에게 행하셨으므로, 사라가 임신하고 하나님이 말씀하신 시기
> 가 되어 노년의 아브라함에게 아들을 낳으니, 아브라함이 그에게 태어
> 난 아들 곧 사라가 자기에게 낳은 아들을 이름하여 이삭이라 하였고.[16]

창세기의 문맥에서 이삭의 출생은 독립된 사건이 아니다. 이 사건은
아브라함 내러티브 전체에 대한 서곡이다. 하나님은 그를 하늘의 수
많은 별과 바다의 수많은 모래 같이 거대한 민족으로 만드실 것이다.

..
15 마 1:2-3.
16 창 21:1-3.

그를 통해 이 땅의 모든 가정이 복을 받게 될 것이다.[17] 하지만 이 장기적인 약속은 아브라함이 아들을 낳지 않는 한 성취될 수 없는데, 아브라함과 사라는 자식이 없는 연로한 부부다. 이러한 약속과 불가능해 보이는 그 약속의 성취 사이에 존재하는 긴장 관계는 아브라함 내러티브 전반에 걸쳐 나타난다. 내레이터는 아브라함과 그의 조카 롯이 갈라서는 순간 롯이 아브라함의 아들, 곧 이 거대한 민족에 대한 약속을 물려받을 자로 입양될 가능성을 완전히 제거해버린다. 롯은 한 민족이 아닌 두 민족, 곧 모압과 암몬의 조상이 되지만, 그 이후에 벌어진 폭력과 근친상간이라는 끔찍한 사건은 그가 하나님이 아브라함에게 주신 약속과 아무런 상관이 없음을 보여준다.[18] 롯과 달리 이스마엘은 아브라함의 친아들이지만, 그가 여종 하갈에게서 태어났다는 사실은 사라를 격분하게 만들고, 사라는 그들을 황폐하고 살기 어려운 사막으로 내어쫓는다. 이스마엘은 나중에 열두 명의 아버지가 되지만, 그 역시 아브라함의 선택받은 상속자가 아니다.[19] 이삭이 태어난 후에도 아브라함이 이삭을 제물로 바치라는 명령에 순종하고자 할 때 하나님의 약속은 다시 한번 커다란 문제에 봉착한다.[20] 마태는 아브라함이 이삭을 낳았다는 간단한 진술로 창세기의 아브라함 이야기 전체를 요약한다. 아브라함이 이삭의 아버지가 되고 이삭도 자식

..
17   창 2:2-3; 15:5; 22:17.
18   창 19:30-38.
19   창 21:8-21; 25:12-18.
20   창 22장.

을 낳아 아버지가 되도록 보호를 받지 않는 이상, 하나님의 약속은 여전히 위험에 처할 수밖에 없다. 아브라함과 이삭과 야곱 없이는 이스라엘 민족도 있을 수 없고, 예수 그리스도라는 이름을 가진 이스라엘인도 있을 수 없다.

이삭은 야곱을 낳고, 야곱은 유다와 그의 형제들을 낳았다. 마태의 이러한 간략한 진술은 또다시 창세기 내러티브의 많은 부분을 대신한다. 이 진술은 또한 야곱의 아들 요셉 대신 유다에게 초점을 맞추는 이 내러티브에 대한 해석을 제공한다. 창세기의 마지막 여러 장에서의 중심인물은 요셉이다. 아버지의 총애를 받고 형제들의 미움을 받는 요셉은 자신이 자기 식구를 지배하는 꿈을 꾸고, 창세기 내레이터는 그의 꿈이—나중에 억압의 장소가 될 피난처 이집트에서—어떻게 성취되었는지를 일러준다. 요셉은 그의 나머지 식구를 무색하게 만들 정도로 대단한 인물이다. 하지만 마태복음의 계보는 야곱이 요셉과 그의 형제를 낳았다고 진술하지 않는다. 그 대신에 유다의 이름이 언급된다. 야곱의 아들 요셉은 마태복음에서 성경 내러티브를 간략하게 요약한 내용에서 생략되는데, 이는 아마도 나중에 등장할 마리아의 남편, 야곱의 아들 요셉을 위한 공간을 마련하기 위함이었을 것이다.

바로 이 지점부터는 지금까지 철저하게 아버지에서 아들로 이어지는 계보에서 결코 볼 수 없었던 이름이 등장한다. 한 명의 형제가 등장하고, 또 한 명의 어머니도 등장한다. "유다는 다말에게서 베레스와 세라를 낳고, 베레스는 헤스론을 낳고…".²¹ 한 어머니와 한 형제의 이름의 등장은 전혀 예상치 못한 것이다. 사라와 리브가도, 이스마엘과 에서도 언급되지 않는데, 이 복음서 저자는 여기서 훨씬 덜 알려진 어머니와 형제를 아버지와 아들과 나란히 언급한다. 여기서 추가로 언급된 이름은 우리의 시선을 창세기 38장으로 이끈다. 거기서 족장 유다는 두 번 과부가 된 그의 며느리 다말에게 유혹을 받고, 마침내 자기에 대한 그녀의 합법적인 주장을 인정하고 만다. 마태는 왜 당대의 사회적 관습에 어긋나는 이 황당한 이야기에 집중하는 것일까? 다말의 예상치 못한 출현이 마리아의 출현을 예시할 수도 있겠지만, 여기에는 그 이상의 의미가 들어 있다. 이 계보는 다말을 족장 유다와 나란히 언급하면서 성경 내러티브와의 연관성을 명시적으로 드러낸다. 만약 이 복음서 저자가 단지 "유다는 베레스를 낳고"라고만 적었다면 그것은 그저 이 긴 계보에 들어 있는 또 하나의 연결고리에 불과했을 것이다. 그러나 "유다는 다말에게서 베레스와 세라를 낳고"라고 덧붙임으로써 저자는 우리의 시선을 다시 창세기 내러티브의 세계로 이끈다.

　유다와 다말에게서 태어난 이 쌍둥이의 출생은 마태복음 저자가 이 창세기 이야기에서 이탈하는 사건이기도 하다. 여기에 등장하는 모호한 이름—헤스론, 람, 아미나답, 나손 등—은 역대상 2장에 나오는 유다의 계보에서 가져온 것인데, 이 계보는 주로 다윗 왕의 계보를

··
21　마 1:3.

추적하는 데 관심이 있다. 그러나 이 복음서 저자는 여기서도 자신이 제시하는 계보가 성경 내러티브 전체와의 연관성을 유지하도록 여성 인물을 추가한다. 우리는 "살몬은 **라합**에게서 보아스를 낳고, 보아스는 **룻**에게서 오벳을 낳"았음을 알게 된다.[22] 라합은 여리고에서 이스라엘 정탐꾼들을 보호해준 창녀였으며, 그로 인해 그녀가 받은 보상은 그 도시가 멸망할 때 그녀의 가족과 함께 목숨을 구한 것이다.[23] 그녀의 믿음은 히브리서에서 칭송을 받고,[24] 그녀의 행위는 야고보서에서도 칭송을 받는다.[25] 여호수아서는 우리에게 라합이 "오늘까지 이스라엘 중에 거주하였으니, 이는 여호수아가 여리고를 정탐하려고 보낸 사자들을 숨겼음이었더라"라고 일러준다.[26] 이로써 라합은 이스라엘 백성과 하나가 된다. 과연 그녀는 평판이 좋지 않은 그녀의 과거의 직업을 버리고 이스라엘 사람과 혼인을 한 것일까? 마태는 그녀가 그렇게 했다고 생각한다. 만약 "살몬[이] 라합에게서 보아스를 낳"았다면 라합은 유다의 후손이자 다윗의 조상의 계보에 속하게 되었을 것이다. 어쩌면 마태는 그녀의 남편인 살몬이 바로 그녀가 피난처를 제공해준 익명의 두 정탐꾼 중 하나였다고 상상했는지도 모른다. 그들은 여호수아서에서 "젊은이"로 묘사되고, 라합과 그 가족을 멸망하

----

22 마 1:5.
23 수 2:1-21; 6:22-25.
24 히 1:31.
25 약 2:25.
26 수 6:25.

는 도시에서 구출하는 임무를 부여받았기 때문에[27] 이 복음서 저자에게 있어 이러한 로맨스와 혼인은 충분한 가능성이 있는 것으로 여겨졌을 것이다. 아무튼 라합 역시 이스라엘에서 어머니가 된다.

라합은 보아스의 어머니였고, "보아스는 룻에게서 오벳을 낳[았으며]", 세 세대 이후에 "다윗은 우리야의 아내에게서 솔로몬을 낳[았다]."[28] 이 복음서 저자는 메시아의 조상이자 독특한 여성 사인방의 자리를 사라, 리브가, 레아, 라헬이 아닌, 다말, 라합, 룻, 밧세바로 채운다. 이 여성들은 각각 이 계보에 자신의 이야기를 보태는데, 이는 그들의 삶에 등장하는 남자들―유다와 그의 아들들, 정탐꾼 살몬, 부자이자 존경받는 농장주 보아스, 왕의 시샘의 비참한 피해자 우리아, 그리고 다윗 왕과 그의 가족의 처참한 삶―의 이야기이기도 하다.

저자는 왜 그리 교화적이지도 못한 이런 이야기들을 상기시킬까? 이 이야기들은 과연 예수와의 간접적인 연결고리와 함께 계보 전체의 기저에 깔린 어떤 의도를 우리에게 보여주는 것일까? 여전히 우리는 이 복음서 저자가 사용한 성경 자료를 더 자세히 살펴볼 필요가 있다.

••
27   수 6:23.
28   마 1:5-6.

신성한 이야기와 그 그림자

마태는 자신의 계보를 작성하면서 자신이 가진 성경 내러티브에 대한 지식뿐 아니라 역대상의 도입부에 나오는 계보도 자유롭게 가져와 사용한다(도표 1.1을 보라). 마태복음 1:3-7과 역대상 2:3-15, 3:1-10을 비교해보면 이 저자가 왜 자신의 복음서를 계보로 시작했는지를 알 수 있다. 가장 확연하게 드러나는 부분은 그가 자신이 가진 다양한 자료를 토대로 완전히 수직적이고 깔끔한 단일 계보를 구성했다는 점이다.

모든 계보는 연이은 세대를 추적해나간다는 의미에서 "수직적"이다. 아버지가 아들을 낳을 때마다 한 세대씩 내려간다. 그럼에도 아버지는 보통 한 명 이상의 아들을 낳고, 이로써 계보는 얼마든지 많은 아들과 딸을 포함하기 위해(그리고 거기서 또 자손이 수직적으로 생겨날 수 있다) 수평적으로도 얼마든지 늘어날 수 있다. 마태기 의존한 역대기의 계보는 종종 형제의 목록을 포함하고, 가끔 자매들을 덧붙일 때도 있다. 유다의 다섯 아들과 그의 아들 세라의 다섯 아들의 이름도 여기서 나열된다. 그리고 다윗의 형제들과 자매들, 밧세바에게서 난 그의 네 명의 아들, 헤브론에서 여섯 어머니에게서 태어난 여섯 명의 아들, 예루살렘에서 태어난 아홉 명의 아들과 한 명의 딸도 마찬가지다. 그런데 여기에는 전적으로 수직적인 단락도 포함되어 있는데, 마태는 그런 단락 하나를 거의 그대로 가져온다.

도표 1.1

역대상 2:3-15	마태복음 1:3-7
유다의 아들은 에르와 오난과 셀라니 이 세 사람은 가나안 사람 수아의 딸이 유다에게 낳아 준 자요 유다의 맏아들 에르는 여호와 보시기에 악하였으므로 여호와께서 죽이셨고	유다
유다의 며느리[그리스어: "신부"] **다말**이 유다에게 베레스와 세라를 낳아 주었으니 유다의 아들이 모두 다섯이더라.	유다는 **다말에게서** 베레스와 세라를 낳고
베레스의 아들은 헤스론과 하물이요, 세라의 아들은 시므리와 에단과 헤만과 갈골과 다라니 모두 다섯 사람이요… 헤스론이 낳은 아들은 여라므엘과 람과 글루배와 아람이라.* 아람은 암미나답을 낳고, 암미나답은 나손을 낳았으니, 나손은 유다 자손의 방백이며, 나손은 살마를 낳고, 살마는 보아스를 낳고, 보아스는 오벳을 낳고, 오벳은 이새를 낳고, 이새는 맏아들 엘리압과 둘째로 아비나답과 셋째로 시므아와 넷째로 느다넬과 다섯째로 랏대와 여섯째로 오셈과 일곱째로 다윗을 낳았으며**	베레스는 헤스론을 낳고 헤스론은 [아]람을 낳고 [아]람은 암미나답을 낳고, 암미나답은 나손을 낳고, 나손은 살몬을 낳고, 살몬은 **라합에게서** 보아스를 낳고, 보아스는 **룻에게서** 오벳을 낳고, 오벳은 이새를 낳고, 이새는 다윗 왕을 낳으니라.
역대상 3:1-10	
다윗이 헤브론에서 낳은 아들들은 이러하니… 예루살렘에서 그가 낳은 아들들은 이러하니 시므아와 소밥과 나단과 솔로몬 네 사람은 다 암미엘의 딸 밧수아[밧세바]의 소생이요… 솔로몬의 아들은 르호보암이요 그의 아들은 아비야요…	다윗은 우리야의 **아내에게서** 솔로몬을 낳고, 솔로몬은 르호보암을 낳고, 르호보암은 아비야를 낳고.

* 아람의 이름은 히브리어 원문에는 없고, 70인역에만 등장한다.

** 유다의 계보에 관한 이 단락은 룻기 4:18-22에서도 나타난다. 비록 복음서 저자가 이를 알고 있었는지도 모르지만, 역대기의 계보가 그의 주요 자료였을 것으로 보인다. 역대상 2:4은 다말에 대한 마태복음의 언급을 암시해주며, 다윗의 자손에 대한 그의 목록은 역대상 3:10-16에서 가져온 것이다.

역대기는 [아]람(유다의 증손자)에서 이새(다윗의 아버지)에 이르기까지 추가적인 형제나 자매 없이 순전히 아버지-아들 순으로 여섯 세대를 열거한다.[29] 마태는 자신이 작성한 계보에 이 본문을 추가할 뿐만 아니라 그 계보 전체의 구조를 체계화하기 위해 이 본문에 나오는 핵심 용어를 활용한다. 역대기 본문에서 아버지와 아들의 관계는 *egennēsen*("낳다")이라는 단 하나의 그리스어 동사로 표현된다. 역대상 2장에는 이 *egennēsen*이라는 고정 어구가 연속적으로 일곱 번 등장한다. 마태복음 1장에서는 이 단어가 서른아홉 번이나 나온다. 이로써 강한 응집력과 또한 강한 방향성이 드러난다. 역대기 계보는 어떤 특정한 방향을 취하고 있지 않아 보인다. 이 계보는 어떤 연대순을 보여주는 분명한 구조 없이 잡다한 정보를 담고 있는데, 대부분은 어떤 특정한 목표를 달성하지 않고 마무리된다. 다만 한 가지에 관심이 있다면 그것은 이스라엘의 열두 지파의 신성한 과거의 역사를 기억하고 기록으로 남기는 것이다. 하지만 마태복음의 계보는 다르다. 이 계보는 열두 지파에는 관심이 없고, 그 대신 성경에 나타난 신성한 과거의 역사가 메시아의 탄생이라는 단일 목표를 향해 다시 나아가는 데 관심을 둔다. 그리고 부차적인 그 이외의 것은 모두 제거된다.

그렇다면 마태가 역대기에서 유다의 계보에 언급된 두 명의 여인을 그대로 두고 거기에 두 명을 더 추가한 것은 훨씬 더 의미심장한 일이다. 즉 유다는 **다말에게서** 베레스와 세라를 낳고, 살몬은 **라합에**

---

29   대상 2:10-12.

게서 보아스를 낳고, 보아스는 룻에게서 오벳을 낳고, 다윗은 우리아의 아내에게서 솔로몬을 낳았다. 다말은 비록 마태가 사용한 자료에 언급되어 있긴 하지만, 라합과 룻을 추가하고 밧세바를 "우리아의 아내[개역개정은 밧세바의 남편을 구약 본문에서는 "우리아"로, 마태복음에서는 "우리야"로 옮긴다—역자주]"라고 명시적으로 밝힌 사람은 마태다. 각각의 경우 이러한 추가 언급은 성경에 기록된 내러티브를 상기시켰을 것은 물론이며, 저자에게 있어서는 다른 이야기를 놔두고 이 이야기를 대신 부각할 만한 이유가 분명 있었을 것이다. 우리가 이미 살펴본 바와 같이 마태복음의 계보는 성경에 기록된 이스라엘 역사의 축소판이다. 여기서 제기되는 한 가지 질문은 이 네 명의 여인의 이야기를 과연 우리가 이보다 훨씬 더 위대한 이야기를 이해하는 하나의 열쇠로 볼 수 있는지에 관한 것이다.

"우리아의 아내"를 언급한 것은 정말로 놀랍다. 밧세바는 성경 내러티브에서 오직 다윗의 죄와 관련하여 "우리아의 아내"로 불린다. 우리아가 암몬 자손과 싸우다가 죽자 다윗은 성급히 밧세바와 결혼했고, 다윗의 범죄는 곧 예언자 나단에 의해 밝히 드러난다.

네가 칼로 헷 사람 우리아를 치되 암몬 자손의 칼로 죽이고 그의 아내를 빼앗아 네 아내로 삼았도다. 이제 네가 나를 업신여기고 헷 사람 우리아의 아내를 빼앗아 네 아내로 삼았은즉, 칼이 네 집에서 영원토록 떠나지

아니하리라.[30]

얼마 지나지 않아 "**우리아의 아내**가 다윗에게 낳은 아이를 여호와께서 치시매 심히 앓[고]" 다윗의 기도와 금식에도 불구하고 그는 곧바로 죽고 만다.[31] 이것이 밧세바가 마지막으로 "우리아의 아내"로 언급된 본문이다. 그 이후로 그녀의 새로운 혼인 관계가 인정을 받으면서 그녀는 자신의 이름을 되찾는다.

> 다윗이 **그의 아내 밧세바**를 위로하고 그에게 들어가 그와 동침하였더니 그가 아들을 낳으매 그의 이름을 솔로몬이라 하니라. 여호와께서 그를 사랑하사.[32]

솔로몬이 태어날 즈음 다윗과 밧세바는 이미 합법적으로 결혼한 상태였던 것 같다. 다윗의 죄는 용서를 빚었고, 우리아에 대한 언급은 더 이상 나타나지 않는다. 그러나 마태는 이 문제를 다르게 바라본다. 다윗은 그의 계보에서 매우 핵심적인 인물이다. 왜냐하면 메시아가 다윗의 자손이어야만 하기 때문이다. 그럼에도 "다윗은 우리야의 아내에게서 솔로몬을 낳[았다.]"[33] 우리아는 그리 쉽게 잊히지 않는다.

••
30 삼하 12:9-10.
31 삼하 12:15-23.
32 삼하 12:24.
33 마 1:6.

이 복음서 저자에게 있어 솔로몬의 출생은 간음과 살인이라는 어두운 그림자가 드리워진 가운데 일어난 사건이다.

되돌아보면 우리는 이 복음서 저자가 다윗 왕의 혈통을 족장 유다로부터 다시 추적하며 언급한 초기의 세 명의 여인 위에 이와 동일한 그림자가 드리워져 있는 것을 본다. 다말은 정의를 결사적으로 되찾기 위해 창녀의 모습으로 위장하여 그녀의 시아버지인 유다를 속이고 그를 유혹한다. 한편 라합은 아예 위장조차도 하지 않는다. 오히려 그녀의 직업이 창녀다. 룻은 덜 논쟁적인 인물처럼 보이지만, 사실은 보아스가 자신과 결혼하게 하려고 그를 유혹하려고 시도한다. 복음서 저자는 물론이거니와 성경 이야기에서도 이 여인들의 행동에 대해 책임을 묻지 않는다. 그들은 모두 동정 어린 인물로 아주 긍정적으로 소개된다. 그럼에도 이 계보에 나타난 그들의 존재는 실로 당혹스럽다. 유대 민족이란 이름은 바로 이 유다 지파에서 나왔으며, 이 유다 지파 전체는 그 족장 유다와 그의 며느리 다말의 수치스러운 정사에 그 기원을 두고 있다. 다윗 왕은 두 외국인 여자를 직계 조상으로 두고 있는데. 이들의 성적 행위는 적어도 당대의 사회적 통념에서 벗어난 것이었다. 헷 사람 우리아의 악령은 끝까지 다윗의 후손을 따라다닌다. 마태의 계보는 그의 독자들의 불안감을 조성하려는 의도가 있는 듯 보인다. 마태의 계보는 성경에 나타난 이스라엘의 역사를 믿음과 구원이라는 감동적인 이야기로 소개하지 않는다. 오히려 마태는 이 역사의 어두운 면을 한층 더 강조한다.

이 어두운 그림자는 다윗과 우리아의 아내 사이에서 새어 나와 바벨론 포로 생활이라는 국가적인 참사로 끝난 왕의 계승을 추적하는 이 계보의 중심 부분에서 한층 더 길고 더 깊이 드리워진다. 이 바벨론에서의 포로 생활은 이 복음서 저자에게 있어 정말로 중요하고도 결정적인 사건이 아닐 수 없다. "바벨론으로 사로잡혀" 간다는 표현이 이 짧은 계보 안에서 무려 네 번씩이나 등장한다. 두 번은 계보 자체 안에서, 그리고 나머지 두 번은 세 차례에 걸쳐 나열되는 열네 세대의 끝 부분에서 등장한다.[34] 다윗 전후의 열네 세대의 조상 목록은 지금까지 중간에 끊기거나 그 형태가 바뀌지 않고 아주 부드럽게 전개되었던 것이 사실이다(도표 1.2를 보라). 그런데 바벨론 포로 생활을 언급하는 단락에 와서 갑자기 이 목록이 중단되고 만다. 포로 생활 이후로는 비로소 새로운 출발점이 필요했던 것이다.

> 히스기야는 므낫세를 낳고, 므낫세는 아몬을 낳고, 아몬은 요시야를 낳고, 바벨론으로 사로잡혀 갈 때에 요시야는 여고냐와 그의 형제들을 낳으니라. 바벨론으로 사로잡혀 간 후에 여고냐는 스알디엘을 낳고, 스알디엘은 스룹바벨을 낳고…[35]

이 복음서 저자에 의하면 이 계보는 아브라함에서 다윗까지, 다윗에서 바벨론 포로기까지, 바벨론 포로기에서 예수까지 각각 열네 세대

••
34   마 1:11-12, 17.
35   마 1:10-12.

도표 1.2

(1) 아브라함부터 다윗까지 열네 세대(마 1:17; 대상 1:28-2:15)	(2) 다윗부터 포로기까지 열네 세대(마 1:17; 대상 3:10-16)	(3) 포로기부터 그리스도까지 열네 세대(마 1:17 참조, 대상 3:17-19; 학 1:1, 12)
1. **아브라함**	1. **솔로몬**	1. 여고냐
2. 이삭	2. 르호보암	2. 스알디엘
3. 야곱	3. 아비야	3. 스룹바벨
4. 유다/다말	4. 아사	4. 아비훗
5. 베레스	5. 여호사밧	5. 엘리아김
6. 헤스론	6. 요람	6. 아소르
7. 람	[아하시야]	7. 사독
8. 아미나답	[요아스]	8. 아킴
9. 나손	[아마샤]	9. 엘리웃
10. 살몬/라합	7. 웃시야	10. 엘르아살
11. 보아스/룻	8. 요담	11. 맛단
12. 오벳	9. 아하스	12. 야곱
13. 이세	10. 히스기야	13. 요셉 [마리아]
14. **다윗/밧세바**	11. 므낫세	14. 그리스도라 칭하는 예수
	12. 아몬	
	13. 요시야	
	[여호야김]	
	14. **여고냐**	

첫 두 열은 계속 이어지는 반면, 세 번째 열은 포로 생활 이후 새로운 출발—따라서 여고냐의 이름이 반복됨—을 나타낸다.

씩을 포함한다.[36] 여기서는 여호야긴으로 더 잘 알려진 여고냐라는 모호한 인물에게 가장 중요한 역할이 주어지는데, 그는 바벨론 침략자들에게 자신은 물론이거니와 왕가 전체를 내어주면서 마침내 항복하

36 마 1:17.

기까지 고작 석 달 동안만 다스린 여호야김의 열여덟 살짜리 아들이다.[37] 바벨론으로 사로잡혀 간 후 여호야긴/여고냐는 다시 석방되기까지 무려 38년 동안 옥에 갇히는 수모를 당한다.[38] 이로써 그는 "사로잡혀 간 여고냐"라는 인물로 항상 기억된다.[39] 마태의 계산이 들어맞으려면 여고냐는 이 계보의 중간 단락에서 마지막 인물로, 그리고 마지막 단락에서 첫 번째 인물로 두 번 계산에 들어가야 한다. (그렇지 않으면 마지막 단락이 열네 세대가 아닌 열세 세대가 된다.)[40] 이 복음서 저자가 이해한 바로는 이스라엘 민족의 이야기에서 여고냐는 이처럼 이중적인 역할을 한다.

그리고 바벨론 포로기 이후로 그는 무명의 인물로 새롭게 형성된 비(非)왕실 계열의 첫 번째 인물로 등장하는데, 이 계열에 속한 인물의 이름이나 이야기는 성경에 전혀 나타나지 않는다. 이스라엘의 신성한 이야기는 여기서 종말을 고하는 듯 보였다. 그리고 이 이스라엘의 역사는 단지 성경의 이야기 속에서만 기억될 현실 같이 과거의 뒤안길로 사라져버릴 것만 같았다. 하나님이 아브라함을 선택하는 것으로 시작된 이 이야기는 마침내 여호야긴이 겪은 치욕스러운 경험으로 끝이 나고 만다.

이 이야기는 왜 이런 결말을 맞이해야 했을까? 마태가 다윗의 후

••
37   왕하 24:8-17.
38   왕하 25:27-30.
39   대상 3:17.
40   그럴 경우 마태는 "계산상의 오류"를 범한 것이다(W. D. Davies and D. C. Allison, *Matthew*, 1:186).

손인 여러 유다 왕의 이름을 열거할 때 그는 이에 대한 답을 분명히 갖고 있었을 것이다. 이 인물들에 대한 성경 이야기의 판결은 매우 단순하고 또 단조롭다. 거기서 거명된 인물 가운데 여덟 명은 "여호와의 눈앞에서 악을 행하[였다]"는 평가를 받는다.[41] 히스기야의 배교한 아들 므낫세는 특별히 더 날카로운 비판을 받는다. 므낫세는 그의 통치 기간 55년 동안 백성들로 하여금 그들이 섬기는 참되신 한 분 하나님으로부터 멀어지게 만든다. 따라서 므낫세와 그의 백성에 대한 하나님의 평가는 온통 비판적일 수밖에 없다.

> 내가 나의 기업에서 남은 자들을 버려 그들의 원수의 손에 넘긴즉, 그들이 모든 원수에게 노략거리와 겁탈거리가 되리니, 이는 애굽에서 나온 그의 조상 때부터 오늘까지 내가 보기에 악을 행하여 나의 진노를 일으켰음이니라 하셨더라.[42]

위의 본문에서 언급한 위협은 80년이란 세월이 흐른 후에 실제로 여호야긴에게 나타난다. 왕과 백성은 포로로 잡혀가고, 아브라함과 그 후손에게 주어진 약속의 땅은 전부 몰수당하고 만다. 마태의 계보는

**

41 솔로몬(왕상 11:6), 르호보암(왕상 14:22), 아비얌(왕상 15:3), 요람(왕하 8:18), 아하스(왕하 16:2), 므낫세(왕하 21:2, 9-15), 아몬(왕하 21:20), 여호야긴(왕하 24:9). 때로는 한정적이면서도 긍정적인 평가가 아사(왕상 15:11), 여호사밧(왕상 2:43), 웃시야(왕하 15:3), 히스기야(왕하 18:3), 요시야(왕하 22:2) 등에게 주어진다.

42 왕하 21:14-15.

이러한 포로 생활을 강조하면서 성경에 기록된 이스라엘의 신성한 역사가 스스로 회생할 능력이 없음을 암시한다. 오히려 이 계보는 하나님이 자기 백성을 구원하시기 위해 어떤 결정적인 사건을 통해 그들 가운데 개입하실 것을 기대한다. 마침내 포로 생활 이후의 세대는 이제 참사와 소망의 갈림길에 서게 된 것이다.

메시아 예수의 계보

이 지점에서 우리는 이 계보가 제기하는 가장 핵심적인 질문—이 계보가 요셉이란 인물에서 중단되었음을 감안할 때 예수의 아버지가 아닌 인물이 왜 도대체 여기에 등장하는지에 관한 질문—에 대한 답변을 잠시 들여다볼 필요가 있다. 이 핵심 질문에는 부정적인 측면과 긍정적인 측면이 모두 들어 있다. 부정적인 측면에서 보면 요셉은 왜 예수의 아버지가 아닌가? 긍정적인 측면에서 보면 요셉의 계보는 어째서, 이 복음서 저자가 강하게 주장하듯이, 예수의 계보이기도 한 것인가?

비록 천사가 그를 "다윗의 자손"이라고 부르긴 했지만,[43] 요셉은 예수의 아버지가 아니며, 또 그의 아버지가 될 수도 없다. 왜 그럴까? 이 계보를 따라가 보면 우리는 그가 처한 상황이 꿈을 통해 밝히 드러났을 때 요셉은 자신이 아버지의 위치에서 배제된 사실을 인정하는

----

43   마 1:20.

것을 알게 된다.[44] 요셉은 아기의 이름을 예수로 지어야 한다는 천사의 명령에 순종함으로써 이 일에서 자신이 배제되어 있음을 인정한다. "그가 자기 백성을 그들의 죄에서 구원할 자"이기 때문에 그 아기의 이름은 반드시 예수여야만 했다.[45] 여기서 "자기 백성"은 요셉처럼 아브라함과 이삭과 야곱의 후손인 이스라엘 백성을 가리킨다. 이 백성은 죄 많은 백성이며, 그들의 죄는 여러 세대에 걸쳐 내려오면서 그들의 삶 가운데 만연해 있었다. 다윗과 우리아의 아내의 사례는 이러한 심각한 증세를 잘 보여주며, 경건함과 신실함이라는 훌륭한 수준에 미치지 못하는, 단지 안타까운 예외적 사례가 아니다. 폭넓은 캔버스에 놓고 보아도 바벨론 포로 생활 역시 좋지 않은 증세를 보인다. 사실 다윗이 지은 죄와 후대에 이 민족이 처하게 될 운명은 참회의 시 가운데 가장 위대한 시로 꼽히는 시편 51편(*Miserere*)에서 한 몸이 된다. 이 시편은 "다윗이 밧세바와 동침한 후 선지자 나단이 그에게 왔을 때"[46]를 회상하며 다윗이 지은 시로 알려져 있다. 그럼에도 이 시편은 한참 후대의 포로기 정황을 반영하는 기도로 끝맺는다. "주의 은택으로 시온에 선을 행하시고 예루살렘 성을 쌓으소서."[47] 참회한 다윗은 민족이 멸망한 이후의 시대를 살아가는 후대 세대의 본보기가 된다.

　이러한 역사적 관점에서 볼 때 요셉은 "자기 백성을 그들의 죄에

··
44　마 1:19-23.
45　마 1:21.
46　시 51편(표제); 참조. 삼하 12:13.
47　시 51:18.

서 구원할" 메시아의 아버지가 될 수 없다. 이러한 역사는 과거에 대한 책임으로부터 결코 자유로울 수 없다. 메시아의 도래는 반드시 하나님의 사역을 통해 성취되어야만 한다. 예수의 이름은 예언자와 천사가 선포했듯이 "임마누엘…하나님이 우리와 함께 계시다"가 될 것이다.[48]

그런데 복음서 저자는 자신의 복음서를 요셉의 계보가 아닌, 예수의 계보로 시작한다. 비록 예수는 요셉으로부터 그 어떤 유전자도 물려받지 않았지만, 요셉은 갓 태어난 이 아기가 앞으로 열어갈 그 새 역사에 그 형체를 부여한다. 예수가 나중에 어른이 되어 요한이 베푸는 회개의 세례를 받게 되듯이 이 아기 메시아 또한 회개를 촉구하는 것으로밖에 이해할 수 없는 역사의 지배를 받는다. 그는 이러한 역사를 마치 자신과는 무관한 것처럼 피해 나가거나 초월하지 않는다. 왜냐하면 과거에 포로 이후의 세대가 써 내려간 역사도 **그의** 역사이기 때문이다. 만약 과거의 이스라엘 백성이 "그의 백성"이 아니었다면, 그리고 자신이 죄로 가득 찬 "그들의" 영역으로 들어가지 않았다면 그는 자기 백성을 그들의 죄에서 구원하지 못했을 것이다. 그는 외부에서 기계적인 방식(*deus ex machina*)으로 그의 백성을 구원하는 것이 아니라 그들이 처한 상황 속에서 그들을 구원한다. 하나님의 은혜가 우리의 기억 속에만 남아 있고 한낱 우리의 소망의 대상으로 전락한, 하나님으로부터 완전히 고립된 우리의 상황을 바꾸려면 그는 스스로 그 상황 안으로 들어가 그 상황의 지배를 받아야 한다.

---

48   마 1:23.

초기 복음서 독자들이 사도 마태가 동족 유대인들에게 그들의 땅에서 그들의 언어로 이 복음서를 썼다고 가정한 것은 그리 놀랄 만한 일이 아니다. 그들은 유대인들이 계보에 특별한 관심을 보였고, 마태복음의 계보가 전 인류의 조상인 아담으로 거슬러 올라가는 누가복음의 계보와는 달리 유대 민족의 조상인 아브라함으로부터 시작한다는 점을 잘 알고 있었다. 그들은 "예수"라는 이름이 "그의 백성"의 구원을 가리킨다는 것도 잘 알고 있었다. 물론 그들은 이 복음서 결말부에서 부활하신 주님이 "모든 민족을 제자로 삼아…내가 너희에게 분부한 모든 것을 가르쳐 지키게 하라"[49]고 말씀하시며 열한 제자를 파송하신 것도 잘 알고 있었다. 그들은 본래 유대 신자들을 위해 기록된 이 복음서가 비(非)유대인들과는 아무런 상관이 없다고 믿지 않았다. 그럼에도 이 마태복음을 사려 깊은 독자가 읽었다면 그는 유대교 성경의 유산이 단지 잊힌 과거에만 한정된 것으로 여길 수 없었을 것이다. 따라서 예수가 유대인이라는 성장 배경을 갖고 있지 않았다면 아마도 상당히 다른 유형의 복음서가 필요했을 것이다.

예수의 인격과 사역은 성경에 기록된 그의 백성의 역사에 의해 형성되며, 마태복음은 그러한 유대인 예수를 증언한다. 이 복음서가 정경 모음집 맨 앞에 배치된 이유는 한 유대인을 통해 이 세상에 구원이 이르렀다는 이 복음서의 핵심 주장에 다수 또는 모든 독자가 설득을 당했기 때문이다.

··

49   마 28:19-20.

2장

두 번째 복음서: 길을 예비하다

우리에게 "마태복음"으로 알려진 텍스트는 많은 초기 독자에게 그저 "복음서"(the Gospel)였다. 「디다케」의 저자가 독자들에게 "주님께서 그의 복음서에서 명령한 것처럼" 기도할 것을 지시할 때 그가 염두에 둔 것은 마태복음에 기록된 주의 기도였다. "하늘에 계신 우리 아버지여…"[1] 하지만 이보다 더 일찍이 이보다 더 짧고, 일반적으로 마가가 기록한 것으로 알려진 복음서가 이미 존재했다. 어쩌면 어떤 초기 기독교 공동체 내에서는 마태복음이 마가복음을 대체했을 것이고, 다른 공동체 내에서는 마가복음이 계속해서 마태복음과 나란히 통용되었을 것이다. 점점 더 많은 복음서가 통용되기 시작하면서 주님의 복음서가 한 문서가 아니라 이보다 훨씬 더 많다는 사실이 더욱 분명해졌다. 결과적으로 사복음서 모음집을 탄생시킨 이러한 복음서 채

1   디다케 8.2; 참조. 마 6:9.

택 과정은 사실 마태복음과 마가복음이 서로 공존하던 시기로 거슬러 올라간다.

그렇다면 다수의 복음서가 자리를 잡는 데는 마가복음이 중요한 역할을 했다고 볼 수 있다. 아니 더 정확히 말하자면 이보다 더욱 새롭고 포괄적인 내용을 담고 있는 마태복음을 선호하는 추세에도 불구하고 계속해서 이 더 오래전에 기록된 마가복음을 읽어나간 신실한 독자들의 역할이 보다 크다고도 볼 수 있다. 하지만 특히 널리 인정받는 버전이 넷으로 늘어나자 똑같은 이야기에 대한 여러 버전을 승인한 결정을 정당화할 필요성이 제기되었다. 이러한 문제가 제기되자 이레나이우스 혹은 그 이전의 잘 알려지지 않은 다른 인물에게 에스겔서의 내용이 문뜩 떠올랐다.

복음서의 네 얼굴

바벨론 포로 생활 동안 제사장 가운데 한 명이었던 에스겔은 하나님으로부터 그가 상세하게 묘사하는 장엄하면서도 초현실적인 환상을 통해 자신의 예언자적 소명을 받는다. 그의 예언서 첫 장 끝부분에 가면 그가 보고 있는 것이 바로 기이한 천상의 존재들이 수종 드는 전차이며, 이 전차는 주님을 위한 이동식 보좌의 기능을 수행한다는 사실이 분명해진다. 그럼에도 이에 대한 전체 그림이 온전히 드러나기까지는 어느 정도 시간이 소요된다. 환상 초반부터 "높은 보좌에 앉아"

계신 주님의 모습을 본 예언자 이사야와는 달리,[2] 에스겔은 전차와 그 수행원들을 응시하며 환상이 끝나갈 무렵에서야 비로소 그의 눈을 들어 천상의 보좌와 그 위에 좌정하신 분을 본다. 환상이 시작되면서 "네 생물과 같은 것"이 큰 구름으로부터 나타난다. 비록 사람의 기본적인 형태를 갖추고 있긴 하지만, 이 네 생물은 각각 네 개의 날개와 네 개의 얼굴이 있고, 사방에는 각각 한 쌍의 손이 달려 있다. 이 생물의 사람의 얼굴은 예언자를 바라보지만, 에스겔은 각각 오른쪽과 왼쪽에 사자의 얼굴과 소의 얼굴이 있고, 뒤쪽에는 독수리의 얼굴이 있다는 것을 본다. 네 생물과 이들을 수행하는 바퀴는 계속해서 위아래로, 그리고 앞뒤로 움직인다. 바퀴는 거대하고 그 둘레에는 눈이 가득하다.[3]

초기 그리스도인 독자들은 이 환상 가운데 어느 부분에 관심을 보였을까? 바퀴와 생물 위의 높은 곳에서 사람의 모습을 하고 보좌에 앉아 계신 이로부터 한 음성이 들려온다. 예언자의 수수께끼 같은 언어는 다음과 같이 말한다. "그 보좌의 형상 위에 한 형상이 있어 사람의 모양 같더라."[4] 하나님 자신은 볼 수 없다. 하나님은 모세에게 "나를 보고 살 자가 없[다]"고 말씀하셨다.[5] 초기 그리스도인 독자에게 하나님의 가시적인 현시는 우리가 볼 수 없는 하나님이 인간의 모습

..
2   사 6:1.
3   겔 1:5-18.
4   겔 1:26.
5   출 33:20.

으로 나타나신 그리스도의 예시일 수밖에 없다.[6] 에스겔의 환상에 대한 이러한 해석을 고려하면 보좌에 앉으신 그리스도보다 왜 네 얼굴을 가진 네 생물에 이토록 많은 관심이 집중되는지에 대한 의문이 생긴다. 어쩌면 눈을 들어 높은 곳에 좌정해 계신 분을 바라보기 전에 이보다 훨씬 더 낮은 존재들에게 관심을 집중하는 것이 예언자에게 **필요**했는지도 모른다. 만약 그렇다면 이것은 하나의 유비를 암시한다. 즉 여기서 예언자가 네 생물에 먼저 초점을 맞춤으로써만 높임을 받으신 그리스도를 바라본 것처럼 우리도 오직 네 복음서를 통해서만 그를 바라본다는 것이다. 또한 그리스도께서 네 바퀴가 달린 전차와 그 네 명의 수행원을 통해 예언자에게 자기 자신을 계시하셨듯이 그는 우리에게도 사중 복음서와 네 명의 저자를 통해 자기 자신을 계시하신다.

하지만 가장 중요한 요점은 아직 남아 있다. 네 생물은 동일하지만, 네 복음서는 서로 다르다. (이러한 차이가 없었다면 아마도 우리에게는 네 복음서가 아니라 단일 복음서에 대한 네 개의 필사본이 주어졌을 것이다.) 에스겔서 안에도 넷으로 구성된 집단 가운데 이러한 차이점을 반영하는 것이 있다. 네 바퀴는 네 생물이 수행하는데, 이 네 생물은 각각 네 날개와 네 면과 네 얼굴을 지니고 있고, 이 얼굴은 또한 서로 **다르**다. 따라서 마태복음, 마가복음, 누가복음, 요한복음 간의 차이점은 각

---

6   에스겔의 환상에 대한 이러한 해석은 이미 다음 문헌에 소개되어 있다. Irenaeus, *Against Heresies* 4.20.10.

각 생물의 네 얼굴—하나는 사람의 얼굴, 다른 것은 사자의 얼굴, 소의 얼굴, 독수리의 얼굴—간의 차이점을 반영한다고 볼 수 있다. 사실 네 복음서와 생물의 네 얼굴은 서로 짝을 지을 수 있다. 따라서 마태복음은 사람의 얼굴 또는 사람과 짝을 이루고, 마가복음은 사자의 얼굴, 누가복음은 소의 얼굴, 요한복음은 독수리의 얼굴과 짝을 이룬다. (적어도 이것이 우리에게 가장 잘 알려진 버전에서 언급하는 짝이며, 그 기원은 4세기 말 히에로니무스의 시대까지 거슬러 올라간다.)[7] 네 복음서 간의 이름의 차이는 네 얼굴 간의 차이를 나타내며, 이 두 가지 차이점은 복음서 텍스트 간의 차이를 나타낸다. 어쩌면 똑같은 이야기를 두고 교회가 서로 다른 네 버전의 복음서를 사용해야 한다는 점이 놀라운 일이다. 에스겔도 분명 단 하나의 천상적 존재에 달린 네 얼굴을 보며 똑같이 놀랐을 것이다. 복음서가 이처럼 사중적 형태로 주어진 이유는 분명 예언자나 초기 교회가 볼 때도 하나님의 의도가 그러했기 때문일 것이다. 하나님은 사람과 사자와 소와 독수리에게 각자의 자리가 주어지는 다채로운 창조세계를 의도하셨다. 이것은 그리스도를 통해 실현된 새 창조세계에서도 마찬가지다. 성경의 하나님은 다채롭고 다양한 것을 좋아하시는 것 같다.

문자적인 사고를 좋아하는 학자들은 종종 사복음서 모음집에 대한 이런 전통적인 변증을 임의적이며 인위적인 것으로 간주했다. 사

---

7   히에로니무스는 예를 들어 그의 마태복음 주석에서 이러한 구조를 여러 차례 언급한다. 이러한 구조에 대한 보다 더 이른 버전에서는 사자가 요한복음을, 독수리가 마가복음을 각각 상징한다. 다음을 보라. Irenaeus, *Against Heresies* 3.11.8.

중 복음서의 개념이 예언자 에스겔의 머릿속에 들어갔을 리가 없다는 점을 고려하면 사실 이러한 변증은 결코 임의적이라고 할 수 **없다**. 히에로니무스를 비롯하여 다른 이들에 의하면 사람의 얼굴이 마태복음에 적용된 이유는 이 복음서가 예수의 인간 계보로 시작하기 때문이다. 독수리의 얼굴이 요한복음에 적용된 이유는 이 복음서가 마태복음과는 달리 말씀이 태초에 하나님과 함께하는 높은 신적 영역으로 날아오르기 때문이다. 따라서 이 두 사도가 쓴 복음서는 인간적(이면서도 신적인) 존재와 신적(이면서도 인간적인) 존재를 각각 증언한다. 그러면 이제 마가와 누가가 썼다고 여겨지는 "사도 이후 시대"의 두 복음서만 남는다. 누가복음은 예루살렘 성전에서 시작해서 예루살렘 성전에서 끝맺는다. 따라서 희생제물로 드려지는 소의 이미지가 누가복음에 적합하다. 마가복음은 광야에서 시작하는데, 그곳에 사는 동물은 대부분 사육을 위한 목적보다는 야생적인 삶을 영위해나간다. 광야라는 배경이야말로 성경의 인물 가운데 가장 야생적이며 덜 가정적이라고 할 수 있는 세례자 요한의 사역에 가장 적합하다. 요한의 목소리는 광야에서 부르짖는 (즉 히에로니무스가 사자의 울음소리에 비교한) 소리다. 예수는 광야에서 시험을 받는다. 거기서 그는 분명 사자를 포함하여 "들짐승과 함께" 계신다.[8] 마가복음의 야생적인 시작의 상징으로서 사자는 정말 완벽하다.

··
8   막 1:13.

광야에서 외치는 소리

마가복음에서 예수의 메시아적 소명은 세례자 요한의 사역으로 거슬러 올라간다. 비록 요한의 사역에 관한 기사가 정교하게 구성된 계보와 유아기 내러티브 다음에 나오긴 하지만, 마태복음에서도 그에게 매우 중요한 역할을 부여한다. 아브라함, 다윗, 요셉, 마리아, 헤롯, 동방 박사 등 다수의 다양한 인물이 마태복음 도입부에서 대거 등장하는데, 이들은 요한이 3장에서 처음으로 출현하기 이전에 예수의 사역을 이해하는 데 필요한 다양한 기준점을 제공한다. 이와는 대조적으로 마가복음이 소개하는 예수의 사역의 배경 및 출발점은 그 단순함에 있어 매우 대조적이다.

마가복음은 하나의 선언으로 시작한다. "하나님의 아들 예수 그리스도의 복음의 시작이라."[9] 복음서를 계속 읽어나가면 우리는 예수 그리스도의 복음의 시작이 성경의 예언 성취와 일치한다는 것을 알게 된다. "선지자 이사야의 글에…기록된 것과 같이…" 놀랍게도 그 다음에 나오는 예언을 성취하는 인물은 예수가 아니라 바로 세례자 요한이다.

보라! 내가 내 사자를 네 앞에 보내노니 그가 네 길을 준비하리라. 광야에 외치는 자의 소리가 있어 이르되 "너희는 주의 길을 준비하라. 그의

--
9   막 1:1.

오실 길을 곧게 하라."[10]

사실 이 본문은 준비라는 주제를 강조하기 위해 출애굽기, 말라기, 이사야에 기록된 성경 본문을 서로 결합한 인용문이다(여기서는 복음서 저자가 선택한 어법이 강조됨).

내가 사자를 네 앞서 보내어 길에서 너를 보호하여 너를 내가 예비한 곳에 이르게 하리니.[11]

보라! 내가 내 사자를 보내리니 그가 내 앞에서 길을 준비할 것이요 또 너희가 구하는 바 주가 갑자기 그의 성전에 임하시리니 곧 너희가 사모하는바 언약의 사자가 임하실 것이라. 그가 임하시는 날을 누가 능히 당하며 그가 나타나는 때에 누가 능히 서리요?[12]

외치는 자의 소리여 이르되 "너희는 광야에서 여호와의 길을 예비하라. 사막에서 우리 하나님의 대로를 평탄하게 하라. 골짜기마다 돋우어지며 산마다, 언덕마다 낮아지며 고르지 아니한 곳이 평탄하게 되며 험한 곳이 평지가 될 것이요."[13]

••
10 막 1:2-3.
11 출 23:20.
12 말 3:1-2a.
13 사 40:3-4.

이 본문 가운데 첫 번째 본문(출애굽기)은 세례자 요한과 아무런 상관이 없다. 이스라엘 백성은 천사의 인도와 보호를 받을 것이라는 약속을 받는다. 여기서 "사자"는 그저 어떤 천사다. 두 번째 본문(말라기)은 더 직접 연관이 있다. 이 짧은 예언서 끝부분에서 이 약속된 사자는 불병거를 타고 하늘로 올라갔지만, 머지않아 곧 돌아올 엘리야와 동일시된다. "보라! 여호와의 크고 두려운 날이 이르기 전에 내가 선지자 엘리야를 너희에게 보내리니."[14] 요한을 따르는 자들은 그를 다시 돌아올 이 엘리야와 동일시한 것으로 보이며, 초기 그리스도인들도 이 견해를 이어받았다.[15] "허리의 가죽 띠"[16] 역시 엘리야의 트레이드마크였다.[17] 하지만 그리스도인들로서는 말라기서의 사자에 관한 본문이 "엘리야"와 하나님 자신의 출현 사이에 예수를 위한 공간 창조를 위해 수정될 필요가 있었는데, 출애굽기는 이에 필요한 어법을 제공해준다. 이로써 "보라! 내가 내 사자를 보내리니 *그가 내* 앞에서 길을 준비할 것이요"가 이제는 "보라! 내가 내 사자를 네 앞에 보내노니 그가 *네* 길을 준비하리라"로 바뀐다.[18] 말라기서 본문은 이제 출애굽기의 도움으로 하나님이 직접 예수에게 말씀하신다.

이어서 나오는 이사야서 인용문에서도 이와 유사한 변화가 나타난다. 광야에서 외치는 소리는 청자들에게 "주의 길을 준비하고""우

••
14   말 4:5.
15   참조. 막 9:11-13.
16   막 1:6.
17   왕하 1:8.
18   막 1:2.

리 하나님의 대로를 평탄하게" 할 것을 촉구한다. 이것이 마가복음에서는 "그의 길"을 곧게 하라는 표현으로 바뀐다. 만약 이 복음서 저자가 하나님에 대한 언급을 그대로 남겨두었다면 "주"와 "하나님"이 동의어이므로 거기에 예수가 들어갈 자리가 없었을 것이다. 하지만 여기서 "주"는 또한 예수를 가리키는 것으로 해석될 수 있다. 그럴 경우 "그의 길"은 하나의 여정(journey)으로 이해하여 예수의 사역을 가리킬 수 있다.

마가는 그가 인용하는 복잡한 성경 본문을 "선지자 이사야의 글에⋯기록된 것과 같이"로 소개한다. 일부 초기 필사자는 인용 본문이 전부 이사야서에서 비롯된 것이 아님을 인식하고 이 구문을 "선지서에 기록된 것과 같이"로 수정한다. 하지만 마가에게 있어서는 이사야 본문이 가장 중요하다. 오직 이사야 본문에서만 광야와 소리, 즉 세례자 요한에게 직접 적용 가능한 두 가지 핵심 요소에 대한 언급이 나온다. "세례 요한이 **광야에** 이르러 죄 사함을 받게 하는 회개를 **전파하니**."[19]

여기서 왜 요한은 마가가 그의 복음서를 예수가 아닌 세례자 요한으로 시작할 만큼 성경의 예언을 성취한 자로 소개되고 있는가? 요한은 매우 인상적인 인물이긴 하지만, 예수와는 상당히 다른 인물로 보인다. 만약 성경에서 말하는 "주의 길"이 예수 자신의 길이라면 어떻게 요한이 예수의 길을 준비한다거나 또는 타인이 그 일을 할 수 있

••
19   막 1:4.

도록 도와줄 수 있는지는 분명하지 않다. 마가복음에서는 예수가 요한의 제자들을 이어받거나 요한의 세례를 계속 이어나가지도 않는다. 요한과 대조적으로 예수는 낙타 털옷을 입거나 메뚜기와 석청을 먹지도 않는다. 우리가 아는 바에 의하면 예수의 겉모습과 식습관은 극히 정상적이다. 예수와 요한은 서로 완전히 대조적이다. 인용된 성경 본문에 의하면 요한의 사역은 예수의 길을 준비하는 것이다. 하지만 과연 그는 어떻게 그렇게 한다는 것일까? 마가는 왜 "예수 그리스도의 복음의 시작"을 요한의 사역에 속한 것으로 볼까?

세례자 요한은 여기서 광야 또는 사막과 연관이 있다. 비록 요단강이 이 광야를 가로지르긴 하지만, 이곳은 사람이 살기 어려운 장소다. 거기서는 오직 많은 어려움 속에서만 인간의 삶이 유지될 수 있다. 그럼에도 요한의 설교를 듣고 그에게 세례를 받고자 사람들이 온 유대 지방에서 몰려온다. 심지어 요한의 청중 가운데는 예루살렘 주민이 모두 포함되어 있었다고 한다.[20] 도시에서 광야로 말이다. 이것은 인간이 살기 좋게 만들어놓은 환경을 버리고 사람의 흔적이 거의 없는 곳으로 가는 것을 의미한다. 요한의 청중은 주의 길을 준비하라는 음성에 이끌려 자신의 죄를 고백하고 죄 사함을 받기 위해 이곳으로 향한다. 만약 요단강에 몸을 담그는 것이 죄 사함의 수단이라면 광야는 요한의 청중이 자신과 자신의 과거, 그리고 회개의 필요성을 분명하게 인식하는 장소다. 유대 지방이나 예루살렘에서의 일상의 삶

..
20   막 1:5.

으로부터 격리된 광야는 일상적인 매일의 삶을 새로운 관점—또한 그러한 삶과의 타협과 회피 및 실패에 대한 자의적인 평가이기도 한 관점—에서 볼 수 있는 가능성을 상징한다. 자신에게 내리는 평가는 엄격하다. 왜냐하면 그 배경이 이 백성들과 그들의 하나님 사이에 맺은 언약이며, 거기서 특권으로 누리는 하나님의 은혜는 하나님의 엄격한 요구와 맞물려 있기 때문이다. 그들은 하나님이 요구하는 수준에 자신들이 미치지 못함을 인식하고 있다. 죄, 회개, 고백, 용서 등과 같은 개념은 그들에게 전혀 새로운 것이 아니다. 광야에서 외치는 소리는 이미 알려지긴 했지만 여전히 절반 정도 잊혔거나 억제되어 있는 것을 상기시켜준다.

세례자 요한은 예언 쇄신 운동을 주도한 지도자이며, 이 쇄신 운동의 주제 또한 복음과 무관하지 않다. 요한은 "죄 사함을 받게 하는 회개의 세례를 전파"하는데,[21] 여기서 요한이 사용한 핵심 용어들이 "회개하고 복음을 믿을 것"을 촉구하며[22] 이는 청중에게 죄 사함을 선포하는 예수의 메시지에서도 동일하게 나타난다.[23] 요한은 또한 그의 신발 끈을 풀기도 감당치 못함은 물론이거나와 물이 아닌 성령으로 세례를 베풀 "능력 많으신 이"가 곧 도래할 것을 선포한다.[24] 하지만 이것은 현재를 위한 선포이기보다는 막연한 미래에 대한 예언이

••
21   막 1:4.
22   막 1:15.
23   막 2:5.
24   막 1:7-8.

다. 비록 이어지는 구절에서 예수가 역사의 무대에 오르지만, 그를 다름 아닌 요한이 예언한 그 인물과 동일시할 만한 구석은 전혀 보이지 않는다. 능력이 많으신 이가 장차 베풀 세례는 감히 비교조차 불가능할 정도로 탁월하지만, 예수는 오히려 요한이 베푸는 물 세례를 받는다. 요한은 능력이 많으신 이를 조우할 생각에 커다란 중압감을 느끼지만, 광야에서 외치는 자의 소리에 반응한 무리 가운데 지금까지 전혀 알려지지 않은 무명의 예수에게 세례를 준다. 예수는 침묵으로 일관한다. 죄 없으신 하나님의 아들이신 그는 다른 무리처럼 죄를 회개하고 자백할 필요가 없다고 말하지도 않는다. 오히려 그는 단지 그 무리 가운데 한 사람일 뿐이며, 오직 갈릴리 나사렛에서 온 북부 출신이라는 점에서 유대와 예루살렘에서 온 무리와 구별된다.[25]

한편 방금 세례를 받은 자가 물에서 올라오고 나서야 비로소 그와 다른 이들의 차이가 두드러지게 드러난다. 그는 다른 이들이 전혀 경험하지 못한 무언가를 경험한다. 다른 이들은 자신이 죄 사함을 받았다는 확신 때문에 큰 용기를 얻었을지 모른다. 하지만 그들은 그가 본 것을 보지 못하고 그가 들은 것을 듣지 못한다. 즉 그들은 하늘이 열리고, 비둘기가 내려오고, 하늘에서 그에게 내 사랑하는 아들이라고 말하는 음성을 보거나 듣지는 못한다.[26] 이것은 예수의 개인적이고 사적인 경험이다. 마가는 "**그가** 하늘이 갈라짐과 성령이 비둘기같이

25   막 1:9.
26   막 1:10-11.

자기에게 내려오심을 보[았다]"라고 기록한다. 요한도 이를 인식하지 못한 채 다음 세례 대상자에게 눈길을 돌렸을 것이다. 아무튼 이제 요한은 여기서 현장의 무대에서 사라진다. 그가 갇혔다는 소식과[27] 나중에 처형당했다는 소식이 간단하게 언급되기는 하지만,[28] 그의 사역은 이제 여기서 종말을 맞이한다. 예수가 세례를 받은 후에 요한과 더불어 그에게 세례를 받기 위해 줄을 섰던 무리는 이제 무대에서 사라진다. 마침내 예수가 이 복음서 내러티브의 주인공의 자리에 오르게 된 것이다.[29]

과연 요한은 주의 길을 준비하고 그 길을 곧게 하는 소명을 성공적으로 수행한 것인가? 그는 어떻게 자신에게 주어진 소명을 성공적으로 수행했을까? 마가복음이 그리는 예수와 세례자 요한의 관계는 마태복음을 통해 드러나는 예수와 요셉을 포함한 그의 조상의 관계만큼이나 보잘것없다. 하지만 이 두 관계는 모두 겉으로 보기보다는 매우 실제적이며 중요하다. 이 두 복음서 저자가 자신들이 실제로 의도한 것과 상충되는 전승 자료를 무의식중에 재생하지 않는 이상, 마태에게 있어 그가 예수를 해석하는 데 요셉이 아주 중요한 만큼, 요한도 마가에게 있어 그가 예수를 해석하는 데 매우 중요하다. 마가는 주의 길을 준비하고 그의 길을 곧게 하는 자를 언급하는 것으로 자신의 내러티브를 시작한다. "주의 길"에서 "주"는 예수를 가리키며, 예수

●●
27   막 1:14.
28   막 6:14-29.
29   막 1:1.

와 요한은 한 사람은 세례를 베풀고, 다른 한 사람은 세례를 받는 시점에서 서로 조우한다. 요한은 예수에게 세례를 줌으로써 예언의 말씀에 기록된 대로 자신에게 주어진 역할을 성취한다.

포괄적인 복음서

마가복음에 의하면 요한은 "죄 사함"을 위한 "회개의 세례"를 선포한다.[30] 여기서 말하는 회개는 어떤 사적인 사건보다는 공적인 사건을 가리킨다. 왜냐하면 마가는 사람들이 세례를 받으며 "[자신]들의 죄를 고백"했다고 묘사하고 있기 때문이다.[31] 이것은 후대의 어떤 죄를 고백하는 관습처럼 한 개인의 죄를 다시 기억하고 이를 시인하는 것을 의미하지 않는다. 탕자가 "아버지! 내가 하늘과 아버지께 죄를 지었사오니"[32]라고 고백할 때 그는 세부적인 내용을 언급하지 않는다. 죄 고백은 또한 공동체를 대신해서도 할 수 있다. 다니엘은 "**우리**[가] 이미 범죄하여 패역하며 행악하며 반역하여 주의 법도와 규례를 떠났사오며"라고 고백한다.[33] 이사야는 보좌에 앉으신 주님을 볼 때 "나는 입술이 부정한 사람이요, 나는 입술이 부정한 백성 중에 거주"한

••
30   막 1:4.
31   막 1:5.
32   눅 15:21.
33   단 9:5.

다고 고백한다.[34] 우리는 여기서 죄 고백의 개인적인 측면과 공동체적인 측면을 모두 볼 수 있다. 그럼에도 죄의 고백은 한 사람의 과거의 삶 전체에 대해 부정적인 판결이 내려지는 수치스러운 행위이자 공공연한 행위다. 요한의 세례는 죄의 고백을 요구하며, 예수는 바로 그런 세례를 받은 것이다.

물론 이것은 매우 놀라운 일이다. 왜 예수가 자신의 죄를 고백하고 용서를 구해야 했을까? 신약성경의 다른 본문은 예수가 "모든 일에 우리와 똑같이 시험을 받으신 이로되 죄는 없으시니라"고 기록한다.[35] 초기 그리스도인들은 예수에게 죄가 없다는 사실을 당연하게 받아들인 것으로 보인다. 마태는 처음에 예수에게 세례 주는 것을 요한이 거부하는 모습을 기록함으로써 이에 대한 문제의식이 그에게 있었음을 보여준다. "내가 당신에게서 세례를 받아야 할 터인데 당신이 내게로 오시나이까?"[36] 이와 달리 마가는 그러한 문제의식을 전혀 드러내지 않는다. 마가복음의 저자에 의하면 예수의 세례와 성령 강림과 하늘에서 들린 음성은 **기독교에 입문하는 입교의 모델이자 원형**이며, 한 사람이 비로소 그리스도인이 되고 기독교 공동체의 일원이 되는 사건이다. 사실 보편적으로 기독교 입교 과정 속에는 하늘이 열리거나, 비둘기가 내려오거나, 하나님의 음성이 들리는 일이 없다. 마가복음의 이야기에서 이런 요소들이 나타난 것은 성령을 통해 예수가

••
34   사 6:5.
35   히 4:5.
36   마 3:14.

능력을 부여받는 모습을 독자들에게 생생하게 보여주기 위함이다. 하지만 예수의 이러한 능력 부여는 그의 세례와 아주 밀접하게 연관되어 있다. 세례와 성령 강림은 서로 분리된 두 사건이 아니며, 전자의 사건이 후자의 사건 때문에 다소 우발적으로 일어난 것이 아니다. 이 두 사건은 한 사건의 두 가지 측면, 곧 부정적인 측면과 긍정적인 측면을 가리킨다. 한 측면은 과거를 극복하기 위한 것이며, 또 다른 측면은 그 과거에 의해 결정되지 않는 새로운 미래를 열기 위함이다. 예수의 사역의 문을 열어준 이 단일 사건은 매번 어떤 사람이 그리스도인 공동체에 들어올 때마다 재연된다.

이러한 사실은 우리가 마가복음을 바울 서신과 나란히 놓고 읽을 때 더욱더 분명해진다. 가장 기본적인 단계로서 세례는 씻는 행위다. 바울은 고린도인들에게 "[너희는] 주 예수 그리스도의 이름과 우리 하나님의 성령 안에서 씻음과 거룩함과 의롭다 하심을 받았느니라"고 말한다.[37] 죄는 사람을 더럽힌다. 따라서 우리가 더러운 물질을 몸에서 배출하듯이 죄도 몸으로부터 씻어내야 하는데, 이것은 그리스도를 통해 얻은 하나님과의 새로운 관계를 유지하는 데 있어 필수적인 예비 단계다. "세례를 받은 자는 그리스도로 옷 입었느니라."[38] "옷을 입는다"라는 표현은 세례 때 벗어버린 옛 옷을 새 옷이 대신한다는 것을 암시하며, 이 새 옷은 이제 말소된 과거가 아니라 그리스도를 통해 주어

••
37   고전 6:11.
38   갈 3:27.

진 새로운 정체성을 상징한다. 좀 더 정확하게 말하자면 이 새로운 정체성은 예수를 하나님의 아들로 인정하고, 그가 하나님을 아버지로 인정하는 예수의 새로운 관계에 참여하는 것을 수반한다.

하나님이 그 아들을 보내사 여자에게서 나게 하시고 율법 아래에 나게 하신 것은 율법 아래에 있는 자들을 속량하시고 우리로 아들의 명분을 얻게 하려 하심이라. 너희가 아들이므로 하나님이 그 아들의 영을 우리 마음 가운데 보내사 **아바** 아버지라 부르게 하셨느니라.[39]

이 바울 본문은 마가복음에 기록된 예수의 세례 기사와 밀접하게 연관되어 있다. 예수가 하나님을 경험한 사건에 특별히 초점을 맞춘 이 두 본문에는 예수의 아들 됨과 성령이라는 주제가 들어 있다. "아바"는 예수가 하나님을 지칭하기 위해 사용한 아람어 단어이며, 바울의 글을 통해 이 단어의 그리스어 번역인 "호 파테르"(*ho Patēr*, "[그] 아버지")와 나란히 보존되었다. 이 아람어 단어와 그리스어 동의어가 함께 언급되는 사례는 마가복음의 겟세마네 내러티브에서도 등장한다. "아바 아버지여! 아버지께는 모든 것이 가능하오니 이 잔을 내게서 옮기시옵소서."[40] 비록 마가복음의 세례 기사에서는 "아바"가 등장하지 않지만, 그 세례 기사는 이 단어를 전제한다. 왜냐하면 만약 하나

..
39   갈 4:4-6.
40   막 14:36.

님이 예수를 자기의 사랑하는 아들로 인정한다면, 그리고 만약 예수가 그에게 부여된 새로운 정체성을 받아들인다면 그는 하나님을 그의 사랑하는 아버지, 곧 "아바"로 인정해야만 한다. 바울 서신에서처럼 마가복음에서도 아버지와 아들의 상호 인정은 오직 하늘에서 "내려오거나"(마가복음) "보냄을 받은"(바울 서신) 성령을 통해서만 가능하다. 이러한 상호관계는 고린도후서의 한 본문에서 명시적으로 나타나는데, 거기서는 성경에서 사용한 언어가 바울에 의해 자유롭게 개작되고, "아들들"이라는 표현에 "딸들"이 덧붙여진 것은 세례를 통해 확립된 새로운 관계가 포괄적임을 시사한다. "너희에게 아버지가 되고 너희는 내게 자녀[원문은 아들들과 딸들—역자주]가 되리라. 전능하신 주의 말씀이니라 하셨느니라."[41] 마가가 서술하듯이 예수의 수세 사건은 바로 이러한 관계의 모형이다.

예수의 세례는 단지 예수에게만 관심을 두지 않는다. 새로운 정체성은 성령을 통해 그에게 주어지고, 하나님의 음성을 들을 수 있는 기회는 다른 이들에게도 열려 있다. 예수의 세례는 포괄적인 사건이며, 마가복음의 그리스도인 독자들은 옛 삶으로부터 새로운 삶으로 변화된 자신들의 새로운 모습을 이 사건을 통해 발견한다. 바로 그런 이유에서 세례자 요한의 사역에 대한 마가의 기사는 "예수 그리스도의 복음의 시작"이라고 할 수 있다. "복음"이라는 단어는 예수의 사역을 단순히 서사적으로 써 내려간 기사를 가리키지 않는다. 복음은

41   고후 6:18.

"유앙겔리온"(*euaggelion*), 곧 좋은 소식이며, 이 소식은 오직 그 수혜자의 관점에서만 "좋은" 소식이 된다.

알렉산드리아의 위대한 3세기 신학자인 오리게네스는 이미 여러 권으로 된(그러나 완성되지 못한) 그의 요한복음 주석에서 이 점을 지적한 바 있다. 오리게네스는 자신이 주석하는 텍스트가 "복음" 또는 "유앙겔리온"이라는 점을 지적하면서 이 용어가 암시하는 것이 무엇인지 묻는다. 그가 신중하게 제안한 "복음"에 관한 정의는 상당히 보편적이다. "유앙겔리온"은 "사건들이 가져다주는 혜택 때문에 그 선언을 듣는 청자에게 기쁨을 가져다준다는 의미에서 사건들을 공표하는 발언이다."[42] 만약 이 정의를 따라 이 사건을 글로 공표하는 것이 청자와 독자에게 그 사건이 가져다주는 혜택으로 인해 기쁨을 안겨준다면 예수의 수세 사건은 단지 이 **복음**의 시작일 수밖에 없다. 따라서 이 사건은 결코 예수의 삶에 관한 이야기 가운데 그저 어떤 한 부분일 수도 없다. 이 사건은 모든 것을 포괄하는 사건일 수밖에 없으며, 이를 통해 다른 이들도 혜택을 누릴 수 있도록 계속 재연 가능해야만 한다. 바울에 의하면 "그리스도께서[는] 우리를 위해 죽으[셨다]."[43] 마가복음에 의하면 예수는 요한이 베푸는 회개의 세례를 받으심으로써 "우리를 대신"하셨다.

••

42   Origen, *Commentary on John* 1.27.

43   롬 5:8.

결말과 시작

독자들에게 세례자 요한을 소개하는 성경 인용문에는 "길"—또는 구체적인 시작과 끝이 있는 여정—에 대한 언급이 나온다. 그 약속된 사자는 "네 길을 준비"할 것이다. 광야에서 부르짖는 소리는 그 소리를 듣는 이에게 "주의 길을 준비하고" "그의 길을 곧게" 할 것을 촉구한다. 요한은 이 길을 준비할 뿐 아니라 다른 이들도 그렇게 할 것을 독려한다. 사실 이 복음서 저자는 이처럼 준비할 시간의 여유를 거의 주지 않는다. 세례 받은 예수가 자신의 독자적인 사역을 시작했을 때 이 준비 기간은 끝이 난다.

"주의 길"은 어떤 것인가? 마가복음의 예수는 쉬지 않고 온 힘을 다해 계속해서 이곳저곳으로 이동한다. 그런데 이 운동을 시작한 사람이 바로 요한이다. 마가가 "예수께서 갈릴리 나사렛으로부터 와서…요한에게 세례를 받으[셨다]"고 말할 때 이는 예수가 요한에게 세례를 **받기 위해** 나사렛에서 왔다는 것을 의미한다. 회개의 세례는 작은 갈릴리 마을에서 정착 생활을 해오던 예수를 유대 광야로 이끈다. 요한이 잡힌 후에 갈릴리로 돌아온 예수는 가버나움 마을에 도착하여 그곳 회당을 방문하기 전에 갈릴리 "바다"(혹은 호수) 해변에 모습을 드러낸다.[44] 이 장소(이 호수와 마을)는 내러티브가 전개되면서 지속적으로 등장한다. 예수의 길은 갈릴리에서 시작하여 유대 광야를

---

44   막 1:14-21.

거쳐 갈릴리에서 끝나고,[45] 가버나움에서 시작해서 다른 갈릴리 마을을 거쳐 가버나움에서 마무리되고,[46] 이 호숫가에서 시작해서 불특정한 산과 집[47] 또는 거라사 지방을 거쳐 다시 이 호숫가에서 끝나는 작은 순환 여행의 형태를 띤다.[48] 예수가 방문한 다른 지역은 나사렛과 벳새다와 더 북쪽에 있는 두로를 포함한다.[49] 이상하리만큼 빙 돌아가는 이 길은 그를 두로에서 시돈을 거쳐 데가볼리를 경유하여 갈릴리 바다로 인도한다.[50] 예수와 제자들은 계속해서 돌아다니지만, 그들이 가야 할 목적지는 아직 보이지 않는 듯하다. 이러한 현상은 가이사랴빌립보에서 변화를 경험하는데, 거기서 예수는 베드로가 그에게 그리스도라고 고백한 이후에 자신의 임박한 수난, 거부, 죽음, 부활을 예고한다.[51] 이러한 사건의 순서는 마침내 "주의 길"을 따라가는 예수의 여정의 종착지이자 목표가 된다.

이 사건들이 비로소 예루살렘에서 일어날 것이라는 사실은 마가가 예수에게 귀속시킨 그의 세 번째 수난 예고에서 마침내 분명하게 드러난다.

예루살렘으로 올라가는 길에 예수께서 그들 앞에 서서 가시는데, 그들

**
45   막 1:9-14.
46   막 1:21-2:1.
47   막 3:7-4:1.
48   막 4:35-5:21.
49   막 6:1, 45; 7:24.
50   막 7:31.
51   막 8:31.

이 놀라고 따르는 자들은 두려워하더라. 이에 다시 열두 제자를 데리시고 자기가 당할 일을 말씀하여 이르시되 "보라! 우리가 예루살렘에 올라가노니 인자가 대제사장들과 서기관들에게 넘겨지매 그들이 죽이기로 결의하고 이방인들에게 넘겨 주겠고, 그들은 능욕하며 침 뱉으며 채찍질하고 죽일 것이나 그는 사흘 만에 살아나리라" 하시니라.[52]

갈릴리 지방 내에서와 그 주변에서 이루어지는 순환 여행은 이제 보다 더 확실한 목표를 두고 북쪽의 빌립보 가이사랴에서 남쪽의 예루살렘으로 연결되는 직선 여행으로 이어진다. 사람들은 예루살렘으로 **올라간다.** 시편에 나오는 짧은 순례자의 시는 각기 "쉬르 함마알롯"(*šîr hammaʿãlôt*) 곧 "성전에 올라가는 노래"로 알려져 있다.[53] 그러나 예수가 선포한 여행은, 비록 그 끝부분이 (결과적으로) 유월절과 일치하긴 하지만, 순례자의 길처럼 보이지 않는다. 순례자들은 자신과 하나님의 관계가 회복되고, 거룩한 관계로 거듭나기를 기대한다. 하지만 예수는 자기 자신의 파멸을 기대한다. 그는 자유의 몸으로 예루살렘을 향한 여정에 오르지만, 일단 그곳에 도착하면 그는 타인의 손에 좌우되는 자유를 빼앗긴 운명에 처하게 된다. 겟세마네에서 골고다로 가는 그의 "길"의 마지막 단계는 자의에 의한 길이 아니다. 그럼에도 예루살렘으로 올라가는 길을 선택한 예수는 하나님의 뜻을 따

··
52 막 10:32-34.
53 시 120-134편.

라 자유를 잃어버리는 길을 스스로 선택한다. 그가 선택한 길은 "나의 원대로 마시옵고 아버지의 원대로" 되는 길이다.[54] 이는 그가 가는 길의 종착역이 그가 확신하는 하나님의 뜻이 이루어지는 곳이기 때문이다. 여기서는 단지 어떤 개연성 있는 결과를 생각할 수 없다. 이러한 결말을 의도하신 하나님은 결코 이해할 수 없는 비인격적인 "운명"과 같은 존재가 아니라, 처음부터 "나의 사랑하는 아들"이라고 말씀하신 분께 "아바 아버지"라고 부를 수 있는 존재다.

그렇다면 이 길은 당연히 세례자 요한이 "준비"해야 할 "주의 길"인 것이다. 주의 길은 요한이 세례를 베푼다는 소식이 예수로 하여금 갈릴리 나사렛에서 유대 광야와 요단강으로 가도록 이끌 때 비로소 시작된 순례의 여정이다. 그 여정이 이제 예루살렘에서 마무리된다. 비록 이 여정이 돌고 도는 순환 여행의 길이기도 하지만, 마가복음의 예수는 절대로 멈추지 않고 계속해서 이동한다. 개별 여행이 하나의 긴 여행으로 통합되고, 무작위처럼 보였던 이 긴 여성은 이세 북폭에서 남쪽으로, 분명한 결과를 예고하는 직선 여행으로 이어진다.

과연 이 여행의 종착점은 출발점과 어떤 관계가 있을까? 예수는 예루살렘에 도착하기 바로 직전 자신이 걸어온 여행의 종착역에 대한 자신의 해석을 다음과 같이 내놓는다.

인자가 온 것은 섬김을 받으려 함이 아니라 도리어 섬기려 하고 자기 목

---

54 막 14:36.

숨을 많은 사람의 대속물로 주려 함이니라.[55]

인자는 많은 사람의 미래를 보장하기 위해 자신의 미래를 포기함으로써 많은 사람의 종이 된다. 많은 사람은 "대속물"을 필요로 한다. 이는 곧 끝이 없고 아무런 희망이 없는 기나긴 포로의 삶에서 해방을 맛보는 것이다. 겟세마네 동산에서 예수는 스스로 포로의 몸이 된다.[56] 골고다라는 흑암 속에서 그는 마침내 포로가 된 자의 절망스러운 모습을 드러낸다. "나의 하나님, 나의 하나님, 어찌하여 나를 버리셨나이까?"[57] 그는 자신을 많은 사람의 대속물로 내어줌으로써 그들이 처한 상황으로 들어가 그들의 처지를 자신의 처지로 만든다. 많은 사람을 위한 그의 섬김은 가장 위대한 연대 행위였다. 예수의 여정 첫머리에서 그가 회개의 세례와 성령을 받고 그의 아들 됨에 대한 확신을 얻었을 때도 마찬가지였다. 이러한 연대 행위는 이러한 해방의 경험이 재연될 "많은 사람"을 대신하여 일어난다. 세례자 요한이 시작한 "주의 길"의 출발점은 그 종착점과 동일하다.

이 종착점이 출발점과 무척 가깝다는 사실은 마가가 예수의 여정에 관해 마지막으로 언급한 부분에서 드러난다. 부활절 이른 아침 예수의 무덤에 도착한 그의 여자 제자들은 남자 제자들에게 메시지를 전하라는 지시를 받는다. "가서 그의 제자들과 베드로에게 이르기

••
55   막 10:45.
56   막 14:43-50.
57   막 15:34.

를 예수께서 너희보다 먼저 갈릴리로 가시나니…너희가 거기서 뵈오리라."[58] 하지만 이 메시지는 전달되지 않는다. 그 이유는 여자들이 무서워하며 무덤에서 도망치는 바람에 그들에게 아무 말도 전하지 않았기 때문이다.[59] 그럼에도 부활하신 주님이 갈릴리로 다시 돌아갈 것이라는 소식과 재회에 대한 약속은 여전히 유효했다. 그의 제자들보다 먼저 갈릴리로 간 예수는 요단강에서 요한에게 세례를 받기 위해 갈릴리 나사렛으로부터 왔던 그 출발점으로 다시 되돌아온 것이다. 예루살렘에서 그의 최후를 맞이할 듯 보였던 그의 직선 여행은 이제 둥근 원을 그리게 되었다.

만약 이 이야기의 종착점이 우리를 다시 출발점으로 이끈다면 이 이야기는 이제 부활하신 주님이 그 이야기의 주인공이 되어 다시 서술되어야 한다. 다시 서술될 이야기는 이제 과거의 뒤안길로 사라진 존재가 아니라 마가와 그의 독자들과 함께 같은 시대를 사는 인물에 관해 이야기한다는 사실만 제외하면 그 이전의 이야기와 전적으로 동일하다.[60] 이 이야기는 **복음**, 곧 "사건들이 가져다주는 혜택 때문에 그 선언을 듣는 청자에게 기쁨을 가져다준다는 의미에서 사건들을 공표하는 발언"이 되었다. 마가복음 저자는 복음서의 이야기가 부활하신 주님의 출현으로 끝나야 한다는 후대의 통념(그것이 갈릴리

••

58   막 16:7.

59   막 16:8.

60   Karl Barth는 다음과 같이 말한다. "하나님께서 어제 예수 그리스도 안에서 하신 일이 어떻게 오늘과 내일 하실 그분의 행위가 될 수 없을까?"(*CD* IV.2, 111)

든 예루살렘이든, 또는 두 곳 모두이든 간에)을 어쩌면 미리 내다보았는지도 모른다. 이러한 후대의 전승이 우리에게 너무나도 잘 알려진 나머지, 예수의 부활 이후 출현이 마가복음 결말부에 생략되어 있다는 사실을 수용한다는 것이 그리 쉽지만은 않다. 그럼에도 그 이야기가 생략된 것 자체 역시 나름대로 긍정적인 면이 있다. 왜냐하면 이 사실이 독자들의 시선을 다시 예수가 요단강에서 요한에게 세례를 받기 위해 광야로 나갔던 갈릴리로, 그러니까 바로 그 출발점으로 되돌리기 때문이다.

3장

세 번째 복음서: 마리아 찬가

정경 복음서 가운데 세 번째 복음서의 존재는 "누가"의 작품으로 출발하지도 않고, 스스로 "복음서"로 간주하지도 않는다. 이 복음서의 저자는 짧지만 강한 호소력이 담긴 그의 서문에서 이 책을 헌정받는 사람의 이름, 곧 데오빌로를 언급하지만, 막상 자신의 이름은 거론조차 하지 않는다. 그는 마가가 사용한 "복음"이란 용어를 그대로 사용하기보다는 "내러티브"(*diēgēsis*)라는 중립적인 용어를 선택한다. 이 저자는 이와 유사한 내러티브를 저술한 이가 "많이" 있다는 것을 알고 있지만, 그 내용을 자신이 자세히 미루어 살폈기 때문에 다른 글에 비해 자기가 작성한 내러티브가 보다 더 뛰어나다는 점을 슬쩍 암시한다. 아마도 다른 내러티브는 자기 작품에서 볼 수 있는 면밀함이 없다는 것 같다. 따라서 그의 독자들은 그의 내러티브를 전적으로 신뢰할 수 있다. 그리고 이 모든 내용이 하나의 긴 문장에 고스란히 담겨 있다.

우리 중에 이루어진 사실에 대하여 처음부터 목격자와 말씀의 일꾼 된 자들이 전하여 준 그대로 내력을 저술하려고 붓을 든 사람이 많은지라. 그 모든 일을 근원부터 자세히 미루어 살핀 나도 데오빌로 각하에게 차례대로 써 보내는 것이 좋은 줄 알았노니, 이는 각하가 알고 있는 바를 더 확실하게 하려 함이로라.[1]

저자는 마가복음과 마태복음을 익히 잘 알고 있었다(전자는 확실히, 후자는 십중팔구). 하지만 그의 목적은 자신이 쓴 작품이 그 이전에 저작된 이 두 복음서와 나란히 세 번째 복음서로 자리매김하는 것이 아니었다. 그에게는 이보다 훨씬 더 큰 야망이 있었다. 물론 다른 이들도 "우리 중에 이루어진 사실에" 대한 글을 쓰기는 했지만, 그의 작품의 최종 목표는 복음서의 결정판이 되는 것이었다. 그의 복음서의 출판은 적어도 원칙적으로는 복음서 이야기의 초기 버전을 중복되게 만든다는 것을 암시한다. "데오빌로 각하"는 이 작품의 헌정 대상자로서, 이 작품을 쓰면서 저자가 머릿속에 상상한 이상적인 독자를 상징한다. 즉 데오빌로는 과거에는 존재하지 않았지만 이제 이 새로운 작품에서 진리가 설득력 있게 설파되는 것을 발견하는 사람을 대변한다.

저자가 상정한 이상적인 독자는 일반적으로 자신의 독자적인 관심사와 의제를 갖고 있는 실제 독자와 일치하지 않는다. 2세기에는

---

1 눅 1:1-4.

영향력 있는 누가복음 해석 방법이 적어도 네 가지나 등장했다. 하지만 이 중 그 어느 것도 이 저자가 예상했던 것은 아니다.

누가복음은 어떻게 누가복음이 되었나?

2세기 독자 가운데 누가복음의 지위를 거의 확정적으로 받아들인 사람은 마르키온이었다. 그는 예수 그리스도가 보여주신 하나님은 유대 성경에 나타난 하나님과 다르며 그보다 훨씬 뛰어나신 분이라는 논쟁의 소지가 다분한 견해(즉 그분은 징벌적 정의를 행사하는 하나님과 대조를 이루는 다정함과 은혜의 하나님)를 갖고 있었다. 마르키온의 복음서는 누가복음의 축소판이었다. 하지만 이 복음서는 그의 많은 추종자에게 있어 마르키온이 쓴 복음서도 아니고, 누가가 쓴 복음서도 아니며, 오로지 사도 시대의 순전한 "복음서"(the Gospel)였다. 이 복음서 축소판에는 저자 소개와 출생 이야기는 물론, 누가복음 4:31에서 "[예수가] 갈릴리의 가버나움 동네에 내려오사"라고 기록하는 부분에 이르기까지의 내용이 거의 모두 생략되어 있다. 마르키온에 의하면 예수는 여기서 하늘로부터 직접 내려와 인간의 형태를 취한다. 그러나 예수는 인간 아버지로부터 아무것도 물려받지 않았으며, 유대 성경과도 전적으로 무관하다. 따라서 그의 복음서에는 성경 본문에 대한 언급이 모두 빠져 있다. 예를 들어 누가는 예수가 "이 세대는 악한 세대라. 표적을 구하되 요나의 표적밖에는 보일 표적이 없나니"[2] 라고 말하는 내용을 소개한다. 예언자 요나처럼 예수도 회개의 메시지를 선포한다. 그러나 마르키온의 관점에서 보면 이 두 인물 사이에는 공통점이 전혀 없다. 그들은 서로 전혀 다른 하나님의 종이다. 따라서 그는 요나에 관한 언급을 삭제한다. "이 세대에는 보일 표적이 없다."[3] 하지만 오직 마르키온에 반대하는 사람들만 그의 복음서가 누가복음의 내용을 삭제하고 이를 익명 처리한 것으로 생각한다. 만약 마르키온계 그리스도인들이 누가복음을 접했다면 그들은 십중팔구 누가복음 초반의 몇 장과 성경에 관한 언급을 은혜의 하나님과 유대 성경에서 가혹하게 보응하시는 하나님을 서로 혼동한 사람들이 임의로 추가한 것으로 보았을 것이다.

다른 2세기 독자들에게 누가복음에 기록된 출생 이야기와 성경에 관한 언급은 사실 어떤 문제를 일으키기보다는 오히려 더 좋은 자산이었다. 그러나 누가복음은 하나의 독자적인 복음서로 그 가치를 인정받지 못하고, 마치 마태복음에 딸린 부록처럼 마태의 작품을 보완한 글 정도로 취급되었다. 이것이 바로 순교자 유스티누스의 견해였다. 그는 마르키온과 마찬가지로 로마에서 활동했으며 그보다 조금 젊은 동시대 인물이다. 유스티누스가 쓴 (현존하는) 작품 가운데 가장 대표적인 작품은 「트리포와의 대화」인데, 이 작품은 기독교 성경

··
2   눅 11:29.
3   마르키온의 복음서 텍스트는 테르툴리아누스와 에피파니우스가 제공하는 증거에 기초하여 부분적으로 재구성할 수 있다.

해석에 박식한 유대인 대화 상대자와 부분적으로, 또는 전적으로 가상의 논쟁을 벌이는 내용을 다룬다. 성경이 예수의 탄생을 예견했다는 사실을 입증하고자 긴 글(하지만 그리 성공적이지 못한)을 쓰는 과정에서 유스티누스는 마태복음에 기록된 탄생 이야기, 즉 마리아의 임신과 요셉을 안심시키는 천사, 헤롯과 동방 박사, 이집트로의 피신, 무고한 이들을 죽이는 대학살 등의 내용을 간략하게 요약한다.[4] 그러나 유스티누스는 마태복음이 이 모든 내용을 다 이야기하지 않는다는 것을 알고, 탄생 이야기를 누가복음의 내용(강조된 부분)으로 보완한다.

> 요셉은 환상에서 그의 아내를 버리지 말라는 지시를 받았다. 그에게 나타난 천사는 그녀의 자궁에 있는 것은 성령으로 된 것이라고 말했다. 그는 두려웠지만, 그녀를 버리지 않았다. 그러나 구레뇨의 통치하에 유대에서 진행된 첫 번째 호적 조사 때 그는 자신이 살고 있던 나세렛에서 호적 등록을 위해 그가 속한 베들레헴으로 올라갔다. 왜냐하면 그의 집안은 당시 그 지역에 거주하던 유다 지파에 속해 있었기 때문이다. 그 이후 그는 마리아와 함께 이집트로 내려가 유대 지방으로 돌아갈 것을 지시하는 또 다른 계시가 있을 때까지 아기와 함께 거기에 머물라는 지시를 받았다. 그러나 요셉이 그 마을에서 묵을 곳을 찾지 못해 베들레헴에서 아기가 태어났을 때 그는 그 마을 근처에 있는 한 동굴에서 보금자리를

<hr/>

4   마 1-2장.

<hr/>

찾았다. 그리고 그들이 그곳에 있을 동안 마리아는 그리스도를 낳았고, 그를 구유에 뉘었으며, 아라비아에서 온 동방 박사들이 거기서 그를 발견했다.…따라서 헤롯은 (아라비아에서 온 동방 박사들이 그가 요구한 대로 그에게 되돌아가지 않고, 그들에게 전한 대로 다른 길을 통해 자기 나라로 돌아갔을 때, 그리고 요셉이 마리아와 아기와 함께 이제 그들에게 계시한 대로 이집트로 갔을 때) 동방 박사들이 어느 아기를 경배하러 찾아갔는지 알지 못하므로 베들레헴에 있는 모든 아기를 학살할 것을 지시했다.[5]

유스티누스는 이 사건들을 일관된 순서를 따라 나열하는 데 다소 어려움을 겪지만, 이 복음서의 두 탄생 이야기를 바라보는 그의 태도는 분명하다. 마태복음은 여기서 기본적인 내용을 제공해주는데, 유스티누스는 그 내용을 어느 정도 상세하게 요약한다. 그는 누가복음을 훨씬 더 선별적으로 활용한다. 유스티누스는 숙소에 관한 문세와 구유에 관한 언급을 누가복음에서 끌어오지만, 정작 구유에 누인 아기에게는 누가복음의 목자들이 아니라 마태복음의 동방 박사들이 찾아온다. (구유는 마구간에 있지 않고 동굴에 있다. 이 두 전통적인 장소는 여관에 그들이 묵을 방이 없어서 마리아가 구유에 아기를 뉘었다고 이야기하는 누가복음의 틈을 메워주기 위함이다.)[6] 유스티누스는 누가복음을 높이 평가하지만,

••

5   Justin Martyr, *Dialogue with Trypho* 78.3-7. 참조. 눅 2:2, 4-5, 7.
6   눅 2:7.

그에게 가장 탁월한 복음서는 여전히 마태복음이다.

유스티누스는 자신을 철학 선생으로 소개한다. 기독교를 비판하는 지식인들을 대상으로 기독교가 설파하는 진리를 변증할 수 있는 지적 소양을 함양한 철학 선생 말이다. 그의 가장 유명한 제자인 타티아노스는 다른 복음서나 전승에서 가져온 추가 내용을 포함하여 네 권의 정경 복음서에서 가져온 내용을 토대로 포괄적인 복음서 한 권을 만들었다. 이 작품은 그리스어와 시리아어 버전으로 되어 있는데, 이 두 버전 모두 아마도 그가 직접 집필했을 것이다. 이 작품은 나중에 "디아테사론"(Diatessaron)으로 알려졌지만, 시리아어를 사용하는 많은 교회에서는 오로지 이 작품만 "복음서"였고, 네 권의 개별 복음서는 거의 알려지지 않았다.[7] 이 작품은 5세기 초에 들어서서야 비로소 총애를 잃게 되었고, 마침내 "분리된 복음서"(Gospel of the Separated), 즉 각 복음서 저자의 개별 복음서로 대체되었다.[8]

타티아노스의 복음서는 요한복음을 여는 첫 몇몇 구절로 시작하여 세례자 요한의 출생 기사를 다루는 누가복음으로 옮겨간다. 그는 먼저 기록된 초기 복음서의 어법을 여러 곳에서 수정한다. 타티아노

---

7 "디아테사론"을 화합 복음서가 아닌 하나의 복음서로 간주하는 것이 낫다고 주장하는 견해는 다음을 보라. M. Crawford, "Diatessaron, a Misnomer?"

8 이어지는 논의에서 나는 곧 게재될 나의 소논문인 "Towards a Redaction-Critical Reading of the Diatessaron Gospel"에 의존한다. *Evangelion da-Mepharreshe* ("Gospel of the Separated")라는 표제는 두 고대 시리아 복음서 사본(시나이 사본과 큐레턴 사본)의 윗부분과 시나이 사본 밑부분에 나타나 있다. 다음을 보라. F. C. Burkitt, ed., *Evangelion da-Mepharreshe*, 1:2, 534.

스는 기존 복음서 텍스트가 딱히 성스럽다고 여기지 않았을뿐더러, 따로 분리된 상태로는 만족스러운 작품이 될 수 없다고 판단했다. 그의 텍스트는 비록 세부적으로 재구성하기는 어렵지만, 아마도 다음과 같이 시작했을 것으로 보인다. (* 표시는 수정이든 생략이든 요한복음 또는 누가복음과의 차이를 나타낸다.)

태초에 말씀이 계시니라. 이 말씀이 하나님과 함께 계셨으니 이 말씀은 곧 하나님이시니라. 그가 태초에 하나님과 함께 계셨느니라. 만물이 그로 말미암아 지은 바 되었으니 지은 것이 하나도 그가 없이는 된 것이 없느니라. 그리고 지은 바 된 것은 *그로 말미암아 [되었고] *그는 생명이며, 이 생명은 사람들의 빛이라. 이 빛이 어둠에 *비치되 이 어둠이 이를 이기지 못하더라. 유대 왕 헤롯 때에 제사장 한 사람이 있었으니 이름은 사가랴요* 그의 아내는 *엘리사벳이라. 그들은 *그들의 삶 전반에 걸쳐 흠이 없이 하나님 앞에 의인이었더라. 그러나 그들은 엘리사벳이 잉태를 못 하므로 그들에게 자식이 없고 두 사람의 나이가 많더라. 이제 사가랴가 그 반열의 차례대로 하나님 앞에서 제사장의 직무를 행할새 *제사장의 전례를 따라 제비를 뽑아 주의 성전에 들어가 분향하고⋯.[9]

9 디아테사론 텍스트를 잠정적으로 재구성하는 작업은 라틴어 역본과 아랍어 역본(하지만 이 역본들에서 다수의 독특한 요소가 제거되었다)과 시리아어를 구사하는 4세기 신학자 에프렘이 쓴 주석의 도움을 받을 수 있다. 때때로 이를 지지하는 증거가 고대 시리아어 복음서 역본에서 발견된다.

타티아노스는 아마도 누가복음에서 유대 정황을 반영하는 내용을 전부 생략한 것으로 보인다. 누가는 사가랴와 엘리사벳이 "하나님 앞에 의인이니 주의 모든 계명과 규례대로 흠이 없이 행하더라"고 말한다. 타티아노스는 모세의 율법에 대한 이러한 언급을 "그들은 그들의 삶 전반에 걸쳐 흠이 없[었다]"라는 진술로 대체한다. 하지만 가장 큰 변화는 요한복음과 누가복음의 차이점이 사라졌다는 점이다. 만약 타티아노스가 복음서 저자의 이름에 관한 전승을 익히 알고 있었다 하더라도 그는 그의 작품을 읽는 독자들에게 이를 일러주지 않았다. 그리고 물론 그는 자기 이름을 거기에 추가하지도 않았다. 한 복음서에서 다른 복음서로 전환한 부분도 잘 드러나지 않는다. 왜냐하면 복음서 간의 차이점을 제거하고 모든 내용을 포괄하는 단일 기사로 합치는 것이 바로 그의 의도였기 때문이다. 누가복음의 서문이 생략된 것도 그리 놀랄 만한 일은 아니다.[10] 각 복음서에 대한 저작권 주장과 어떤 복음서가 다른 복음서에 비해 더 탁월하다는 주장은 여기에 설 자리가 없다. 타티아노스는 마태가 마가복음을 (더 완벽한 복음서로 재편집될 필요가 있는 자료처럼) 취급한 것처럼 누가복음을 취급한다.

누가가 상정한 이상적인 독자는 자신이 자기 작품에 대해 내린 평가에 동의하는 사람이다. 그는 자신이 상세하게 탐구하고 내놓은 작품이 그 어느 작품보다 주의 말씀과 사역에 관해 훨씬 더 신뢰할 만한 기사를 제공한다고 평가한다. 아마도 데오빌로 각하는 이 작품에

··
10   눅 1:1-4.

설득을 당했을 것이다. 하지만 마르키온과 유스티누스와 타티아노스는 그렇지 않았다. 사복음서 모음집이 자리를 굳히는 데 그 누구 못지않게 큰 힘을 쓴, 리옹의 주교였던 이레나이우스도 이에 설득당하지 않았다. 누가복음은 이 사복음서 모음집에서 한 자리를 차지하긴 했지만, 그렇다고 해서 그 자리가 영광스러운 자리는 아니었다. 한편 이레나이우스는 이 익명의 저자에게 우리에게 익숙한 "누가"라는 이름과 소라는 천상의 상징을 붙여주면서 누가의 개성을 존중하고 보존해준다. 이레나이우스는 이 둘 중의 하나 또는 둘 모두를 초기 전승에서 가져왔을 수 있지만, 이 이름과 상징은 현존하는 문헌에서 발견할 수 있는 가장 이른 사례다.

세 번째 복음서 저자의 이름이 왜 "누가"로 밝혀졌을까? 다른 전승에 의한 복음서 저자들은 이미 잘 알려진 인물이다. 마태는 첫 번째 복음서의 열두 사도 이름을 열거하는 본문에서 사도 도마와 짝을 이루는 "세리 마태"다.[11] 마태의 직업에 관한 언급은 예수가 마태라는 이름을 가진 세리를 제자로 부른 사건으로 독자의 관심을 되돌린다.[12] 마태의 이름은 마가복음의 평행 본문에서 레위의 이름을 대신하며,[13] 마태라는 전통적인 복음서 저자의 이름은 마태복음 본문 안에서 그의 이름이 두 번 언급된 것을 토대로 추론한 것일 수도 있다. 만약 그렇다면 전혀 확실한 추론에 의한 것이 아니며, 역사적 신빙성마저 떨

••
11   막 10:3.
12   마 9:9.
13   막 2:14.

어진다. 누가복음을 예리한 눈을 가지고 읽은 초기 독자들은 저자에 관해 더 많은 단서를 발견했을 것이다. 누가복음의 저자는 사도들의 증언에 관해 잘 알고 있는 사람으로 자신을 소개하지만, 자기 자신은 사도가 아님을 분명히 한다.[14] 그는 자신의 두 번째 책인 사도행전에서 가끔 일인칭 복수를 사용하는데, 이는 그가 한때 사도 바울의 동료였음을 암시한다. 우리는 사도행전에서 소위 바울의 두 번째 선교 여행 도중에 "그들이…드로아에 내려갔는데…바울이 그 환상을 보았을 때 우리가 마게도냐로 떠나기를 힘쓰니"라는 기사를 접한다.[15] 저자는 "사도행전 내러티브 끝부분에서 우리가 로마에 들어갔을 때" 무슨 일이 있어났는지를 묘사한다.[16] 만약 이 복음서 저자가 바울의 동료였다면 마가복음이 베드로의 설교에 기초했듯이 그의 복음서 역시 바울의 설교에서 비롯되었다는 합리적인 추론이 가능해진다. 그렇다면 이 세 번째 복음서 저자는 과연 누구였을까? 이와 관련하여 이레나이우스(혹은 그보다 앞선, 우리에게 알려지지 않은 다른 저자)의 관찰은 정확해 보인다. 바울은 로마 감옥에서 자신의 임박한 죽음을 기다리며, 동역자들이 다른 곳에서 사역을 이어나가느라 자신을 모두 떠났지만 "누가만 나와 함께 있느니라"라고 보고한다.[17] 다른 본문에서는 이 누가가 "사랑을 받는 의사"로 언급된다.[18] 바울은 과연 건강상의 이유로

**

14   눅 1:2.
15   행 16:8-10.
16   행 28:16.
17   딤후 4:11.
18   골 4:14; 참조. 몬 23절.

자기 곁에 누가를 두어야 할 필요가 있었을까? 이유 여하를 막론하고 누가는 바울의 증언을 가장 가까이서 접하고, 후일을 위해 그 증언을 글로 남길 수 있는 특별한 위치에 있었다. 따라서 이레나이우스의 견해에 의하면 이 복음서 저자는 누가와 동일시되고, 그의 복음서는 바울의 증언을 담고 있다고 보아야 한다.[19] 이 세 번째 복음서 저자는 두 번째 복음서 저자와 매우 유사한 사역을 이어갔다. 베드로와 바울이 죽은 이후에

> 베드로의 제자이자 해석자인 마가는 베드로가 설교한 것을 우리에게 글의 형태로 전해주었으며, 바울의 추종자인 누가는 그가 설교한 복음을 책의 형태로 저술했다.[20]

세 번째 복음서 저자를 사랑을 받는 의사 누가로 보는 견해는, 만약 일인칭 복수를 사용하는 사도행전 본문이 진정으로 사서진적인 글이라면, 상당히 타당성이 있다. 그러나 복음서 저자에게 주어진 이름은 단지 저자의 정체를 추론하는 것 그 이상의 의미를 가지고 있다. 복음서 저자의 이름에 부여된 가장 중요한 역할은 복음서 텍스트를 **차별화**하고 **개별화**하는 것이다. 복음서에 관한 책 매 페이지에서 지금도 여전히 복음서 저자의 이름이 등장하는 이유가 바로 이 때문이다. 누가복

19 참조. D. Trobisch, *First Edition of the New Testament*, 45-55. Trobisch는 누가를 비롯하여 다른 복음서 저자의 이름은 신약성경 본문에서 추론한 것이라고 주장한다.

20 Irenaeus, *Against Heresies* 3.1.1.

음을 누가복음으로 명명하는 것 자체가 사중 정경 복음서 안에 나름대로 개성이 나타나 있으며, 이러한 개성은 그의 이름이 붙은 복음서 텍스트 전반에 걸쳐, 그리고 심지어 다른 복음서 저자와 공유하는 자료에서도 발견된다는 사실을 보여준다. 동일한 내용을 다루는 버전이 다수 있다는 것은 이 버전들이 서로 대체 가능하거나 불필요하다는 것을 의미하지 않는다. 심지어 어법의 차이가 거의 미미한 곳(비록 자주 나타나지는 않지만, 그런 경우가 종종 있는 곳)에서도 인접 문맥이나 전체 문맥의 차이는 여전히 남아 있다. 복음서 저자의 이름은 사중 복음서에 기록된 예수에 대한 증언이 간접적이며 중재적인 성격을 띠고 있음을 강하게 드러낸다. 복음서는 그저 복음서가 아니다. 복음서는 항상 ~에 **의한** 복음서다. 다시 말하면 복음서는 예수 안에서 일어난 사건에 대한 다양한 해석 가운데 하나이지, 그 대상에 직접, 그리고 독점적으로 접근하게 해주는 순수 녹취록(transcript)이 아니다. 이 점을 다른 각도에서 말하자면 이 복음서 텍스트에 담긴 예수는 결코 있는 그대로의 그의 모습일 수 없다. 그는 복음서 저자의 독특한 관점에서 그의 의미를 전달하고 해석하는 복음서 저자들과 늘 동행한다.

역사적인 관점에서 보면 누가복음 서문에서 주장한 이 복음서의 개성과 진실성은 오직 "누가"의 이름이 붙은 텍스트에 의해서만 보존되었다. 이 복음서가 끝까지 보존되기 위해서는 그 이름이 필수적이었다. 비록 복음서 저자가 최종 결과물로서 기대했던 것이 아닌, ~에 **의한 복음서**라는 이상한 문학 장르에 속한 네 가지 사례 가운데 하나로서이긴 하지만 말이다.

데오빌로에게 확신을 주다

누가는 상당히 길게 서술하는 첫 두 장에서 자신의 개성을 꾸준히 드러낸다. 누가는 오직 3장의 세례자 요한의 사역에 관한 기사에서만 마가복음 및 마태복음과 유사하게 시작하는데, 심지어 여기서도 독특한 점이 다수 나타난다. 요한의 사역은 잘 알려진 세속 통치자(디베료, 본디오 빌라도, 헤롯 아그립바)와 잘 알려지지 않은 세속 통치자(빌립, 루사니아), 대표적인 종교 지도자(안나스, 가야바), 곧 거론될 지역(유대, 갈릴리) 및 그렇지 않을 지역(이두래, 드라고닛, 아빌레네)에 관한 언급과 더불어 매우 인상적으로 소개된다. 이 가운데 다양한 사람과 다양한 지역은 분명 현대 독자에게도 그러하듯이 누가의 초기 독자에게 잘 알려져 있지 않았다. 하지만 그것이 바로 누가복음 3:1-2이 의도한 효과 중 하나였다. 즉 이는 "하나님의 말씀이 빈 들에서 사가랴의 아들 요한에게 임한"[21] 시기의 중요성을 강조할 수 있는 광범위한 역사적·문화적·지리적 배경이었다.

　　누가는 이 사건이 일어난 타이밍도 신중하게 제시했다. 이 사건은 "디베료 황제가 통치한 지 열다섯 해"에 일어났다.[22] 이는 누가가 아우구스투스로부터 누가 시대까지 로마 황제의 통치 순서는 물론, 티베리우스 황제가 통치한 지 열다섯 번째 해라는 사실이 큰 의미가

●●
21　눅 3:2.
22　눅 3:1.

있음을 독자들에게 각인시켜주고자 했다고 볼 수 있다. 데오빌로와 같이 구레뇨가 수리아의 총독으로 있을 때[23] 아우구스투스가 온 세상에 과세 칙령을 내린 사실을 알고 있는 사정에 정통한 독자는 이 복음서 사건이 신화가 아닌 역사 속에서 실제로 전개되고 있다는 사실에 큰 힘을 얻었을 것이다.

데오빌로는 이러한 확신과 격려가 필요했다. 묘하게도 누가복음의 서문은 이보다 먼저 기록된 복음서가 이 복음서 사건의 진실에 관해 제대로 파악하고 싶어 하는 지식층 독자를 설득하는 데 실패했음을 암시한다. 마태복음을 예로 들어보자. 마태는 세례자 요한의 사역을 요셉이 자기 식솔을 갈릴리로 피신시킨 직후에 배치한다.

> 꿈에 지시하심을 받아 갈릴리 지방으로 떠나가 나사렛이란 동네에 가서 사니…그때에 세례 요한이 이르러 유대 광야에서 전파하여…이때 예수께서 갈릴리로부터 요단강에 이르러 요한에게 세례를 받으려 하시니….[24]

과연 예수는 세례를 받을 당시 단지 어린아이였을까? 내러티브 안에는 이것을 암시하는 내용이 전혀 없다. 비록 마태복음을 읽는 일반 독자는 이처럼 매우 느슨한 연대기에 관한 정보를 인식조차 못했겠지

..
23   눅 2:1-2.
24   마 2:22-3:1, 13.

만, 정확한 날짜와 왜 이것이 중요한지를 알고 있는 데오빌로와 그 주변 사람들은 그렇지 않았다. 따라서 누가는 이 시점에서 다양한 연대기적 정보를 투입한다. 요한의 사역은 티베리우스 황제가 다스린 지열다섯째 되는 해에 전개된다. 예수는 세례를 받을 때 "삼십 세쯤" 되었으며,[25] 따라서 그는 아우구스투스가 죽고 티베리우스가 황제로 등극하기 대략 15년 전에 태어났을 것이다. 연대기에 관한 또 다른 정보는 누가복음에서 열두 살 소년 예수가 예루살렘에 홀로 남게 된 이야기에서 찾아볼 수 있다.[26] 누가는 여기서 마태가 세례자 요한의 사역을 그의 출생 이야기로부터 시작하면서 발생한 시간의 틈새를 예술적으로 메꾼다. 예수의 부모는 유월절을 지키기 위해 **매년** 예루살렘에 올라갔다. 예수는 지혜와 키가 **자라갔다.**[27] 이러한 언급은 시간의 흐름을 말해준다.

누가가 복음서 사건에 대한 보다 더 정확한 연대기 정보를 제공하려는 것은 그가 서문에서 독자들에게 밝힌 약속을 지키기 위함이다. 그가 약속한 것은 오랫동안 자세히 탐구한 것을 바탕으로 복음서 사건에 대한 정교하고, 순차적이며, 일관된 기사를 제공하는 것이었다. 정교한 기사는 당연히 신뢰할 만하다. 어수선한 내러티브는 그 신뢰도를 떨어뜨린다. 사실 누가는 이러한 정교한 모습이 (다른 알려지지 않은 문서 및 구두 자료와 더불어) 자신이 자료로 사용한 마가복음과 마태

••
25   눅 3:23.
26   눅 2:41-51.
27   눅 2:41, 52.

복음 등 초기 복음서에 결여되어 있음을 암시한다. 정교한 내러티브에 관한 누가의 개념은 마가복음과 마태복음에 담긴 내용에 대한 그의 다양한 반응에서 나타난다.

각 복음서 저자는 예수의 사역을 더욱 넓은 맥락에 두고 서술해 나가기 시작한다. 마가에게 있어 이 문맥은 그 무엇보다 세례자 요한의 사역이다. 마태는 자신이 곧 서술할 이야기에 가장 확고한 기반을 제공하려면 다음과 같은 세 가지 요소가 추가로 필요하다고 생각했다. 메시아의 계보가 그 첫 번째 요소인데, 이 요소는 그가 성경에 기록된 이스라엘의 역사를 성취한 인물임을 보여준다.[28] 두 번째 요소는 하나님이 우리와 함께 계신다는 의미에서 임마누엘이신 예수가 기적적으로 수태될 것에 관한 예고인데, 사실 이 예고는 그의 탄생에 관한 간략한 언급으로 마무리된다.[29] 세 번째 요소는 동방 박사들에게 나타난 천사들과 이어지는 여러 가지 비극적인 사건(이집트 피신, 대학살, 나사렛 이주 등)에 관한 기사다.[30] 마가복음에서 가장 먼저 나오는 내용(세례자 요한의 사역)이 네 번째이자 마지막 요소인데, 마태는 예수의 사역을 이보다 더 적합한 문맥에 두고 싶어 한다.

누가는 마태복음의 이 네 가지 요소(계보, 수태 고지, 현현, 세례)를 전부 개작한다. 우리는 세례자 요한을 소개하는 방식을 통해 마태복음 기사에 누가가 어떻게 반응했는지를 이미 살펴보았다. 마태는 그

••
28   마 1:1-17.
29   마 1:18-25.
30   마 2:1-23.

이전 기사에서도 자신의 복음서에만 등장하는 주제를 다음과 같이 독특한 방식으로 다룬다.

계보. 마태복음은 정교한 구조를 갖고 있는 계보로 시작하는데, 이 계보는 예수의 조상을 아브라함으로부터 다윗과 솔로몬 및 여러 유다 왕까지 추적한다. 누가는 자신이 만든 계보로 맞서지만, 그의 계보는 이제 첫 번째 자리에서 네 번째 자리로 밀려나[31] 요한의 사역 다음에 배치된다.[32] 마태복음은 아브라함으로부터 시작하는 반면, 누가복음은 예수에게서부터 거꾸로 거슬러 올라간다. 다윗의 혈통은 이제 더 이상 솔로몬과 다른 여러 유다 왕으로 이어지지 않는다. 따라서 이 계보에서 언급되는 이름은 마태복음의 계보와 전혀 다르며, 이 계보는 아브라함을 넘어 아담까지 거슬러 올라간다. 이제 메시아의 탄생은 단순히 유대 역사만이 아니라 전체 인류 이야기의 절정을 이룬다(물론 여기서도 보편적인 인류 이야기가 여전히 유대 성경의 관점에서 개설[槪說]되고 있지만 말이다).

수태 고지. 마태복음의 계보는 마리아의 임신으로 시작하여 예수의 탄생과 이름 짓기로 마무리되는 짧은 이야기로 이어진다.[33] 하지만 이 이야기는 주로 이 사건들을 요셉(그리고 독자들)에게 올바른 관점을 제공해주는 천사의 수태 고지에 집중한다. 이 이야기는 이 사건들이 발생한 시간과 장소에 관해서는 전혀 언급하지 않는다. 베들레헴과

··
31 눅 3:23-38.
32 눅 3:1-22.
33 마 1:18, 25.

나사렛은 마태복음 2장에서 비로소 처음 언급된다. 거의 진공 상태에 있는 듯 보이는 요셉과 마리아의 정황은 전혀 나타나 있지 않다. 누가 또한 수태 고지에 관한 내용을 서술하지만, 그는 (1) 이 주제를 양분하여 요한의 출생과 예수의 출생에 대한 예고를 따로 나누어 소개하고, (2) 요셉보다는 마리아를 수태 고지 대상자로 삼으며, (3) 필요한 연대기와 정황에 관한 정보를 제공한다. 이 사건은 모두 "유대 왕 헤롯 때에"(마 2:1에 기초한 표현임. 거기서 이 표현은 마태복음의 **세 번째** 요소를 소개한다) 발생한다. 누가는 이 사건의 주인공인 사가랴와 엘리사벳, 그리고 마리아를 모두 신중하게 소개한다.[34]

현현(epiphany). 마태는 예수가 헤롯 왕 때 유대 베들레헴에서 태어났다고 뒤늦게 소개한다.[35] 마태는 단지 베들레헴과 헤롯 왕을 중심을 전개되는 동방 박사 이야기를 소개하기 위해 이 정보를 제공한다. 전통적으로 "현현"이란 용어는 미래의 메시아 왕을 경배하기 위해 별의 인도를 받은 동방 박사들과 연관이 있지만, 누가복음에서도 이 주제가 등장하며, 거기서 누가는 이 주제를 또다시 여러 부분으로 나누어 전개해나간다. 여기서는 정결 예식 날에 성전에서 시므온과 안나가 아기 예수를 알아보았듯이 목자들도 천사의 계시를 통해 아기-그리스도에게 인도를 받는다.[36] 이 출생 이야기가 단지 요셉에게 초점

··

34　눅 1:5-7, 27.

35　마 2:1.

36　눅 2:8-20, 22-35.

을 맞추는 수태 고지 기사 끝자락에서,[37] 그리고 동방 박사 이야기의 첫머리에서만[38] 간략하게 언급되는 마태복음에 비해 누가복음은 이 내용을 훨씬 더 중요하게 다룬다. 그러나 마태복음에서와 마찬가지로 누가복음에서도 이 출생 이야기는 다시 한번 비교적 독자적인 내용을 담고 있는 수태 고지 기사와 현현 기사 사이에 경계선을 긋는다. 따라서 수태 고지 이후에는 새로운 출발점이 필요하다.

마태복음: 헤롯 왕 때에 예수께서 유대 베들레헴에서 나시매…[39] 동방으로부터 박사들이 예루살렘에 이르러 말하되

누가복음: 그때에 가이사 아구스도가 영을 내려 천하로 다 호적하라 하였으니….[40]

사실은 이 두 내러티브 간의 유사점이 이 둘의 대조를 더욱더 부각시킨다.

••
37   마 1:25.
38   마 2:1.
39   마 2:1.
40   눅 2:1.

나란히 놓고 읽기

누가는 과연 이러한 유사성과 차이점을 통해 실제로 마태복음을 암묵적으로 **비평**하고 있는 것일까? 예를 들어 그는 과연 탄생 이야기에서 요셉 대신 마리아에게 중요한 역할을 부여하면서 마태복음을 **보완**하려고 했던 것일까? 복음서 저자의 의도와 사중 정경 복음서의 해석학적 원칙 사이에는 확실한 구별이 필요하다. 상반된 내용을 담고 있는 두 계보는 누가가 마태복음을 보완하려고 했을 개연성을 떨어뜨린다. 우리는 어떤 계보를 보완하고자 할 때 그 동일 인물에게 완전히 다른 계보를 제시하지 않는다. 하지만 또 정경 모음집 안에 두 권의 복음서가 공존한다는 사실은 해석자로 하여금 신학적인 차원에서 상호 보완 가능한 길을 모색하도록 만든다(심지어 문자적-역사적 해석만을 고집한다면 긴장만을 고조시킬 수밖에 없는 곳에서도 말이다). 만약 신학적인 차원에서 두 계보 중 한 계보는 유대인인 예수를 강조하고, 또 다른 계보는 예수가 전 인류에게 주는 의미를 강조한다면 우리는 이 두 계보가 전달하고자 하는 신학적인 의미를 너무 쉽게 상호 모순적이라고 말할 수 없다.

어떻게 하면 마태복음과 누가복음의 탄생 이야기를 상호 보완적으로 읽을 수 있을까? 다시 말해 어떻게 하면 두 이야기를 이 주제(예수의 생애의 출발점)에 대한 각 복음서의 신학적 관점이 두 복음서의 상호 연관성과 충돌을 일으키지 않는 차원에서 읽을 수 있을까?[41] 마태의 탄생 이야기에는 다양한 형태의 고난이 주를 이루지만, 누가의 탄생 이야기에는 축하와 찬양과 감사가 주를 이룬다. 마태의 탄생 이야기는 예수가 육신의 고통뿐 아니라 하나님으로부터 버림받는 경험을 하게 될 십자가에서의 고난을 예고한다.[42] 누가의 탄생 이야기는 예수의 부활과 승천을 예고한다. 누가복음은 제자들이 성전에서 쉬지 않고 하나님을 찬송하는 모습으로 끝이 난다.[43] 마태복음에서는 예수의 탄생 위에 이미 십자가의 죽음이라는 그림자가 드리워지지만, 누가복음에서는 이미 부활절의 기쁨이 마리아, 사가랴, 시므온 및 천사들의 노래에서 예고된다. 누가의 내러티브가 지닌 독특성은 특히 마태복음의 배경에 비추어 살펴보면 더욱 분명해진다.

마태복음은 마리아가 "잉태된 것이 나타났더니"라고 기록한다.[44] 복음서 저자가 황급하게 덧붙이듯이 그녀의 잉태는 "성령으로" 된 것이지만, 요셉은 아직 이 사실을 알지 못한다. 마리아 역시 수동적이다. 그녀는 자신이 잉태한 사실을 요셉에게 알리고, 또 그에게 설명하려고 하지 않는다. 사실 그녀는 이 탄생 내러티브에서 단 한마디도 하지 않는다. 그런 점에서는 요셉도 전혀 다르지 않지만, 적어도 그는 나름대로 자유의지를 행사하는 인물로 그려진다. 마리아의 경우에는

••
41 이 문제는 B. Childs, *New Testament as Canon*, 161-65에서 다루어지지만, R. Brown, *Birth of the Messiah*(『메시아의 탄생』, CLC 역간)는 이 부분을 소극적으로 다룬다.

42 마 27:46.

43 눅 24:53.

44 마 1:18.

심지어 그녀의 이름이 2장 이야기가 진행되는 도중에 사라진다. 동방박사들은 "그의 어머니 마리아[와] 함께" 있는 아기를 발견하지만,[45] 천사의 말에서는 단지 "아기와 그의 어머니"로만 언급된다.[46] 부정하다는 비난을 통해 마리아가 받게 될 고난은 그저 독자들의 상상력에 맡겨진다. 오로지 약혼을 조용히 파기함으로써 공공연한 뒷소문을 최소화하려는 요셉의 의지—그의 정신적 고뇌는 다시 한번 독자들의 상상력에 맡겨진다—만 언급된다.[47] 약혼한 사실은 이미 공공연한 사실이 아니었나? 이제 그녀가 익명의 다른 연인과 약혼할 수 있도록 자유의 몸이 되어야 한다는 것은 단지 요셉의 생각인가? 비록 이러한 오해는 천사의 계시를 통해 해소되지만, 마리아가 직면한 불륜의 문제는 짧고 명시적으로 제기된다. 그리스도의 잉태는 어머니와 대리 아버지의 고난과 수모로 이어진다. 마태는 사실 이 부분을 명시적으로 드러내지는 않는다. 그의 내러티브 안에서는 모든 것이 철저하게 객관적으로 다루어진다. 이 이야기에 등장하는 두 인물이 느끼는 감정에 대해서는 아무런 언급이 없다. 그럼에도 이러한 상황이 초래할 고통스러운 현실은 독자들에게 확실하게 전달된다.

누가복음에서는 이러한 복잡한 문제가 완전히 사라진다. 요셉은 베들레헴을 방문하고 예수가 탄생하기 전에는 단 한 번도 등장하지 않으며, 남자에게 맡겨진 역할은 이제 또 다른 수태 고지의 대상자인

••
45   마 2:11.
46   마 2:13-14, 20-21.
47   마 1:19.

세례자 요한의 아버지 사가랴에게로 넘어간다. 마리아는 여기서 자신이 해야 할 역할을 확인하고 이를 과감하게 받아들인다. "주의 여종이오니 말씀대로 내게 이루어지이다."[48] 이 이야기에 등장하는 인물 가운데 그 누구도 불륜에 대한 암시를 주지 않는다. 사가랴와 엘리사벳을 찾아간 마리아는 자신이 처한 상황에도 불구하고 자신을 지지해주는 공동체를 만난다. 심지어 아직 태어나지 않은 엘리사벳의 아기까지도 복중에서 뛰놀며 그녀를 그리스도의 어머니로 인정하고, 엘리사벳도 황홀경 속에서 예언자적 발언을 통해 그녀를 칭송한다.[49] 마리아는 자신의 구주 하나님을 기뻐하고, 그 어떤 두려움이나 수치심 없이 자유로운 몸으로 집으로 다시 돌아온다.[50] 한편 엘리사벳은 요한이란 이름의 아기를 낳고, 다시 한번 기쁨과 환희로 가득 찬다. 그녀의 이웃과 친족은 "주께서 그를 크게 긍휼히 여기심을 듣고 [그녀와] 함께 즐거워[한다]."[51] 2장은 성령으로 충만한 사가랴가 주님을 찬양하는 모습으로 끝난다.[52]

마태복음에 기록된 예수의 탄생 서곡과의 대비는 이보다 더 날카로울 수 없다. 그럼에도 그 주제는 동일하다. 이 두 탄생 이야기의 공통 주제는 자기 백성을 다루시는 하나님의 사역 안에서 절대적이며 유일무이한 임무를 수행하고, 이 세상에서 하나님의 충만한 임재

··
48 눅 1:38.
49 눅 1:40-45.
50 눅 1:47, 56.
51 눅 1:58.
52 눅 1:67-68.

를 구현할 아기가 기적적으로 잉태되는 사건에 관한 것이다. 누가와 마태의 유아기 내러티브는 별개의 두 이야기가 아니라 서로 다른 관점에서 기술한 하나의 동일한 이야기다. 이 기적은 바로 이 기적적인 사건으로 시작된 한 인간의 생명이 단지 (다른 모든 경우에서처럼) 그 부모와 아기에게는 물론, 이 세상에 주어진 하나님의 **선물**이라는 사실을 분명하게 보여주는 표징이다. 네 번째 복음서 저자가 기록했듯이 "하나님이 세상을 이처럼 사랑하사 [그의] 독생자를 주셨[다]."[53] 마태복음과 누가복음은 잉태 이야기 자체를 서술하지 않는다. 나중에 일어날 부활 사건도 마찬가지다. 하나님이 행하시는 일은 초반에서도 결말에서와 마찬가지로 베일에 가려져 있다. 이 복음서 이야기는 오히려 초반에 마리아나 요셉에게, 그리고 결말부에서 부활절 아침에 여자들에게 하나님이 행하신 일을 알리는 천사의 계시나 통보에 초점을 맞춘다. 이 두 병행 내러티브의 시작과 끝에 등장하는 천사의 통보는 상호 대칭 구조를 이룬다. [54]

> **마태복음**: 이 일을 생각할 때에 주의 사자가 현몽하여 이르되 "다윗의 자손 요셉아! 네 아내 마리아 데려오기를 무서워하지 말라. 그에게 잉태된 자는 성령으로 된 것이라. 아들을 낳으리니 이름을 예수라 하라. 이는 *그가 자기 백성을 그들의 죄에서 구원할 자이심이라*" 하니라.[55]

••
53   요 3:16.
54   Karl Barth, *CD* III/3, 499-511은 이 점을 상세하게 전개해나간다.
55   마 1:20-21.

누가복음: 천사가 이르되 "마리아여! 무서워하지 말라. 네가 하나님께 은혜를 입었느니라. 보라! 네가 잉태하여 아들을 낳으리니 그 이름을 예수라 하라. 그가 큰 자가 되고 지극히 높으신 이의 아들이라 일컬어질 것이요, 주 하나님께서 그 조상 다윗의 왕위를 그에게 주시리니."[56]

마태복음: 천사가 여자들에게 말하여 이르되 "너희는 무서워하지 말라. 십자가에 못 박히신 예수를 너희가 찾는 줄을 내가 아노라. 그가 여기 계시지 않고 그가 말씀하시던 대로 살아나셨느니라. 와서 그가 누우셨던 곳을 보라."[57]

누가복음: 이로 인하여 근심할 때에 문득 찬란한 옷을 입은 두 사람이 곁에 섰는지라. 여자들이 두려워 얼굴을 땅에 대니 두 사람이 이르되 "어찌하여 살아 있는 자를 죽은 자 가운데서 찾느냐? 여기 계시지 않고 살아나셨느니라."[58]

결말에서처럼 초반부에서도 두 복음서 저자는 동일한 이야기를 다르게 서술한다. 따라서 이러한 공통점과 차이점은 동일하게 강조되어야만 한다. 공통점이나 통일성을 수용하지 않고서는 ~에 **의한** 단일 **복음**서가 존재할 수 없고, "좋은 소식"에 대한 서로 양립할 수 없는 복

••
56 눅 1:30-32.
57 마 28:5-6.
58 눅 24:4-6.

음서가 난무하는 혼란만 초래할 뿐이다. 이와 마찬가지로 차이점을 수용하지 않고서는 네 권의 복음서가 있을 수 없고, 단 한 권의 복음서만 존재할 수 있다. 바로 이런 이유에서 동일한 사건을 다루는 마태와 누가의 기사는 상이할 **수밖에 없다.**

마태의 탄생 이야기에서는 기쁨이라는 주제가 빠지지 않는다. 동방 박사들은 그들의 길을 인도한 별이 아기가 누워 있는 곳에 와서 멈출 때 "매우 크게 기뻐하고 기뻐[했다]."[59] 그럼에도 그들의 방문은 누구에게도 기쁨을 가져다주지 못한다. 요셉과 마리아와 그 아기는 자신들의 생명을 구하기 위해 피신하고, 베들레헴에 사는 아이들은 학살을 당하며, 그 어머니들은 슬픔을 가눌 수 없을 정도로 비탄에 빠진다. 예수의 탄생에 이어 등장하는 마태의 후속 기사는 어쩌면 성경 전체를 통틀어서 가장 고통스러운 이야기일 것이다. 이 이야기는, 오래전에 예언자 예레미야의 입을 통해 발화된 말씀이 새로운 정황에서 새롭게 적용되듯이, 더 이상 객관적인 사실에 국한되지 않는다.

라마에서 슬퍼하며 크게 통곡하는 소리가 들리니 라헬이 그 자식을 위하여 애곡하는 것이라. 그가 자식이 없으므로 위로받기를 거절하였도다 함이 이루어졌느니라.[60]

··
59 마 2:10.
60 마 2:18; 렘 31:15 인용. 이 구절에 관해서는 다음을 보라. R. Hays, *Reading Backwards*, 41-43.

야곱의 아내이자 요셉과 베냐민의 어머니인 라헬은 베들레헴에 장사되었는데,[61] 여기서는 통곡하는 그 마을 주민들의 애곡하는 소리를 그녀가 대변한다. 여기서도 이 이야기의 시작과 끝이 서로 대칭을 이룬다. 결말부에 가면 또 다른 고난의 울음소리가 들린다.

제육 시로부터 온 땅에 어둠이 임하여 제구 시까지 계속되더니 제구 시쯤에 예수께서 크게 소리 질러 이르시되 "엘리 엘리 라마 사박다니" 하시니 이는 곧 "나의 하나님, 나의 하나님, 어찌하여 나를 버리셨나이까" 하는 뜻이라.[62]

골고다에 드리워질 흑암이 베들레헴 위에도 이미 드리워져 있다. 비록 아기 그리스도와 그의 부모가 그곳에서 학살당하는 것을 모면했지만, 십자가에 못 박힌 예수는 마침내 그 희생자들과의 연대를 표현한다.

이 이야기의 결말이 온통 어두움으로만 가득 찬 것은 아니다. 부활절 아침에는 누가복음의 천사들이 밝은 빛을 발한다. 초반에도 어두움만 있는 것이 아니다. 빛도 공존한다. 마태복음에서 어두움에 비친 빛은 길을 인도하는 별이다. 누가복음에서는 이 빛이 한밤중에 양떼를 지키던 목자들에게 비춰진 주의 영광이다.[63] 이 천상의 빛에 대

••
61 창 35:19-20.
62 마 27:45-46; 참조, 막 15:33-34.
63 눅 2:9.

한 초기 반응은 두려움이었고, 그 빛이 비춰진 이들에게는 "무서워하지 말라"는 말이 전해진다. 이 빛은 위로부터 갑자기 이 세상에 침투하여 이를 변화시키는 계시의 빛이다. 목자들에게 주어진 계시는 "온 백성에게 미칠 큰 기쁨", 곧 그리스도 주님이신 구세주가 주시는 기쁨이다.[64] 이 계시는 즉시 수많은 천사의 찬양을 불러일으킨다. "지극히 높은 곳에서는 하나님께 영광이요 땅에서는 하나님이 기뻐하신 사람 중에 평화로다." 하지만 아직은 목자들의 찬양을 유발하지는 못한다.[65] 목자들은 나중에 "하나님께 영광을 돌리고 찬송하며" 베들레헴에서 돌아오면서 이 찬양을 이어받는다.[66]

사람들에게 많은 사랑을 받은 누가의 예수 탄생 기사는 한 지점에서 중단된다. 그날 밤에 일어난 사건은 우리에게 익숙한 순서를 따라 전개되지만, 우리는 이를 통해 잠시나마 그 이야기 순서에서 벗어나 그 사건의 진정한 의미를 되짚어 볼 수 있게 된다.

듣는 자가 다 목자들이 그들에게 말한 것들을 놀랍게 여기되 (**마리아는 이 모든 말을 마음에 새기어 생각하니라**.) 목자들은…하나님께 영광을 돌리고 찬송하며 돌아가니라.[67]

..

64   눅 2:10-11.
65   눅 2:14.
66   눅 2:20.
67   눅 2:18-20; 참조. 2:51.

마리아는 이 부분에서 누가의 이상적인 독자인 데오빌로의 역할을 대신한다. 그녀는 누가의 말, 곧 누가의 텍스트에 기록된 "이 모든 말을 마음에 새기어 생각[한다]." 이 복음서 텍스트는 독자가 스스로 이 가르침을 완전히 소화하고 이어지는 단락으로 넘어갈 수 있도록 그 의미와 중요성을 즉시 깨닫지 못하게 한다. 이 복음서의 독자는 마리아와 함께 이 말을 마음에 새기고 묵상해야 한다. 마리아가 이 말을 묵상할 때 그녀에게 든 생각이 독자에게 주는 하나의 본보기라면, 그녀가 부른 찬가도 마찬가지다. "내 영혼이 주를 찬양하며 내 마음이 하나님 내 구주를 기뻐[하나이다]."[68] 여기서도 이 내러티브의 시간은 잠정적으로 멈추어 선다. 마리아는 이 내러티브 안에서 핵심적인 역할을 담당한다. 그녀는 정당하게 엘리사벳으로부터 "내 주의 어머니"라는 칭송을 받는데, 이것은 후대에 그녀에게 부여된 "테오토코스"(하나님의 어머니)라는 극도의 높임을 나타내는 칭호에 대한 성경적 선례가 된다. 그럼에도 이 복음서 저자는 그녀가 이 내러티브 밖에서 독자들과 함께 이 이야기를 지켜보면서 명상을 찬양으로 바꾸는 역할을 하도록 연출한다.

---

68 눅 1:46-47.

4장

네 번째 복음서: 하나님을 보다

사도 바울은 갈라디아인들에게 보내는 그의 서신 끝자락에서 그 서신을 읽는 독자들에게 "모든 이에게 착한 일을 하되 더욱 믿음의 가정들에게 할지니라"고 권면한다.[1] 300년이 더 지난 후 히에로니무스는 갈라디아서 주석을 집필하면서 이 구절에 이르러 사도 요한의 생애 마지막 날에 관해 그가 전해 들은 전설 하나를 떠올린다. 이 전설은 이 갈라디아서 구절과 느슨하게 연결되어 있지만, 그는 이 전설이 모두에게 유익하므로 이를 그 주석에 포함하기로 마음먹는다.

축복받은 복음서 저자 요한은 그의 제자들의 팔에 안겨 교회에 갈 수밖에 없을 정도로 연로할 때까지 에베소에 머물렀다. 그가 더 이상 말을 많이 할 수 없는 상황이 왔을 때 그는 그들의 모임에서 매번 "자녀들아!

••
1   갈 6:10.

서로 사랑하라"는 말 외에는 다른 말을 하지 않았다. 마침내 그곳에 모인 제자들과 형제들은 항상 똑같은 말만 하는 그에게 싫증을 느끼고 다음과 같이 말했다. "스승님! 왜 그 말씀만 항상 하십니까?" 요한은 이에 다음과 같이 의미 있는 말로 대답했다. "왜냐하면 그것은 주님의 명령이며, 이 명령을 잘 이행하는 것만으로도 충분하기 때문이다."[2]

이 전설은 그의 제자들의 발을 씻겨준 예수에 관한 요한복음의 기사에서 비롯된 것인데, 이 상징적인 행동이 내포하는 의미는 예수가 언급한 "새 계명"에 잘 요약되어 있다. 예수는 그의 제자들을 "작은 자들아!"라고 부르면서 이렇게 말한다.

> 새 계명을 너희에게 주노니 서로 사랑하라. 내가 너희를 사랑한 것 같이 너희도 서로 사랑하라. 너희가 서로 사랑하면 이로써 모든 사람이 너희가 내 제자인 줄 알리라.[3]

이 전설에 의하면 연로한 요한은 이 새 계명을 그 마음에 새겼다. 이 계명은 새로운 상황에 항상 적용 가능하므로 언제나 "새" 계명이며, 지속적으로 반복될 수밖에 없다. 요한은 이 가르침을 전달하기에 최적임자다. 요한은 이미 이레나이우스 시대에 최후의 만찬에서 "예수

••

2   Jerome, *Commentary on Galatians*(갈 6:10에 관하여).

3   요 13:34-35.

의 품에 의지하여 누운" "예수가 사랑하시는 [익명의] 제자"와 동일시되었다.[4] 사랑받는 제자 요한은 자기와 예수의 관계가 사랑의 관계이며, 자신이 사랑을 받을 자임을 아는 자는 당연히 그 사랑을 타인에게 전달할 것이라고 이해한다. 이제 연세가 많은 요한은 자신이 오래전에 예수의 품에서 그에게 받은 교훈을 떠올린다.

이 전설은 이미 이 복음서를 "축복받은 복음서 저자 요한"이 썼다고 가정한다. 비록 이 전설에서 왜, 그리고 언제 이 복음서를 저작했는지 아무런 언급이 없지만, 이 전설에서 "연로할 때"에 강조점이 찍혔다는 사실은 이미 그가 이 복음서를 쓸 당시에 나이가 적지 않았다는 전승을 반영한다. 요한은 주님이 주신 새 계명을 재차 반복하면서 자신이 쓴 복음서의 내용도 함께 요약한다. 이 전설에 의하면 요한복음은 사랑의 복음서다. "하나님이 세상을 이처럼 사랑하사…", 즉 "하나님이 이 방법으로 세상을 사랑하사 독생자를 주셨으니…."[5] 만약 에베소에 있는 요한의 제자들이 그가 말한 사랑을 몸소 실천한다면 그들은 아마도 그의 복음서의 핵심을 제대로 이해했을 것이다(물론 간접적이긴 하지만, 그것을 진정으로 그들의 매일의 삶에 적용하면서 말이다).

그렇다면 왜 요한은 이미 연로한 나이에 복음서를 쓰게 되었을까? 이 전승 역시 어쩌면 복음서의 기원에 관해 이레나이우스가 쓴 글로 거슬러 올라갈지도 모른다. 마태는 베드로와 바울이 로마에서

----

4   요 13:23, 25; 21:20.
5   요 3:16.

복음을 전했던 시기에 복음서를 기록했고, 마가와 누가는 베드로와 바울이 죽은 이후에 각자의 복음서를 기록한 것으로 전해진다. 이로써 마태가 복음서를 기록하고 베드로와 바울이 복음을 전하던 사도 시대와 이 사도의 가르침이 추종자들에 의해 보전되던 속사도 시대 사이에 어떤 구분이 생긴다. 그런데 이 속사도 시대에까지 생존한 사도가 적어도 한 명 있었다. 마태복음에 이어 속사도 시대에 마가복음과 누가복음이 출간되고 나서 "그의 품에 기대어 누운 주님의 제자 요한은 아시아에 있는 에베소에 살면서 복음서를 출간했다."[6] 사도가 쓴 이 두 번째 복음서는 이상하게 늦게 출간되었다. 이레나이우스는 요한의 생애가 트라야누스 황제 치세기(기원후 98-117년)까지 이어졌다고 믿었다.[7] 설령 서른 살의 예수가 고기 잡는 어부인 세베대의 아들 요한과 그의 형제를 불렀을 당시에 요한의 나이가 스물다섯이었다 하더라도 그는 적어도 아흔 살이 돼서야 죽음을 맞이했을 것이다. 만약 요한이 예수와 비슷한 나이였다면 그는 백 세 이상까지 살았을지도 모른다. 후대의 전설이 그를 교회로 데리고 갈 수 없을 정도로 허약해진 인물로 묘사했다면 아마도 그의 나이를 어느 정도는 염두에 두었을 것이다.

우리가 바로 앞장에서 이미 살펴보았듯이 세 번째 복음서를 데오빌로에게 헌정한 이 익명의 저자를 "사랑하는 의사 누가"와 동일시

··

6   Irenaeus, *Against Heresies* 3.1.1.
7   Irenaeus, *Against Heresies* 3.3.4.

함은 물론, 바울의 생애 마지막 날까지 유일하게 그의 동료로 남아 있던 자로 본 사람은 어쩌면 이레나이우스 자신이었을지도 모른다. 또한 익명의 네 번째 복음서 저자를 사도 요한과 동일시한 사람도 이레나이우스 자신이었을지도 모른다. 우리에게 남아 있는 자료 가운데 누가와 요한을 복음서 저자로 언급하는 가장 오래된 문헌도 이레나이우스가 쓴 글이다(물론 이 두 가지 내용이 모두 이보다 더 이른 시기의 증거에 기초하고 있지만 말이다). 이러한 언급의 정확성 여부를 떠나 이 두 가지 내용은 단순히 지어낸 것이 아니다. 요한의 경우, 이레나이우스는 120년대 혹은 130년대에 히에라폴리스의 주교를 지낸 파피아스가 집필한 다섯 권으로 된 「주님의 말씀에 대한 해설」(*Exposition of the Lord's Sayings*)에서 필요한 증거를 발견했던 것으로 보인다.

비록 이 작품이 오늘날까지 보존되지는 않았지만, 이 책의 서문에서 발췌한 일부 인용문이 에우세비오스의 그 위대한 「교회사」(*Church History*)에 보전되어 있다. 이 서문에서 파피아스는 첫 두 명의 복음서 저자를 마태와 마가로 지목하는데, 그가 바로 처음으로 그렇게 지목한 장본인이다. 그는 또한 요한이라는 이름을 가진 인물을 두 차례 언급한다. 첫 번째 언급은 본래 열두 제자 가운데 일곱 명의 이름만 언급된 목록에 등장하는 세베대의 아들 요한에 관한 것이다. 우리가 예상하듯이 만약 파피아스가 2세기 초반에 이 글을 썼다면 이들은 모두 과거의 인물이다. 그는 이들을 알고 있던 동시대인들이 이들의 가르침에 관한 내용을 수집했다고 주장하지만, 요한과 연계된 이 복음서에 관해서는 아무런 언급을 하지 않는다. 오히려 파피아스는 "책으로부터 유래한 것"에 대한 "살아 있고 변치 않는 목소리"가 담긴 구두 전승을 선호한다. 하지만 그는 자기 시대에도 여전히 가르치던 다른 두 인물에 대해서도 보고를 받았다고 주장한다. 이 두 인물 가운데 하나는 잘 알려지지 않은 아리스티온이며, 다른 한 명은 "장로 요한"이다. 그는 다음과 같이 기록한다.

> 만약 장로들의 추종자가 왔다면 나는 장로들의 말, 곧 안드레나 베드로가 말한 것, 또는 빌립이나 도마, 야고보, 요한, 마태, 또는 다른 어떤 주의 제자들이 말한 것, 그리고 아리스티온과 장로 요한, 곧 주의 제자들이 말하고 있는 것에 대해 질문했을 것이다.[8]

비록 두 사람 모두 장로들과 주의 제자 가운데 속해 있지만, 첫 번째 요한과 구별되는 듯 보이는 이 두 번째 요한은 과연 누구인가? 이레나이우스는 이 두 사람이 동일 인물이라고 믿었다. 그는 자기 자신을 익명으로 그저 "장로"로 소개하는 소위 요한2서에 관해 잘 알고 있었다.[9] 문체상으로 본다면 요한 서신의 저자와 네 번째 복음서 저자는 서로 동일시될 수 있었을 것이다. 따라서 만약 파피아스의 "장로 요한"이 사도 요한이자 요한2서의 "장로"였다면 이 복음서 저자는 사도 요한이었을 것이다. 그렇게 되면 사랑하시는 제자가 쓴 복음서는 요

8   Eusebius, *Church History* 3.39.4에 인용됨.
9   요이 1절.

한복음이 된다. 이레나이우스는 아마도 파피아스가 이 글을 트라야누스 황제 치세기, 곧 2세기 첫 20년 안에 썼다고 생각했을 것이다. 만약 요한(사도 요한)이 그때까지 살아 있었다면 그는 아마도 굉장히 장수한 셈이다. 이레나이우스는 파피아스의 글에 등장하는 요한이라는 두 인물을 하나로 결합하면서 복음서 저자가 된 사도 요한에게 장수의 특권도 부여한다. 바로 이런 과정을 통해 사도가 쓴 네 번째 복음서가 "사도 이후 시대에 쓴" 두 번째와 세 번째 복음서 **뒤에** 오게 된 것이다. 이레나이우스에게 있어 이 장수를 누린 복음서 저자가 지닌 장점은 자기 시대와 생존한 마지막 사도의 시대 사이에 존재하는 시간적 격차를 좁혔다는 데 있다. 이는 파피아스가 비교적 최근에 활동한 교회 지도자들(히에라폴리스의 파피아스, 서머나의 폴리카르포스)이 젊었을 때 이 연로한 사도에 대해 가까이서 접한 일차적인 지식을 갖고 있었음을 주장할 수 있게 해준다. 에우세비오스는 이미 이러한 주장에 대한 정당한 회의론을 표현한 바 있다.[10]

셋 더하기 하나

요한복음은 여전히 현대 학계에서 "네 번째 복음서"로 불린다. 이러한 표현이 유행하게 된 데는 부분적으로 점점 더 증가하는 세베대의

--

10   Eusebius, *Church History* 3.39.5-7.

아들 요한 저작설에 대한 회의론 때문이기도 하지만, 이 복음서가 여전히 다른 세 복음서보다 후대에 기록되었다고 믿기 때문이다. 이 복음서는 일반적으로 기원후 100년경에 기록된 것으로 여겨지지만, 마태복음과 누가복음은 이보다 약 10여 년 전에(기원후 85년경), 마가복음은 또 이보다 약 10년 정도 이전에(75년경) 기록된 것으로 본다. 사실 이러한 통상적인 기록 연대는 확인 불가능하며, 단지 합리적인 추측에 불과하다. 만약 누가가 마태복음에 관해 잘 알고 있었다면 이 두 복음서 저작 사이에는 수년이 흘렀을 것이다. 요한복음 기록 연대에 관한 현대 학계의 정론은 이 복음서가 마지막으로 기록되었고, 트라야누스 황제 치세 기간에도 여전히 생존해 있던 인물이 그 시기에 기록했다는 이레나이우스의 주장에 은연중에 영향을 받는 것 같다. 이러한 기록 연대는 이 복음서가 장기간에 걸쳐 점차 형성되었고, 또 단일 저자의 작품이 아닌 "요한 학파"(Johannine school)의 작품이라는 단서들을 간과한다. 이 복음서 텍스트가 네 권의 정경 복음서 가운데 마지막으로 현재의 형태를 갖추게 되었을 수 있지만, 이를 절대시 할 수는 없다. 누가복음이 가장 늦게 기록된 복음서일 가능성도 여전히 남아 있다.

이러한 불확실성이 여전히 남아 있음에도 첫 두 복음서와의 밀접한 관계를 고려하면 누가복음을 세 번째 복음서로 보는 것이 더 적절하다. 한편 다른 세 복음서와의 차이점 때문에 요한복음은 네 번째 복음서로 간주하는 것이 더 낫다. 비록 네 복음서가 모두 독특하고 같은 이야기를 서로 다른 방식으로 서술하긴 하지만, 요한복음과 다른 세 복음서 간의 차이는 상당하다. 요한복음과 비교하면 마태복음, 마가복음, 누가복음은 "공관"(共觀) 복음이라는 공통점이 있다. 사중 복음서는 다음과 같은 사례가 잘 보여주듯이 셋 더하기 하나의 구조로 되어 있다.

요한복음에서 "성전 청결" 사건은 예수의 사역 초기에 일어나고, 다른 복음서에 기록되지 않은 사건(갈릴리의 가나에서 물이 포도주로 변한 사건) 다음에 등장한다.[11] 공관복음에서는 성전 청결 사건이 예수의 사역 끝에 일어나며, 그의 죽음으로 이어지는 일련의 사건과 연계되어 있다.

요한복음에서는 예수의 사역 대부분이 예루살렘과 그 주변에서 일어나며, 그는 자기 죽음을 맞이하게 될 마지막 유월절 이전에 유월절이나 장막절을 지키기 위해 네 차례나 예루살렘을 방문한다.[12] 갈릴리에 계신 예수에 관한 언급은 세 본문에 국한된다.[13] 한편 공관복음에서는 예수의 주된 사역이 갈릴리와 그 주변에서 일어나며, 그는 단 한 번만 예루살렘을 방문한다.

요한복음에서는 예루살렘에서 벌어지는 예수와 적대자들 간의 논쟁이 주로 예수가 자신이 누구인지를 주장하는 것에 초점이 맞추어진다. 심지어 예수가 안식일에 누군가를 치유할 때도 그 치유 행위를 안식일에 행했다는 것보다는 그의 정체성이 주요 쟁점이 된다. 예

··

11   요 2:1-11, 13-22.
12   요 2:13-4:3; 5:1-47; 7:1-10:21; 10:22-42.
13   요 2:1-12; 4:43-54; 6:1-7:9.

루살렘 종교 지도자들은 그가 "안식일을 범할 뿐만 아니라 하나님을 자기의 친아버지라 하여 자기를 하나님과 동등으로 삼으"려 했기 때문에 그를 죽이려고 한다.[14] 공관복음에서는 예수의 논쟁이 갈릴리에서뿐 아니라 예루살렘에서 일어나며, 이 논쟁은 주로 율법 준수 및 해석과 관련이 있다.

요한복음에서는 예수의 죽음을 촉발하는 사건이 나사로가 다시 살아난 사건이다.[15] 대제사장인 가야바는 이 기적이 공공질서를 위협하여 처참한 결과를 가져올 수 있다고 판단한다. 이 문제를 해결할 수 있는 유일한 방법은 예수를 처형하는 것이었다.[16] 공관복음에서는 예수가 예루살렘이나 그 주변에서 무화과나무를 시들어 죽게 하거나 잘린 귀를 다시 회복시킨 것 외에는 다른 어떤 기적도 행하지 않는다. 그의 죽음은 기적을 행하는 자로서의 그의 사역과 전혀 무관하다.

요한복음에서 예수는 미래에 관해 그의 제자들과 긴 대화를 나눈다. 비록 그는 제자들을 이 세상에 두고 떠나지만, 보혜사 또는 성령을 통해 새로운 방식으로 그들 가운데 함께하실 것이다.[17] 공관복음은 이 부재의 시간을 인자가 하늘의 구름을 타고 오는 것으로 마무리될, 이 세상의 환난의 때로 간주한다.[18]

요한복음에서는 예수가 최후의 만찬을 마친 후에도 여전히 다락

••

14   요 5:18.
15   요 11:1-57.
16   요 11:47-53.
17   요 14-16장.
18   막 13장; 마 24장; 눅 21장.

방에 계시면서 자신과 제자들, 그리고 미래의 신자들을 위해 기도한다. 그는 자신의 운명을 확신하며 "창세 전에" 자신이 그의 아버지와 공유하던 영광을 다시 회복시켜줄 것을 구한다.[19] 한편 공관복음에서는 예수가 겟세마네 동산에서 임박한 고난을 앞두고 심히 괴로워하며 그의 아버지의 뜻에 순복하면서도 그 고난의 잔이 제거되기를 기도한다.

요한복음에서는 예수의 "영광"이 그가 행하는 기적에서뿐만 아니라 그의 죽음에서도 나타난다. 그는 죽음을 통해 "높임을 받거나" 또는 "영화롭게 된다."[20] 십자가는 그의 보좌이며, 그의 십자가 처형은 그가 왕의 자리에 오르는 즉위식이다.[21] 한편 공관복음에서는 예수의 영광이 성금요일이 아닌 부활절에 나타난다.

비록 현대 학자들이 마태복음, 마가복음, 누가복음을 "공관복음"으로 명명했지만, 이 세 복음서와 요한복음 간의 차이는 결코 현대에 와서 드러난 것이 아니다. 이러한 차이는 네 권의 복음서 모음집만큼이나 오래된 것이다. 요한복음이 이 사복음서 모음집에 포함되었다는 사실은 이 복음서 간의 차이가 부정적이기보다는 긍정적으로 받아들여졌음을 보여준다. 여기서 제기되는 질문은 이러한 차이가 과연 어떻게, 그리고 왜 정경 모음집의 기반을 약화시키기보다는 더욱 더 견고하게 했느냐는 것이다.

●●
19 요 17:5.
20 요 12:34; 13:31-32.
21 요 19:19-22.

앞에서 예시로 보여준 공관복음과 요한복음 간의 차이가 모두 같은 종류의 것은 분명 아닐 것이다. 예수가 그의 사역 초기와 말기에 성전에서 유사한 행동을 했을 개연성은 매우 낮다. 한편 예수가 그의 사역 기간 동안 예루살렘을 한 번 이상 방문했을 개연성은 높다. 그런 의미에서 이러한 차이는 우리가 네 복음서를 가지고 실제로 역사적 순서에 따라 신뢰할 만한 예수의 사역 기사를 작성하는 것이 왜 그토록 어려운—아니 사실상 불가능한—작업인지를 잘 보여준다. 이와 같은 수많은 시도는 "역사적 예수"를 복원하려는 현대의 관심보다 훨씬 더 오래되었으며, 그 작업을 추진하는 동기 또한 마찬가지다. 사복음서는 예수의 역사적 생애에 대한 일관된 기사를 제공하지 못하고, 오직 "원자재"만을 제공하는 현 상태로는 충분하지 못했다. 따라서 학자들은 네 복음서의 내용을 모두 하나로 통합하여 진정한 예수의 생애를 복원하는 데 걸림돌이 되는 복음서 간의 차이점과 난점을 모두 극복할 수 있기를 희망하면서 "복음서 조화" 작업을 추진하게 되었다. 그럼에도 이러한 복음서 조화 작업은 우리에게 어떤 해결책을 제시해주기보다는 오히려 더 많은 문제를 야기했다. 사실 사중 복음서는 예수와 관련된 사건과 그의 어록을 그 본래의 역사적 정황에 맞추어 단 하나의 "예수의 생애"를 제시하려고 **의도된** 책이 아니다. 이러한 사건 및 어록과 그 실재의 관계는 사실 이보다 훨씬 더 복잡하며 흥미롭다.

알렉산드리아의 오리게네스는 그의 위대한 요한복음 주석을 집필하는 가운데 이러한 논쟁거리를 놓고 심사숙고한다. 그는 별로 특별해 보이지 않는 요한복음 2:12의 진술로 시작한다. "그 후에[즉 물이 포도주로 변하게 한 후에] 예수께서 그 어머니와 형제들과 제자들과 함께 가버나움으로 내려가셨으나." 오리게네스는 사복음서의 역사적 신빙성을 높이 평가하는 이들과 논쟁 벌이는 것을 상상한다. 그리고 그는 다음과 같은 질문을 그들에게 던진다. 예수는 언제 처음으로 가버나움을 방문했는가?

> 만약 우리가 예수가 언제 처음으로 가버나움을 방문했는지 묻는다면 우리의 대화 상대자들은—만약 그들이 마태복음과 다른 두 복음서의 말씀을 따른다면—"시험을 받은 후 그가 나사렛을 떠나 가버나움 바닷가에 와서 거하셨을 때"라고 대답했을 것이다. 하지만 그들은 예수가 세례자 요한이 잡혔다는 소식을 듣고 갈릴리로 떠났다는 마태복음과 마가복음의 기사와 세례자 요한이 아직 옥에 갇히지 않고 예수가 상당한 기간 예루살렘에 갔다가 다시 유대 지방으로 가서 가버나움에 거주한 이후에도 살렘 근처 애논에서 세례를 베풀었다는 요한복음의 기사가 모두 사실인지 어떻게 입증할 수 있단 말인가?[22]

마태복음에서는 예수가 40일 동안 시험을 받고 나서 곧바로 요한이 옥에 갇혔다는 소식을 접하고 갈릴리로 떠난다.[23] 거기서 예수는 "나사렛을 떠나"(비록 그가 그곳에 도착했다는 언급은 전혀 없지만) "해변에 있

22   Origen, *Commentary on John* 10.13.

23   마 4:12.

는 가버나움"에 가서 살기로 결심한다.[24] 요한복음에서도 예수는 가
버나움에 도착하여 거기서 얼마간 머문다. 그러고 나서 그는 유월절
을 지키기 위해 예루살렘으로 올라간다.[25] 이어서 그는 유대 지방에
서 요한의 사역과 병행하는 세례 사역을 하는데,[26] 이는 이 복음서 저
자가 지적하듯이 "요한이 아직 옥에 갇히지 아니하였"기 때문이다.[27]
예수가 가버나움에 거주한 것은 과연 요한이 옥에 갇히기 전일까, 후
일까? 마태와 요한은 각각 서로 다른 견해를 따른다. "요한이 아직 옥
에 갇히지 아니하였"다는 요한복음의 진술은 예수가 사역을 시작할
때 요한이 이미 체포되어 옥에 갇혔다는 전제—마태복음과 마가복음
의 기사에 근거한 전제—에 답을 제시해야만 한다. 나중에 기록한 복
음서 저자는 예수의 사역이 오직 요한의 사역이 끝난 다음에 비로소
시작할 수 있었다는 견해를 분명하게 거부하고, 이 두 인물의 사역은
한동안 서로 병행했으며, 사실은 서로 경쟁 관계에 있었다고 주장한
다.[28] 이 복음서 저자는 공관복음에 기록된 사건에 관해 알고 있으며,
그는 적어도 그 내용이 불완전하다고 여긴다. 여기서 오리게네스가
말하고자 하는 핵심은 어느 한 복음서 저자의 편을 드는 것이 아니라
사복음서 모음집이 제기한 광범위한 쟁점을 하나의 예로 보여주려는
것이다. 만약 우리의 관심사가 "역사적 신빙성"에 있다면 우리는 이

..
24   마 4:13.
25   요 2:12-13.
26   요 3:22-23.
27   요 3:24.
28   요 3:26.

다양한 기사 가운데 그 **어느 것도** 실제로 그 역할을 충실히 수행했다고 확신할 수 없다. 이 문제는 크고 광범위하다.

> 사복음서를 신중하게 읽는 독자라면 사복음서의 내러티브가 서로 일치하지 않는 부분이 많다는 것을 알고 있을 것이다.…이러한 깨달음을 불편하게 느끼는 독자라면 사복음서가 모두 사실임을 발견하고자 하는 시도를 포기하고, 우리 주님에 관한 우리의 정보가 **모두** 신뢰할 수 없다고 결론 내리기를 원치 않으므로 그중의 하나만 무작위로 우리의 안내자가 될 수 있다는 판단을 내리거나, 아니면 네 복음서를 모두 받아들이고 그 진실성이 문자적인 의미에 있다고 간주하지 않을 것이다.[29]

비록 이와 유사한 쟁점이 공관복음 기사에서도 발견되기는 하지만, 오리게네스가 요한복음 주석의 정황에서 이러한 주장을 전개한다는 것은 적절하다. 이는 바로 이 복음서가 네 복음서 모음집에서 나타나는 일관성에 관한 문제를 가장 강력하게 제기하고 있기 때문이다.[30]

••
29 Origen, *Commentary on John* 10.14.
30 B. Childs, *New Testament as Canon*, 146은 사복음서의 정경적 읽기에 대한 오리게네스의 중요성을 올바르게 지적했다.

요한의 독수리

사복음서 사이에 존재하는 차이점 가운데 특히 첫 세 복음서와 네 번째 복음서를 구별하는 것은 부정적이기보다는 긍정적일 수밖에 없다. 사중 복음서는 예수라는 인물을 다각적인 관점에서 포용하고, 증언하는 데 있어 단일 관점이 훨씬 더 적절하다는 전제를 거부한다. 하지만 이러한 복수성(plurality)이 무제한적이지는 않다. 넷이라는 고정된 숫자는 포용성을 발휘하기도 하지만, 배제의 역할도 수행한다. 이러한 복수성은 그렇다고 비체계적이지도 않다. 셋 더하기 하나의 구조가 바로 현재 우리의 관심사다. 이 네 번째 복음서 저자가 활용한 상징 전승이 바로 그 구조를 이해하는 열쇠가 된다.

  예언자 에스겔은 각각 네 개의 얼굴을 가진 네 생물이 시중드는 병거-보좌에 관한 환상을 본다.[31] 요한계시록에서는 에스겔서의 이 동일한 네 얼굴을 가진 네 생물이 변한다.[32] 요한은 열린 문을 통해 하늘로 이끌리고, 오직 보석에 비교될 수밖에 없고, 말로 형언할 수 없는 형체를 지니신 분이 좌정해 계신 보좌를 본다. 보좌로부터 번개와 우렛소리가 나고, 그 앞에는 타오르는 일곱 등불과 유리 같은 바다가 있다. 중심에 있는 보좌 주위에는 이십사 장로가 흰옷을 입은 채 머리에는 금 면류관을 쓰고 각자의 보좌에 앉아 있다. 그들은 보좌 주변

공간을 "앞뒤에 눈들이 가득"한 네 생물과 공유한다.[33] 에스겔서의 병거 바퀴도 "눈이 가득"하다고 하는데,[34] 그 고유한 특징이 이제 이 네 생물에게 전가되었다. 이 보좌의 목적은 이동하는 데 있지 않으므로 보좌에 달린 바퀴는 이제 사라졌다. 이보다 더 중요한 점은 에스겔서의 네 얼굴을 가진 생물이 이제 각자 스스로 존재하는 생물이 되어 완전히 다른 존재가 되었다는 것이다. 이제 그들은 병거의 시중을 들기보다는 천상의 예배를 인도한다.

> 그 첫째 생물은 사자 같고, 그 둘째 생물은 송아지 같고, 그 셋째 생물은 얼굴이 사람 같고, 그 넷째 생물은 날아가는 독수리 같은데, 네 생물은 각각 여섯 날개를 가졌고, 그 안과 주위에는 눈들이 가득하더라. 그들이 밤낮 쉬지 않고 이르기를 "거룩하다, 거룩하다, 거룩하다, 주 하나님 곧 전능하신 이여! 전에도 계셨고, 이제도 계시고, 장차 오실 이시라."[35]

이 복음서 저자가 활용한 상징 전승은 에스겔서나 요한계시록, 또는 이 둘 모두의 관심을 끌 수 있다. 에스겔 본문은 예언서라는 보장된 지위를 지니고 있다는 장점을 갖고 있다. 요한계시록 본문은 극단적인 차이 속에서도 특히 조화와 통일이라는 매우 감명적인 이미지를 제공한다. 에스겔서의 네 얼굴이 요한계시록의 네 생물과 동일하

••
33   계 4:6.
34   겔 1:18.
35   계 4:7-8.

기 때문에 사실 어느 하나를 택일할 필요는 없다. 하지만 에스겔서에서는 사람, 사자, 소, 독수리 순이고, 요한계시록에서는 사자, 소, 사람, 독수리 순으로, 그 순서에 있어서는 다소 차이를 보인다.

우리는 여기서 히에로니무스에게로 잠시 되돌아가고자 한다. 그의 갈라디아서 주석에서 연로한 사도 요한에 관한 일화가 소개된 지 수년 후에 히에로니무스는 고대 라틴어로 된 요한계시록 주석을 자신의 버전으로 편찬했다. 이 주석의 저자는 페타우의 빅토리누스였는데, 그는 히에로니무스가 이 작업에 착수하기 약 100년 전(기원후 303년) 디오클레티아누스 황제의 박해가 있을 때 세상을 떠났다. 빅토리누스는 요한계시록 4장에 관한 주석을 쓰는 과정에서 이레나이우스의 버전에 담긴 이 복음서 상징 전승을 따른다. 원래 버전에서는 사람과 소가 각각 마태복음과 누가복음에 적용되고, 사자와 독수리는 각각 요한복음과 마가복음에 적용된다. 히에로니무스는 첫 두 쌍은 그대로 받아들이지만, 셋째와 넷째 쌍의 경우에는 그 순서를 바꾼다. 그는 요한복음의 사자와 마가복음의 독수리를 마가복음의 사자와 요한복음의 독수리로 대체한다. 빅토리누스에 의하면

마가는 이렇게 시작한다. "이사야서에 기록된 바와 같이 예수 그리스도의 복음의 시작이라." 그는 하늘을 나는 영으로 시작하기 때문에 그는 하늘을 나는 독수리의 이미지를 갖고 있다.

사자와 같은 생물은 요한복음이다. 왜냐하면 모든 복음서 저자가 사람

으로 오신 그리스도를 선포한 후에 요한은 "말씀은 곧 하나님이시니라"라고 말하면서 그를 이 땅에 내려와 육신을 입기 이전의 하나님으로 선포했기 때문이다. 그리고 그가 포효하는 사자처럼 울부짖었기 때문에 그의 선포는 사자의 얼굴을 지니고 있다.[36]

이러한 짝짓기는 그리 만족스럽지 못하다. 하늘을 나는 독수리는 이사야를 통해 말씀하신 예언의 영에 잘 어울리지 않는다. 또한 "말씀은 곧 하나님이시니라"라는 말씀에서 사자의 울음소리를 듣기는 쉽지 않다. 따라서 히에로니무스는 이 본문을 다음과 같이 수정한다.

복음서 저자 마가는―이렇게 시작한다. "예언자 이사야의 글에 '광야에 외치는 자의 소리'라고 기록된 바와 같이 예수 그리스도의 복음의 시작이라"―사자의 이미지를 갖고 있다.

복음서 저자 요한은 독수리처럼 날개를 치며 하나님의 말씀을 논한다.[37]

빅토리누스는 요한복음에 대한 원 논평에서 네 번째 복음서가 그리스도의 인성보다는 신성에 초점을 맞추면서 첫 세 복음서를 보완하고 균형을 맞추는 의도가 있다고 제안했다. 빅토리누스는 이러한 개

..
36 Victorinus, *Commentary on Revelation*(계 4:4에 관하여).
37 Jerome/Victorinus, *Commentary on Revelation*(계 4:4에 관하여).

넘을 스스로 고안해낸 것이 아니라 이미 잘 알려진 전승을 전해준 것 뿐이다. 이 전승에 의하면 사중 복음서는 서로 다른 생물이 상징하는 예수라는 인물에 대한 네 가지 관점을 내포하고 있거나, 또는 단지 두 가지 관점, 즉 하나는 그리스도의 인성을 강조하는 세 복음서 텍스트의 관점과, 또 하나는 그의 신성을 강조하는 한 복음서 텍스트의 관점을 담고 있다고 말할 수 있다. 빅토리누스는 이 점을 발전시키지 않으며, 히에로니무스는 아예 이 점을 무시한다. 그럼에도 요한복음을 독수리로 대체한 히에로니무스의 해석은 그와 동시대 인물이지만 더 젊은 아우구스티누스가 이처럼 신학적으로 풍요롭고 창의적인 방식으로 정경 복음서의 양면성을 이해하는 방식을 발전시키는 데 도움을 준다.

아우구스티누스는 하늘을 나는 독수리와 다른 세 동료 간의 기본적인 차이를 다음과 같이 적절하게 지적한다.

이 세 생물—사자, 사람, 소—은 모두 땅에 속한 존재다. 따라서 이에 해당하는 세 복음서 저자는 주로 그리스도가 육신의 몸을 입고 행하신 것과 여전히 육신의 짐을 지고 가는 이들을 향해 이 죽을 인생이 지켜야 할 품행을 위한 그의 지침에 관심을 둔다. 한편 요한은 인간의 연약함이라는 구름 위를 나는 독수리처럼 하늘을 날며 가장 예리하고 안정된 눈, 곧 마음의 눈을 가지고 불변하는 진리의 빛을 바라본다.[38]

38　Augustine, *Harmony of the Evangelists* 1.6.9.

아우구스티누스는 여기서 단지 그리스도의 인성과 신성을 대조하는 데 만족하지 않는다. 아우구스티누스의 관심은 오히려 **행동**에 있다. 그는 예수가 행하신 것뿐 아니라 그가 자신의 가르침과 본보기를 통해 우리에게 행하라고 지시하신 것에 관심을 보인다. 마가복음은 "그리스도께서 육신의 몸으로 행하신 것"을 가장 일관되게 보여주지만, 마태복음은 "이 죽을 인생이 지켜야 할 품행을 위한 그의 지침"에 관심을 둔다. 그럼에도 아우구스티누스는 여기서 이 땅에 속한 복음서끼리 서로 비교하는 것이 아니라 그 복음서들과 요한의 독수리를 서로 대조하는 데 관심을 둔다. 그는 요한이 그리스도께서 육신의 몸을 입고 행하신 것에 무관심하다고 생각했던 것은 결코 아닐 것이다. 오히려 그가 말하고자 하는 바는 네 번째 복음서 저자가 예수의 지상적 삶을 초월하여 하나님과 함께하시는 영원한 말씀이 지닌 생명과, 그 생명에 모든 사람이 참여하도록 이끄시는 아버지의 뜻이 나타나 있는 그 정황을 볼 수 있었다는 것이다. 그것이 바로 이 복음서 저자에게 계시된 "불변하는 진리의 빛"이었다.

이 복음서의 이중 구조는 그리스도의 두 가지 본성과 인간의 두 가지 사고 능력을 반영한다. 첫째는 기독론적인 핵심을 잘 드러내는 상세한 진술이다.

첫 세 복음서 저자는 그리스도가 이 땅에서 사시는 동안 인간의 육신을 입고 행하신 것에 대한 다양한 기사를 소개한 반면, 요한은 그 무엇보다 아버지와 동등하신 주님의 신성을 염두에 두고 독자들에게 필요하다고 생각되는 만큼 이것을 자신의 복음서에서 강조하려고 노력했다. 따라서 그는 다른 세 복음서 저자보다 훨씬 더 높이 날아 당신들이 이 세 저자는 인성을 지닌 그리스도와 교류하려고 이 땅에 남아 있는 것으로 간주하고, 요한은 이 땅 전체를 덮는 구름 위로 올라가 가장 예리하고 안정된 지적인 비전을 통해 그가 태초에 하나님과 함께 계셨고, 그를 통해 만물이 지어진 하나님의 말씀을 보고, 또 육신이 되어 우리 가운데 거하신 분으로 알게 된 그가 그 순수한 하늘에 도달한 것으로 여기도록 만든다.[39]

복음서의 이러한 이중 구조는 인간의 사고 구조를 반영한다. 아우구스티누스는 다음과 같이 말한다.

인간의 사고에는 두 가지 능력이 있는데, 하나는 능동적이고 다른 하나는 사색적이다. 우리는 하나를 통해 움직이고 다른 하나를 통해 도달한다. 우리는 하나를 통해 하나님을 보고자 하는 소망을 갖고 순수한 마음을 소유하기 위해 노력하고, 다른 하나를 통해 쉼을 얻고 하나님을 본다. 하나는 우리가 이 일시적인 삶에서 행하는 행실을 위한 방향성과 관련이 있고, 다른 하나는 그 영원한 삶을 위한 지침과 관련이 있다.[40]

· ·
39 Augustine, *Harmony of the Evangelists* 1.4.7.
40 Augustine, *Harmony of the Evangelists* 1.5.8.

우리는 정경 복음서의 이러한 이중 구조, 셋 더하기 하나 구조, 곧 그리스도의 인성과 신성, 그리고 인간의 능동적인 사고 능력과 사색적인 사고 능력 사이에서 복잡한 유비 하나가 그 모습을 드러내는 것을 발견한다. 아우구스티누스는 여기서 그가 가장 선호하는 이미지를 활용하는데, 그는 이제 어떤 사람이 타국에 있다가 하나님 안에 있는 진정한 집으로 돌아가는 길 혹은 순례의 길로 인생을 묘사한다. 요한복음은 그리스도에 대한 양면적 증언을 통해 우리를 우리가 가는 여정의 종착역으로, 그리고 그 여정 내내 올바른 행실로 인도한다. 네 번째 복음서는 이 여행의 종착역—인간 존재의 목표와 방향—을 "영생"이라고 부른다. 아들이신 예수는 "자기 속에 생명이 있[으며]"[41] 다른 이들에게 생명을 주려고 이 세상에 "생명의 떡"으로 오신다.[42] 이는 마치 종착지가 우리를 맞으러 나오는 것과도 같다. 이 종착역은 사실 길이 **된다**. "내가 곧 길이요 진리요 생명이니."[43] 영생은 끝이 없는 죽음 이후의 삶 자체가 좋거나 바람직하기 때문이 아니라 "유일하신 참 하나님과 그가 보내신 자 예수 그리스도를" 알게 하기 때문에 인간 존재의 목표인 것이다.[44] 비록 여기서 이 말씀을 하시는 분이 예수이긴 하지만, 사실 그분은 **요한이 묘사하는**(according to John) 예수다. 따라서 이 복음서 저자도 그가 "가장 예리하고 안정된 눈"을 가지고

··

41   요 5:26.

42   요 6:35.

43   요 14:6.

44   요 17:3.

"불변하는 진리의 빛으로 바라"볼 때 하늘을 나는 독수리와 연관될 수 있다.

태초에

아무튼 모든 내러티브는 어디서부터인가 시작해야 한다. 내레이터는 어느 시간과 장소에서 시작할지를 정해야 한다. 그 시간과 장소가 픽션에서처럼 가상적이든지 또는 역사를 다루는 글에서처럼 실제적이든지를 막론하고, 여기서 시작점은 실제적 상황 또는 가능한 상황—내러티브의 주된 요소가 독자들에게 소개되고 각인될 수 있는 순간—안에 위치해야 한다. 도입부는 내러티브가 전개해나갈 기반을 제공해준다.

모든 내러티브는 어디서부터인가 시작해야 하는데, 네 복음서는 각기 독특한 출발점을 갖고 있다. 첫 세 복음서의 경우에는 "시작"(archē)이라는 단어가 첫머리 또는 그 부근에서 등장한다. 마가복음에서는 이 단어가 가장 먼저 등장한다. "하나님의 아들, 예수 그리스도의 복음의 시작이라"[그리스어 원문에서는 "시작"이라는 단어가 맨 앞에 온다—역자주].[45] 요한복음에서는 이것이 두 번째 단어다. En archē, "태초에." 여기서는 이 복음서의 "태초"(시작)가 창세기의 "태

••
45   막 1:1.

초"(시작)를 반영한다. 누가복음의 서문을 구성하는 하나의 긴 문장에서는 "처음"(시작)에 대한 언급이 중간에 나온다. 이 복음서 저자는 자신의 글이 탄생하기까지의 역사를 세 단계로 나눈 다음 역순으로 언급한다. 글로 저술된 이 복음서가 그 세 번째 단계이며, 저자는 자신보다 앞선 저자들의 작품에 자기 작품을 더한다. 두 번째 단계는 사도들이 선포한 복음에서 파생된 예수 전승이라는 구두적 단계다. 첫 번째 단계는 복음 선포 과정을 통해 전달된 사건들을 포함한다. 이러한 사건의 순서는 "처음부터"[46] 그 사건에 참여한 목격자들에 의해 전해진 것이다.

"시작"이라는 단어는 마태복음의 도입부에서만 생략되어 있다. 거기서는 사실상 동의어로 볼 수 있는 "게네시스"(genesis, "낳음")가 이를 대체한다. 게네시스는 창세기의 책 제목인데, 마태복음의 첫 어구인 "비블로스 게네세오스"(Biblos geneseōs)는 창세기를 가리키기보다는 "예수 그리스도의 계보"를 가리킨다.[47] 하지만 이 그리스어 어구는 창세기에서 파생된 것이다. 창세기 저자는 5장 초반에서 "아담의 계보"를 발표한다.[48] 아담의 계보는 그의 후손에 관한 것이고, 예수의 계보는 그의 조상에 관한 것이며, 이 두 계보가 하나로 결합된 것은 예수가 인류—구체적으로 아브라함과 이삭과 야곱으로 이어지는 혈통—와 완전히 하나가 되었음을 보여준다.

..
46 눅 1:2.
47 마 1:1.
48 창 5:1a.

마태와 마찬가지로 요한은 자기 복음서를 창세기에서 빌려온 두 단어 어구로 시작한다. 마태가 사용한 어구는 원 문맥에서 인류의 기원에 관해 이야기하는 반면, 요한이 사용한 어구는 만물의 기원에 관해 이야기한다. "태초에 하나님이 천지를 창조하시니라."[49] 하지만 요한복음에서는 이 어구가 창조 사건을 가리키기보다는 그 원시 사건이 발생했을 당시에 이미 "있었던"(was) 사건을 가리킨다. "태초에 말씀이 **계시니라.**" "있었다"(was)라는 이 동사는 세 부분으로 나누어진 첫 문장에서 두 번 더 반복된다. "이 말씀이 하나님과 함께 **계셨으니** 이 말씀은 곧 하나님**이시니라.**"[50] 그다음 구절에서는 이 첫 문장의 첫 번째와 두 번째 부분이 훨씬 더 밀접하게 연관되어 있다. "그가 태초에 하나님과 함께 계셨고."[51] 태초에 계신 이 말씀은 영원하다. 이 말씀은 존재하지 않은 적이 없다. 이 말씀은 영원하므로 또한 신적인 존재다. 영원성은 신성의 배타적인 속성이며, 따라서 하나님과 영원히 함께 계신 존재 역시 하나님일 수밖에 없다. 네 번째 복음서 서자에 의하면 예수 그리스도라는 인격 안에서 "육신이 되신" 이 말씀은 바로 이 경우에 해당한다.[52] 사도에 의해 기록된 것으로 여겨지는 두 복음서 가운데 요한복음은 영원한 말씀으로 시작하고, 마태복음은 유대인 예수로 시작한다. 이 영원한 말씀은 곧 예수다. 이 인간 예수는

..

49   창 1:1.
50   요 1:1.
51   요 1:2.
52   요 1:14, 17.

하나님의 영원한 말씀이다. 이러한 진술은, 과거에든 현재에든, 유일신론이든 다신론이든 간에, 신에 대한 다른 견해를 가진 이들에게 상당히 모욕적이다. 하지만 사중 복음서를 인정하는 공동체 안에서 이러한 진술은 결코 타협할 수 없는 진리다.

요한복음의 도입부는 마가복음의 도입부와도 비교될 만하다. 이 두 경우 모두 "시작/태초"에 관한 진술은 세례자 요한에 관한 언급으로 이어진다. "하나님께로부터 보내심을 받은 사람이 있으니 그의 이름은 요한이라."[53] 마가복음에서는 이 인물이 "세례 베푸는 자 요한"(John the Baptizer)으로 명시된다.[54] 마태는 이것을 우리에게 더욱 더 친숙한 "세례자 요한"(John the Baptist)으로 대체하는데, 누가도 이를 따라간다.[55] 네 번째 복음서에서 세례자 요한은 단순히 "요한"이다. 여기서 그의 세례자로서의 활동은 아주 미미하며, 오히려 그의 사역은 그의 **증언**에 초점이 맞추어진다. "그가 증언하러 왔으니 곧 빛에 대하여 증언하고 모든 사람이 자기로 말미암아 믿게 하려 함이라."[56] 이 복음서에서 요한이 베푸는 세례의 목적은 예수가 하나님의 아들이라는, 아직 밝혀지지 않은 사실을 공표하는 것이다. 이 사실은 성령이 비둘기 같이 내려오는 것을 본 요한에게 맨 먼저 계시되었고, 그다음에는 요한을 통해 그의 증언을 듣는 이들에게 계시되었다. "보라!

••
53   요 1:6.
54   막 1:4.
55   마 3:1; 눅 7:20, 33.
56   요 1:7.

세상 죄를 지고 가는 하나님의 어린 양이로다."[57] 마가복음에 의하면 예수에 대한 세례자 요한의 증언은 간접적이다. 요한은 자신보다 더 능력이 많으신 이가 오심을 이야기하는 가운데, 그리고 또 예수가 자기가 베푸는 세례를 받는 사건을 통해 주의 길을 예비한다.[58] 네 번째 복음서 저자는 이러한 간접적인 증언을 직접적이고도 명시적인 증언으로 바꾼다. 그는 출생 이야기를 추가하면서 마태와 누가를 따라가기보다는 세례자 요한이라는 인물로부터 시작하기로 마음먹은 마가의 선택에 대한 자신의 해석을 내놓는다. 여기서 요한은 증인의 임무를 수행하기 위해 하나님으로부터 보내심을 받은 인물이 된다. 예수가 누구인지를 밝히는 그의 증언은 후대의 사도들의 증언을 예고한다.[59] 하나님의 본래 계시를 보고 들은 자들이 전한 복음은 이미 복음서 이야기 자체와 하나가 되었다.

요한복음의 시작과 누가복음의 시작을 서로 비교하면 두 가지 상반된 예수의 사역의 정황이 두드러지게 나타난다. 누가는 복음서 사건을 폭넓은 역사적·지리적 정황 안에 배치한다. 세례자 요한은 유대 왕 헤롯 때 태어난다.[60] 예수는 아우구스투스 황제가 로마에서 공표한 칙령 때문에 베들레헴에서 태어난다.[61] 세례자 요한의 사역은 아우구스투스 황제의 후계자인 티베리우스 황제가 통지한 지 열다섯째

··
57 요 1:29; 참조. 26-34절.
58 막 1:2-9.
59 요 17:20; 20:21.
60 눅 1:5.
61 눅 2:1.

해, 곧 분봉왕 헤롯(안티파스)과 빌립이 각각 갈릴리와 이두래 및 드라고닛 지방에서 헤롯 왕을 계승할 즈음에 전개된다.[62] 이러한 역사적·지리적 좌표는 독자들에게 예수가 실제 인물이며, 옛날 머나먼 곳에 살던 반(半)전설적 인물이 아님을 확실하게 보여준다. 요한복음에서도 이 말씀은 **육신이 되었다.** 즉 어떤 구체적인 정황에 한정되고 그 정황의 규제를 받는 한 인간이 된 것이다. 하지만 바로 그 **말씀이** 육신이 되었다. 태초에 하나님과 함께 계신 그 말씀은 모든 상황에 동일하게 임재해 계신다. 왜냐하면 "만물이 그로 말미암아 지은 바 되었으니 지은 것이 하나도 그가 없이는 된 것이 없[기 때문이다]."[63] 어떤 특정한 시간과 장소에 거하시는 그의 임재는 또한 그가 이 세상 안에, 그리고 이 세상을 위해 거하시는 임재이기도 하다. "그가 세상에 계셨으며 세상은 그로 말미암아 지은바 되었으되."[64] 이제는 심지어 세례자 요한에게도 이 온 세상을 위한 임무가 주어진다. 그는 하나님으로부터 보내심을 받았으며, 이는 "모든 사람이 [그]로 말미암아 믿게 하"려는,[65] 즉 이 세상이 그의 증언을 통해 예수가 하나님으로부터 오셨음을 믿게 하려는 것이다. 그의 증언이 가리키는 대상은 바로 인간 예수이며, 그는 "이 세상에 와서" 빛이 어두움에 비치게 한 인간 예수다.[66] 사중 복음서라는 범주 안에서는 누가복음에 등장하는 사람의 이

··
62 눅 3:1.
63 요 1:3.
64 요 1:10.
65 요 1:7.
66 요 1:5, 9.

름, 날짜, 장소와, 요한복음의 우주적 지평 사이에 그 어떤 모순도 존 재하지 않는다.

2부

합치점

첫 세 명의 복음서 저자는 시작과 끝을 잇는 노정을 많은 부분 함께 동행한다. 그 노정을 함께 가다 보면 그 순서와 어법에서 상당한 차이가 나타난다. 마태와 누가는 상당한 분량의 자료를 서로 공유하지만, 마가는 그렇지 않다. 또한 일부 자료는 마태복음이나 누가복음, 또는 (가끔) 마가복음에서만 독특하게 나타난다. 하지만 이러한 차이에도 불구하고 공통된 순서는 쉽게 발견된다.

한편 요한은 이들과 거리를 둔다. 그는 동료들과 가끔 만나는 경우를 제외하면 처음부터 독자적인 길을 간다. 단지 결말에 가까이 가서야 비로소 (승리의 예루살렘 입성부터) 네 복음서가 모두 서로 합치점을 찾기 시작하고, 이러한 모습은 오직 예수가 배신당하고 체포되는 순간에 총체적으로 변한다. 네 복음서 저자는 모두 겟세마네에서 빈 무덤으로 가는 길을 지나가는데, 이 여정은 이 세상을 구원하는 구세

주로서 예수가 자신에게 주어진 소명을 성취해나가는 가운데 일어나는 이 절체절명의 사건들이 얼마나 중요한지를 엿볼 수 있는 지표가 된다.

만약 이 사건들에 대한 사중적 증언이 온전한 효력을 발생하려면 복음서 간의 상호관계에 대한 세밀한 분석이 필요하다. 이와 같은 분석은 독자로 하여금 자연스럽게 다른 복음서 안에 있는 병행 본문을 읽고 복음서 저자의 서로 다른 관점을 통해 새로운 관점을 얻도록 해준다. 이것은 특히 복음서 텍스트 간의 관계가 유별나게 복잡한 일련의 수난 관련 사건의 경우에 더더욱 그러하다. 가이사랴의 에우세비오스는 4세기에 바로 이런 복음서 간의 상호관계를 자세히 분석했다. 그는 이로써 표면상의 혼동 저변에 깔린 조화로운 질서를 보여주면서 사복음서 모음집이 얼마나 신뢰할 만한 책인지를 입증하는 지속적인 노력에 중요한 첫걸음을 내디뎠다.

하지만 이러한 신뢰성은 쉽게 확인되지 않는다. 초기 기독교 시대에도 오늘날처럼 사복음서가 초자연적인 존재와 행위를 가지고 상상의 세계에서만 가능한 주장을 펼치며 그 세계를 왜곡한다는 주장이 있었다. 따라서 복음서를 읽는 독자에게는 진리를 담고 있다고 주장하는 이 복음서 텍스트와 이 텍스트가 말하는 실재 사이에 과연 합치점이 존재하는지—그리고 어떤 조건에서—에 관한 질문이 제기된다.

5장

네 권의 복음서, 한 권의 책

네 정경 복음서는 한결같이 예수의 수난과 죽음에 관한 이야기, 그리고 그의 부활에 관한 단편적인 이야기로 마무리한다. 일반적으로 복음서 이야기의 목적에 관해서는 의견의 일치가 이루어지고 있는 반면, 어디서부터 그 이야기가 시작해야 하는지에 관해서는 복음서 저자들의 의견이 서로 다르다. 복음서 저자 개인의 관점에서 보면 이러한 차이점은 이념적으로 상당히 중요한 의미를 담고 있었을지도 모른다. 아마도 마태는 마가복음을 보완하고자 했다기보다는 예수의 메시아 되심이 그가 세례를 받은 후 성령이 임한 사건보다 그 이전으로 거슬러 올라갈 수 없다는 마가의 견해를 교정하고자 했을 것이다. 오직 이 사중 복음서 안에서만 마태복음, 마가복음, 누가복음, 요한복음이 상호 보완적일 수 있고, 또 상호 보완적일 수밖에 없으며, 상호 간의 차이점은 이 메시지의 진리를 더욱더 공고히 하고 더욱더 풍요롭게 한다. 사중 복음서는 각 부분의 합보다 더 크다.

초기 독자들은 서로 다른 복음서의 네 도입부에서 각 복음서만이 지닌 고유의 특성을 파악할 수 있는 비결을 발견했다. 독자들은 이 도입부를 통해 하나님의 보좌를 둘러싼 네 생물이 상징하는 다양한 관점으로 예수를 이해해야 한다는 교훈을 얻게 되었다. 즉 사람의 얼굴을 가진 생물(유대인 예수의 인간적 뿌리를 추적하며 시작하는 첫 번째 복음서), 사자의 얼굴을 가진 생물(광야에서 들려오는 위협적인 울음소리로 시작하는 두 번째 복음서), 소의 얼굴을 가진 생물(희생제사를 드리는 장소에서 시작하고 끝을 맺는 세 번째 복음서), 독수리의 얼굴을 가진 생물(영원한 하나님의 말씀을 보고자 하늘 높이 날아오르는 네 번째 복음서) 등이다. 이 초월적인 천상의 존재—요한이 에스겔서의 그룹 및 이사야서의 스랍과 동일시한 존재—는 모두 동일한 대상을 찬양하는 데 열중하고 있지만, 그들은 각기 그 대상을 다르게 본다. 천상의 후원자이자 상징인 지상의 책들도 마찬가지다. 이 책들은 네 명의 그리스도를 소개하는 것이 아니라 서로 다른 네 개의 눈으로 바라본 단일 그리스도를 소개한다.

이 천상의 네 존재는 서로 다른 복음서의 도입부를 상징하지만, 복음서 사이에 존재하는 전반적인 차이점도 상징한다. 정경 복음서에서는 동일한 이야기가 서로 다른 네 가지 방식으로 서술되고 또 재서술되며, 이러한 공통점과 차이점은 복음서 전반에 걸쳐 심지어 텍스트의 가장 작은 부분에서도 서로 복잡하게 얽혀 있다. 이러한 복음서 간의 차이점은 복음서 텍스트의 의미를 밝혀주고, 각 복음서 저자가 시도한 해석이 두드러지게 나타나는 거의 모든 곳에서 발견된다. 그러나 차이점이 존재하는 곳에서는 유사점 또한 존재한다. 만약 이러한 대조점 또는 차이점이 없었다면 그 결과물은 네 복음서가 아니라 하나의 동일한 복음서에 대한 네 가지 복사본이었을 것이다. 만약 서로 유사한 점이 없었다면 "~에 의한 복음"도 없었을 것이다.

여기서 관건은 이처럼 차이점과 공통점이 서로 복잡하게 얽혀 있는 이 어려운 문제를 얼마나 이해할 수 있으며, 이 복음서 텍스트를 해석하는 데 얼마나 유용하냐에 달려 있다. 복음서의 도입부에서 도출한 이러한 상징적 의미는 복음서의 다양성과 통일성이라는 필수적인 이미지를 제공하고, 해석 작업을 수행할 공간을 마련해주지만, 만약 다양한 관점의 역할을 세부적으로 분석해야 한다면 또 다른 접근법이 필요하다. 우리에게 필요한 것은 독자가 한 복음서 본문에서 다른 병행 본문으로 빠르고 손쉽게 옮겨갈 수 있는 **상호 참조 시스템**이다. 이러한 시스템 없이는 심지어 숙련된 독자에게도 사복음서 이야기의 서로 다른 순서는 병행 본문을 찾는 데 많은 어려움을 초래할 것이다. 병행 본문을 찾는다는 것은 매우 중요하다. 이 본문들은 단지 서로 느슨하게 연결되어 있는 것이 아니다. 동일한 자료에 대한 다른 버전들이다. 만약 우리가 사중 복음서를 신중하게 받아들인다면 예를 들어 우리는 예수가 물 위를 걷는 마태복음의 이야기가 다른 복음서 어디에 있는지, 그리고 있다면 다른 병행 본문은 어떤 새로운 관점을 제공해주는지 알고자 할 것이다. 상호 참조 시스템은 독자를 마태복음 14:22-33에서 마가복음 6:45-52과 요한복음 6:16-21로 인도할 것이다. 이는 또한 그 독자가 이 이야기를 누가복음에서 찾느라 쓸데없이 시간을 허비하지 않게 해줄 것이다. 구약이나 신약의 그 어떤 책보다도 사복음서만큼은 **반드시** 이 상호 참조 시스템을 **갖추고** 있어야만 한다.

4세기 초반 어느 시점에 이러한 시스템에 대한 요구가 비로소 충족되었다. 가이사랴의 에우세비오스가 이 기발한 상호 참조 시스템을 고안해냈는데, 그는 초기 교회 역사에서뿐만 아니라 사복음서 모음집이 형성되는 데 크게 이바지했다. 이 시스템은 복음서 안에서 서로 다른 열 개의 조합을 포괄적으로 분석할 수 있는 상호 참조 시스템으로, 현재 대다수 현대 성경에 포함된 것보다 훨씬 탁월하다. 지금은 상당히 저평가되고 있긴 하지만, 복음서 연구를 위한 에우세비오스의 중요성은 고대 복음서 관련 책에서도 크게 인정하고 있는 바다. 이 고대 복음서 책들은 소위 그의 정경 목록을 포함하고 있을 뿐만 아니라 때로는 그의 초상화를 그려 넣으면서 그의 품격을 높여주고, 심지어 그를 복음서 저자의 수준까지 높이기도 한다. 그는 사복음서 코덱스[책의 형태로 된 고대 문서—역자주]의 발전에 크게 이바지한 인물이다. 이 책은 네 복음서 모두를 담고 있을 뿐 아니라 (에우세비오스의 버전에서는) 한 권의 책 안에 네 복음서가 포함되어야 할 합리적인 근거를 제공해준다.[1]

우리는 그동안 대체로 간과해온 에우세비오스의 업적을 다시 복

..

1   이 복음서 코덱스 형성에 대한 에우세비오스의 중요성에 관한 탁월한 논의는 다음을 보라. A. Grafton and M. Williams, *Christianity and the Transformation of the Book*, 133-243. 그리고 폭넓은 배경에 관해서는 다음을 보라. M. Wallraff, *Kodex und Kanon*.

구하는 차원에서 6세기 또는 7세기 라틴어 복음서 코덱스에 남아 있는 초상화—비록 이 초상화는 에우세비오스의 것이 아니라 누가의 것이긴 하지만—하나를 우리의 출발점으로 삼고자 한다.

복음서 저자: 초상화와 예술가

기원후 601년경 캔터베리의 아우구스티누스 주교는 저 머나먼 로마에서 교황 그레고리우스 1세가 영국 이교도들을 위한 자신의 선교를 계속 지원하기로 했다는 반가운 소식을 전해 듣는다. 그레고리우스 1세는 영국 남동부 지역에 도착한 이후 4년에 걸쳐 이루어낸 아우구스티누스의 업적에 감동하여—비드가 우리에게 일러주듯이—"일반적으로 교회의 예배와 봉사에 필요한 모든 것"과 더불어 그의 사역을 지원하는 추가 인력을 보냈다. 여기에는 "다수의 책 외에도" 신성한 그릇과 의복과 유물이 포함되어 있었다.[2] 교회의 예배와 봉사에 필요한 서적에는 당연히 사복음서는 물론, 가장 중요한 성경책도 포함되어 있었다.

그중에 복음서 책 하나가 보전되었는데, 이 책은 "성 아우구스티누스의 사복음서"로 알려져 있다. 그 책이 6세기 이탈리아에서 유래했으며 그레고리우스가 보낸 책 가운데 하나라는 사실을 담고 있는

..

2   Bede, *Ecclesiastical History of the English Nation* 1.29.

이 전승은 비록 입증할 수는 없지만, 상당히 타당성이 있어 보인다. 이 책은 거의 900여 년 동안 아우구스티누스가 캔터베리에 세운 수도원에서 귀중하게 취급되어왔다. 이 책은 이 수도원이 폐쇄된 1538년 이후로는 매튜 파커 추기경이 소장하게 되었고, 그는 이를 다시 케임브리지에 있는 코르푸스 크리스티 칼리지에 증여했으며, 오늘날까지 그 칼리지의 파커 도서관에 보관되어 있다. 이 책에는 도입부와 그림 가운데 많은 부분이 빠져 있지만, 라틴어 복음서 텍스트는 복음서 서문 및 **카피툴라** 목록(즉 목차)과 같은 표준 부록과 함께 잘 보존되어 있다.[3] 그리고 라틴어 텍스트 가운데는 단 두 페이지만 남아 있다.[4] 첫 번째 페이지는 마가복음 끝부분과 누가복음 서문 사이에 위치한 페이지 125번이다. 이 페이지는 나사로를 살리신 예수와 그의 예루살렘 입성에서부터 골고다까지 십자가를 지고 가는 수난 사건을 서술하는 열두 장면을 순서대로 나열한다. 두 번째 페이지는 누가복음의 서문과 목차에 이어 복음서 본문이 시작하는 부분 바로 앞쪽에 위치한 페이지 129번이다. 이 페이지에는 네 개의 기둥 구조 위에 위치한 아치 안에 날개 달린 소―누가복음이 누가의 작품임을 밝혀주는 상징―가 들어가 있는데, 그 네 기둥 구조 안에는 이 복음서 저자의 초상화가 그려져 있다. 이 복음서 저자는 펼쳐진 책을 들고 있지만, 자

..

3   상세한 내용은 다음을 보라. P. McGurk, *Latin Gospel Books*, 25-26.

4   이 이미지는 온라인에서 쉽게 찾아볼 수 있다("St. Augustine Gospels"를 검색해보라). 이 책 전체에 대한 고화질 이미지는 다음 사이트에서 볼 수 있다. https://parkerweb. stanford.edu/parker/actions/page_turner.do?ms_no=286. 또한 다음도 보라. F. Wormald, *Miniatures in the Gospel of St Augustine*.

신의 턱에 그의 오른손을 받친 채 독자와 직접 눈을 마주치지 않고 왼쪽 어딘가를 물끄러미 바라본다.

복음서 저자 양편에 있는 한 쌍의 기둥 사이에는 직사각형 모양의 화판이 세 개씩 있고, 각 화판은 중간에 물결선을 통해 둘로 나뉜다. 따라서 이 화판은 서로 연관된 복음서의 열두 장면을 묘사하고, 화판마다 각 장면을 설명하는 표제가 달려 있다. 각 화판의 크기는 약 3×2cm이며, 따라서 각 그림의 높이는 단지 1.5cm에 불과하다. 첫 번째 그림에서는 한 천사가 작은 제단 뒤에 서 있는 수염 달린 노인에게 나타난다. 표제는 다음과 같이 적혀 있다. *Zacharias turbatus est*("사가랴는 괴로워하고 있었다"). 이 장면은 누가복음 1:11-12에 해당한다.

주의 사자가 그에게 나타나 향단 우편에 선지라. 사가랴가 보고 놀라며 무서워하니.

이 제사 배경은 누가복음 내러티브의 도입부에서 이 그림 안에 앉아 있는 복음서 저자를 그 아치 안에 있는 소의 상징과 연결한다. 하지만 이 그림의 순서는 오로지 이 복음서의 도입부에만 관심을 집중하지 않는다. 첫 번째 화판의 아래 그림에서는 마리아가 두 성인 남자(그중 한 명은 요셉일 수 있다) 사이에 앉아 있는 아기 예수에게 *Fili, quid fecisti nobis sic*(아들아, 왜 우리에게 이렇게 했느냐?)이라고 말한다. 따라서 이 첫 번째 화판은 성전에서 시작해서 성전에서 끝나는 누가복음의 유아기

내러티브의 시작과 마지막을 연결한다.[5]

시작과 마지막의 또 다른 한 쌍은 첫 번째 화판 바로 밑에 있는 두 번째 화판에서 볼 수 있다. 위의 그림에서는 예수가 배 위에 앉아 무리에게 말씀하신다(*hic sedens in navi docebat eos*).[6] 아래 그림에서는 베드로가 예수의 발 앞에 엎드려 자신에게서 떠날 것을 간구한다(*Petrus procidit ad genua Iesu*).[7] 이것은 예수가 베드로를 부르는 누가복음의 독특한 기사에 대한 언급인데, 거기서는 예수가 배에서 설교하는 기사가 많은 고기를 잡는 기적과 이에 놀라는 베드로의 반응("주여! 나를 떠나소서. 나는 죄인이로소이다"), 그리고 예수의 부르심("무서워하지 말라. 이제 후로는 네가 사람을 취하리라")으로 이어진다.[8]

나머지 여덟 개의 그림 가운데 두 그림 역시 표제를 보지 않고서도 그 내용을 쉽게 파악할 수 있다. 세 번째 화판의 위 그림에서는 사람들이 한 청년을 상여에 메고 성문 밖으로 나간다. 그는 나인성 과부의 아들인데, 이 화가는 예수가 관에 손을 대며 "청년아, 내가 네게 말하노니 일어나라!"고 말하는 순간을 그림에 담았다.[9] 마지막 여섯 번째 화판의 아래 그림에서, 그리고 앉아 있는 복음서 저자의 오른편에서 예수는 삭개오일 수밖에 없는, 어떤 나무 위에 올라가 있는 남자에게 이렇게 말한다. "삭개오야! 속히 내려오라. 내가 오늘 네 집에 유하

5 　눅 1:11-12; 2:48.
6 　참조. 눅 5:3.
7 　참조. 눅 5:8.
8 　눅 5:10.
9 　눅 7:14.

여야 하겠다."[10]

　스가랴의 환상, 성전에 있는 아기 예수, 혼자 있게 내버려 달라고 애걸하는 베드로, 나인성 여인의 아들을 다시 살림, 삭개오를 만남 등에 관한 기사는 모두 한 가지 공통점이 있다. 이 기사들은 모두 누가복음에만 나온다. 우리가 곧 살펴보겠지만, 나머지 그림도 마찬가지다. 앉아 있는 복음서 저자는 마치 자신의 작품에서 영감을 받은 그림을 보여주듯 전시회를 주재한다. 그의 복음서가 다른 복음서와 공유하는 자료는 그의 복음서에만 나오는 자료보다 훨씬 더 많지만, 이 열두 그림 가운데 그 어떤 것도 다른 복음서 저자가 기록한 사건을 묘사하지 않는다. 여기에는 요단강에서 세례를 받는 장면이나 오천 명을 먹이는 장면, 또는 변화산 사건 등 초기 기독교 예술가들이 즐겨 그린 사건은 없다. 이러한 연쇄 그림 첫머리에 사갸랴의 환상에 관한 그림이 있긴 하지만, 도입부는 특별히 강조되지 않는다. 누가복음 텍스트의 첫 페이지 반대편에 있는 복음서 저자의 초상화와 그 옆에 있는 그림은 1장(사가랴)부터 19장(삭개오)까지 복음서 전반에 걸쳐 등장하는 여러 이야기를 예고한다. 이것은 누가가 복음서를 나름대로 독특하게 저작하면서 특별히 기여한 점을 표현하는 또 다른 방법이며, 전통적인 복음서의 상징에 기초하기보다는 복음서 텍스트에 대한 세밀한 분석에 의한 것이다.

각 복음서 앞에 나오는 서문

사실 이 예술가는 자기 혼자 복음서 텍스트를 분석할 필요가 없었다. 그는 오히려 에우세비오스의 "정경" 또는 "정경 목록"—네 복음서 모두에 공통으로 나타나는 본문(정경 I)으로 시작해서 각 복음서에만 독특하게 나타나는 본문(정경 X)으로 끝나는 복음서 단락 목록—을 활용했다.[11] 에우세비오스는 정경 II-IV에서 세 복음서에만 공통으로 나타나는 단락을 나열한다(II: 마태복음-마가복음-누가복음; III: 마태복음-누가복음-요한복음; IV: 마태복음-마가복음-요한복음). 정경 I과 II는 각각 74개와 111개의 병행 단락을 포함하고 있고, 각각 22개와 25개의 병행 단락을 가진 정경 III과 IV보다 훨씬 더 많다. 정경 V-IX는 두 복음서에 공통으로 들어 있는 단락을 나열하며, 여기에는 마태복음-누가복음(V: 82개 단락), 마태복음-마가복음(VI: 47개 단락), 마태복음-요한복음(VII: 7개 단락), 누가복음-마가복음(VIII: 13개 단락), 누가복음-요한복음(IX: 21개 단락) 등이 포함된다. 정경 X에는 병행 자료가 없는 각 복음서(마태복음, 62개 단락; 마가복음 19개 단락; 누가복음 72개 단락; 요한복음 96개 단락)가 나열되어 있다. 에우세비오스는 마가복음-누가복음-요한복음의 병행 본문이나 마가복음-요한복음의 병행 본문을 하

---

11 정경 목록은 에우세비오스의 서문에 나오는 "카르피아누스에게 보내는 편지"와 함께 NA[28], 89-94*에 인쇄되어 있으며, 그 이전 판에는 7세기 이후의 것이 포함되어 있다. 이 텍스트는 초기 그리스어, 라틴어, 고트어 사본에 들어 있는 정경 목록에 기초한 것이며, 이문을 인용하는 인쇄판에서 가져온 것은 아니다. 다음을 보라. E. Nestle, "Die Eusebianische Evangelien-Synopse."

나로 묶을 필요성을 느끼지 못한다. 그는 병행 단락이 없는 독특한 본문을 단 하나의 하부 "정경" 또는 목록에 포함시킴으로써 정경 목록 숫자를 10개로 제한할 수 있었고, 아울러 이 숫자는 네 복음서가 공유하는 본문, 세 복음서가 공유하는 본문, 두 복음서가 공유하는 본문, 한 복음서만의 독특한 본문—즉 4+3+2+1=10—을 모두 합한 숫자라는 상징적 의미도 지니고 있다.

오직 특별히 누가복음에서만 등장하는 성 아우구스티누스 복음서의 열두 본문은 에우세비오스의 정경 X₃의 72개 단락에서 선별된 것이며, 도표 5.1에 나열되어 있다. 에우세비오스가 도출해낸 체계적인 분석 자료가 없다면 이 본문 가운데 다수가 누가복음에만 등장한다는 사실을 파악하기란 쉽지 않다. 그 당시에도 오늘날처럼 대다수 복음서 독자 또는 청자는 나인성에서 한 청년이 다시 살아난 이야기를 잘 알고 있었지만, 아마도 이 이야기가 누가복음에만 나온다는 것을 확실히 알 수는 없었을 것이다. 그가 에우세비오스의 정경 목록을 사용했다는 사실을 염두에 두면 이 예술가가 그림으로 그리지 **않기로 한** 본문까지도 확인이 가능하다. 사가랴의 환상(에우세비오스의 정경 X₃, 1)[12]과 마리아가 성전에서 아이 예수를 꾸짖는 이야기(X₃, 5)는 포함되어 있는 반면, 그 사이에 발생한 일련의 사건(X₃, 3)과 나사렛 회당에서 행해진 예수의 설교에 관한 누가만의 독특한 기사(눅 4:16-30 = X₃, 18, 20, 22)는 빠져 있다. 예수가 배 위에서 가르치는 장면과 많은

----

12 뒷 번호는 에우세비오스가 사용한 복음서 본문 번호를 나타낸다.

도표 5.1 누가복음의 순서(성 아우구스티누스 복음서, 누가의 초상화, 페이지 129v)

왼쪽 페이지	오른쪽 페이지
1.1 사가랴와 천사 (눅 1:11-12; Eus. X_3, 1)*	4.1 "내 이웃이 누구니이까?" (눅 10:29-37; Eus. X_3, 122)
1.2 성전에서 아이 예수를 꾸짖는 마리아 (눅 2:48-49; Eus. X_3, 5)	4.2 "당신을 밴 태[가]…복이 있나이다" (눅 11:27-28; Eus. X_3, 131)
2.1 배 위에서 가르침 (눅 5:3; Eus. X_3, 29)	5.1 "선생님 내 형을 명하여 유산을 나와 나누게 하소서." (눅 12:13-21; Eus. X_3, 149)
2.2 예수의 발 앞에 엎드린 베드로 (눅 5:8; Eus. X_3, 31)	5.2 무화과나무 비유; 등이 굽은 여자 (눅 13:6-13; Eus. X_3, 164)
3.1 나인성 과부의 아들을 다시 살림 (눅 7:12-15; Eus. X_3, 67)	6.1 수종병 환자를 고침 (눅 14:2-4; Eus. X_3, 176)
3.2 "손에 쟁기를 잡고 뒤를 돌아보는 자는…" (눅 9:61-62; Eus. X_3, 106)	6.2 예수와 삭개오 (눅 19:1-9; Eus. X_3, 225)

*Eus. X_3, 1 = 에우세비오스 정경 X, 각 복음서의 독특한 본문(여기서는 누가복음이므로 X_3), 단락 번호.

고기를 잡은 기적에 놀라는 베드로의 반응은 모두 누가복음에서 같은 이야기(눅 5:1-11)에 들어 있지만, 에우세비오스가 이 두 이야기에 서로 다른 단락 번호를 부여했기 때문에(X_3, 29, 31) 이 연쇄 그림에서는 따로 분리되어 묘사된다. 많은 양의 고기를 잡은 기적 이야기는 요한복음에 나오는 병행 본문 때문에(눅 5:4-7 = 요 21:1-6) 정경 IX에 포함된다. 열두 그림 가운데 첫 번째 그림을 제외한 나머지 그림에서는 예수가 한 명 혹은 그 이상의 인물과 만나는 장면이 그려진다. 에우세비오스의 정경 X은 그림으로 그릴 일화를 선택할 권한은 없지만,

그러한 선택을 가능케 한다. 이로써 정경 X은 개별 복음서가 지닌 고유한 특성을 파악하기에 유용한 새로운 방법을 제시한다. 다시 말하면 이는 오직 각 복음서의 도입부에만 초점을 맞추기보다는 복음서 전체를 올바르게 이해하는 데 도움을 준다.

이 고대 복음서 코덱스에서 복음서 저자의 초상화는 누가복음의 라틴어 텍스트보다 앞에 나오는 서론 부문의 세 번째이자 마지막 요소에 해당한다. 복음서 저자의 초상화보다 앞으로 가면 (단순히 누가복음에만 나오는 본문이 아닌) 복음서의 내용 전체를 순서대로 요약한 다섯 페이지가 나온다. 에우세비오스의 순번 체계는 다른 복음서와의 관계를 추적하긴 하지만, 이 두 번째 체계는 이 복음서의 내부 구조—보다 더 근래에 만들어진 장절 체계처럼—에 기초해 만들어진 것이다. 더 앞으로 가면 복음서 저자를 소개하고 이 글을 쓰게 된 동기를 설명하는 서문이 두 페이지에 걸쳐 나온다.

시리아 안디옥 태생이자 의사 직업을 가진 누가는 나중에 바울이 순교할 때까지 그를 따르면서 한 점의 흠 없이 하나님을 섬긴 사도들의 제자였다. 그는 아내나 자녀를 둔 적이 없으며 성령이 충만한 가운데 일흔넷나이에 비두니아에서 죽었다. 그는 마태가 유대에서 처음으로, 그다음에 마가가 이탈리아에서 각자의 복음서를 기록한 이후에 아가야 지방에서 성령에 이끌려 처음부터 여러 복음서가 이미 글로 기록되어 있다고 밝히면서 이 복음서를 썼다. 복음서 사건을 차례대로 서술하는 것 외에도 그의 저작의 주된 목적은—하나님이 육신의 몸을 입고 오심이 완전하게 드러난 가운데—그리스인들 가운데 신실한 자들이 유대인이 쓴 픽션을 따라 단순히 율법에 이끌려 머뭇거리거나, 거짓 이단의 어리석음에 미혹되어 진리에서 멀어지지 않게 하는 것이었다. 그는 자신의 복음서를 요한의 출생에서 시작하면서 누구에게[즉 데오빌로], 그리고 택함을 받은 자로서 누구 안에서 이 글을 쓰는지를 밝혔고, 또 다른 이들이 시작한 것을 자신이 완성하고 있음을 밝혔다.[13]

이 글은 적어도 잘 알려진 여러 복음서 서문을 쓴 익명의 4세기 저자가 누가복음의 기원을 어떻게 상상했는지를 잘 보여준다. 여기서 다시 한번 이 복음서의 독특성이 크게 주목을 받는다. 마태복음과 마가복음에 비하면 누가복음은 다른 곳, 다른 시간, 다른 상황에서 다른 저자가 저작한 것이다. 서문, 내용 요약, 복음서 저자의 초상화는 모두 고대 사복음서 코덱스에서 전형적으로 나타나며, 이는 어떤 복음서가 다른 복음서에 비해 더 독특하다는 추론이 오로지 현대인의 관심사가 아님을 잘 보여준다. 이 세 가지 서론적 요소는 서로 밀접하게 연관되어 있으며, 여기서 서문은 복음서 저자의 약력과, 내용 요약은 텍스트 자체와, 초상화는 텍스트 및 저자에 관한 이미지와 각각 깊은 관계가 있다.

..
13　이 복음서 서문은 "단일신론주의 서문"(Monarchian Prologues)에서 유래한 것으로, 다수의 라틴어 복음서 사본에 포함되어 있다. 라틴어 텍스트는 다음을 보라. K. Aland, ed., *Synopsis Quattuor Evangeliorum*, 538-39. 이 서문들은 아빌라의 프리스킬리아누스(Priscillian of Avila)의 것으로 추정되지만, 그의 저작 최종판에서는 "가짜"로 기재되어 있다(M. Conti, ed., *Priscillian of Avila*, ix; 원문과 번역, 251-57).

"시리아 안디옥 태생이자 의사 직업을 가진 누가"(*Lucas Syrus natione Antiocensis arte medicus*): 성 아우구스티누스 복음서에서 누가복음에 대한 서문의 첫 두 줄은 크고 빨간색 글자로 쓰여 있다. 이 사복음서 코덱스의 누가복음 단락의 첫 단어는 복음서 저자의 이름이 차지한다. 왼쪽(또는 뒷면) 페이지는 백지로 남아 있다. 이러한 형식은 마가복음 단락에서도 마찬가지다. 왼쪽 페이지는 백지로 남아 있고, 오른쪽 페이지는 "하나님의 복음서 저자이자 세례를 통한 베드로의 아들인 마가"(*Marcus evangelista dei et Petri in baptismate filius*)라는 말과 함께 마가복음의 서문으로 시작한다. 요한복음의 경우에는 필사자가 누가복음의 결말부를 오른쪽 페이지에서 끝내지 못해 마지막 몇 글자가 백지로 남아야 할 페이지로 흘러 넘어간다. 그 반대쪽 페이지에는 요한복음의 서문이 있다. "이것은 하나님[즉 예수]의 제자 중 하나인 복음서 저자 요한이다"(*Hic est Iohannes evangelista unus ex discipulis dei*). 확실하게 보존되지 않은 마태복음의 서론 부문도 왼쪽에는 빈 공간이 있고 오른쪽에는 서문이 있는 동일한 방식으로 되어 있었을 것이다. "유대인이었던 마태가 맨 앞에 배치되어 있듯이 그는 복음서를 가장 먼저 유대 지방에서 기록한 자다"(*Mattheus ex Iudaeis, sicut in ordine primus ponitur, evangelium in Iudaea primus scripsit*).[14] 각각의 경우 왼쪽의 빈 페이지는 한 장 또는 단락의 시작이 아니라 책 전체의 시작을 알린다. 이 복음서 코덱스는 보

---

14 Margaret Mitchell이 지적하듯이 교부 시대의 전승은 사복음의 저작을 서로 다른 장소와 정황에 부여한다("Patristic Counter-Evidence").

통 개별적으로 회람되는 서로 다른 네 권의 책을 하나로 묶고 있다. 복음서 사이에 있는 빈 페이지가 지닌 의미처럼 이 네 권의 책은 한 권의 책으로 묶여 있다 하더라도 여전히 서로 나누어져 있다. 이러한 서문 자료—누가복음의 경우에는 복음서 저자의 초상화까지 포함된—는 각 책이 서로 분리되어 있다는 사실을 강조한다.

여기서 제기되는 질문은 과연 성 아우구스티누스 복음서 같은 코덱스가 한 권의 책으로 제본되었다는 사실보다 한층 더 심오한 차원에서 이 사복음서 모음집이 지닌 통일성을 드러낼 수 있느냐는 것이다. 우리는 이 질문에 답변하기 위해 에우세비오스의 정경 목록을 한층 더 깊이 살펴보아야 한다.

혼란 가운데 질서

마태복음, 마가복음, 누가복음, 요한복음을 처음으로 차례대로 읽는 독자에게는 이 네 복음서의 관계가 상당히 혼란스러워 보일 수 있다. 마태복음 내러티브 다음에 마가복음의 내러티브가 나오기 때문에 독자들은 동일하거나 비슷해 보이는 사건이 다른 순서를 따라 다르게 서술된 것을 발견한다. 예리한 독자라면 이미 포착했겠지만, 마태복음에서 예수가 세례를 받을 때 그에게 들린 하늘의 음성은 "이는 내 사랑하는 아들이라"고 선언한다. 그런데 마가복음에서는 이 음성이 예수 자신에게 말한다. "너는 내 사랑하는 아들이라."[15] 영어에서처럼 그리스어와 라틴어에서도 이것은 아주 짧은 두 단어의 차이다. *houtos estin* 또는 *hic est*("이것은…이다")가 *su ei* 또는 *tu es*("너는…이다")로 대체된 것이다. 그럼에도 의미상으로는 엄청난 차이가 있다. 마태복음에서는 예수가 산상설교를 하고 나서 나병 환자를 고치고, 가버나움에 도착하여 백부장의 하인과 베드로의 장모의 병을 치유한다.[16] 마가복음에서는 산상설교나 백부장은 나타나지 않고, 베드로의 장모와 나병 환자는 정반대의 순서로 치유를 받는다.[17] 생략된 가버나움 회당에서 일어난 축귀 사건 이야기도 마태복음에서는 새롭게 등장한다.[18] 독자가 마가복음을 읽고 누가복음과 요한복음을 읽어나가면서 이러한 문제는 계속 증폭된다. 일반 독자에게—그가 고대 독자이든 현대 독자이든 간에—이러한 내러티브는 어떤 리듬이나 아무런 이유 없이 서로 얽히고설킨 채 나타난다.

　이러한 혼란스러운 상황을 순순히 받아들이지 못하는 독자에게는 현대 학문이 종종 좋은 깨달음을 준다. 여기서 중요한 점은 전통적인 마태복음-마가복음의 순서를 마가복음-마태복음의 순서로 바꾸고, 이 두 복음서의 관계를 기원의 관점에서 이해하는 것이다. 즉 단순히 둘 사이에 존재하는 차이점만을 파악하려고 하기보다는 이 복음서

••
15　참조. 마 3:17; 막 1:11.
16　마 8:1-17.
17　막 1:29-31, 40-45.
18　막 1:21-28.

텍스트를 자신이 가지고 있는 자료로 개작하고, 재편하고, 추가하고, 또 때로는 삭제하는 편집자의 작품으로 이해함으로써 그 차이점을 **설명하는** 것이다. 마태와 누가를 마가복음을 편집한 자로 볼 때 비로소 이러한 설명이 가능하고, 그들의 합리적인 편집 전략이 눈에 들어온다. 그러나 이러한 혼란스러운 상황을 비교적 질서정연한 상황으로 만드는 기원 관점의 연구 방법은 단지 이러한 연구가 활용하는 가설만큼이나 유용한다. 비록 마가복음 우선설은 이러한 심각한 도전과 무관해 보이지만, 현대 학문의 두 번째 기둥이라고 할 수 있는 "Q" 가설—마태와 누가가 마가복음 외에도 소실된 두 번째 자료를 독립적으로 사용했다고 보는 가설—의 경우는 그렇지 않다. 과연 우리는 누가가 마태복음을 몰랐다고 확신할 수 있는가? 마가복음에 생략된 그렇게 많은 누가복음의 내용이 어떻게, 누가가 비판의 눈을 가지고 독자적으로 마태복음과 소통했다는 가정하에도 잘 이해될 수 있을까?[19]

  "공관복음 문제"는 앞으로도 계속해서 논쟁의 대상이 될 것이며, 앞으로도 이에 대한 추가 설명은 여전히 필요할 것이다. 그러나 이 문제는 자료 문제와 관련하여 정경 복음서가 형성되기 그 이전 단계, 곧 복음서를 기록하려는 여러 다양한 시도 가운데 넷을 따로 선별하고 이에 저자의 이름과 권위를 부여하는 집단적 결정이 있기 이전 단계를 가리킨다. 네 복음서 가운데 하나인 "마가복음"은 이제 더 이상 단지 "마태복음"과 "누가복음"의 자료가 아니라 다른 작품과 어깨를 나

--

19 다음을 보라. F. Watson, *Gospel Writing*, 117-216.

란히 하는 독자적인 작품이다. 마태복음-마가복음-누가복음-요한복음 순으로 추정되는 저작 연대는 복음서의 기원과 관련하여 어떠한 상호관계도 암시하지 않는다. 이러한 복음서 기원에 관한 가설이 초기 교회 내에서 거의 모습을 드러내지 않았다는 점은 이 가설이 복음서의 본질에 대한 오해(따라서 현대 학문에 의해 보완되어야 할)라기보다는 오히려 정경 복음서가 (독자적이면서도 병행을 이루는 텍스트로서, 그리고 복음서의 상호관계가 이 복음서들이 서로 분리된 존재로서 계속 남아 있을 뿐 아니라 복음서 메시지의 최종 결정체로 간주되는 것을 정당화하는 텍스트로서) 어떻게 읽혀야 하는지를 보여주는 어떤 좋은 **결정**이었음을 시사한다.

이러한 결정은 복음서의 상호관계를 어떻게 이해해야 할지에 관한 질문을 지속적으로 제기한다. 아무튼 이처럼 같은 이야기를 서로 다른 네 가지 방식으로 서술하는 혼란스러운 상황을 상호 조화를 이루고 합리적인 관점에서 볼 수 있게 해준 인물은 다름 아닌 정경 목록이라는 것을 통해 자신의 목적을 달성한 가이사랴의 에우세비오스였다. 이 정경 목록은 학문적으로 사용할 수 있는 도구(병행 본문을 서로 비교하고 대조할 수 있게 만든 상호 참조 시스템)로서 사중 복음서 개념 자체를 합리적으로 받아들일 수 있도록 해준다. 이러한 상호 참조 시스템이 적용될 때는 사복음서 코덱스가 더 이상 서로 다른 네 권의 책이 우연히 한 권의 책으로 엮인 모음집이 아니다. 이 복음서 텍스트는 이제 다른 복음서에 있는 병행 본문과 연계된 번호 시스템을 수반한다. 각 복음서 저자는 이제 다른 복음서 저자에게 지속적으로 "미행"을 당한다. 이러한 목록은 독자가 차례대로 읽어나가는 과정에서 벗어나 관심 있는 본문에 새로운 관점을 제공하는 다른 병행 본문을 찾아 앞뒤로 움직이게 만든다. 이 병행 본문을 따라가다 보면 독자는 이러한 서로 연결된 관계망이 복잡하게 얽혀 있는 실타래 같은 것이 아니라 오히려 열 개의 큰 범주로 구성된 정교한 구조임을 깨닫게 된다. 이러한 관계망이 주목을 받을 수 있게 하는 분석 결과는 자료비평이라는 가설에 기초하기보다는 각 복음서 텍스트에 기초를 두고 있다. 에우세비오스의 분석 결과는 너무나 탁월하여 아일랜드와 영국에서부터 시리아와 아르메니아, 그리고 이집트와 에티오피아에 이르기까지 고대 기독교 세계 전역에서 모든 복음서 코덱스에 널리 사용되었다.[20] 이 정경 목록은 단순히 부록의 자리로 밀려나기보다는 사복음서 코덱스의 서문 또는 그 부근에 배치되는 영예를 누리며, 종종 화려한 아치와 회랑 속에 포함되어 있다. 따라서 독자들은 마태복음의 서문 자료에 다다르기도 전에 사복음서 저변에 깔려 있는 아름다운 질서와 진가를 예술적으로, 그리고 숫자적으로 표현한 내용을 접하게 된다.

--

20 그리스어, 라틴어, 시리아어, 고트어 정경 목록에 관한 논의는 다음을 보라. C. Nordenfalk, *Die spätantiken Kanontafeln*. 에티오피아에 관해서는 곧 출간될 가리마 복음서(6세기경)에 관한 저서에 내가 기고한 글을 보라. J. McKenzie and F. Watson, *Early Illuminated Gospel Books*.

병행 본문과 단락 번호

에우세비오스는 상호 참조 시스템이 단 한 권의 사복음서 코덱스 편집본에 사용될 수 있는 방안을 고안해냈다. 그런데 바로 이 편집본이 정경 목록을 포함하는 후대의 모든 복음서 텍스트의 기초가 된다.[21] 이복음서 텍스트에는 카르피아누스라는 이름을 가진 사람에게 쓴 서문도 들어 있는데, 에우세비오스는 거기서 이 시스템이 어떻게 작동하는지를 간단하고 명료하게 설명한다. 그는 거기서 병행 본문을 네 열로 배치한 복음서 대조표(Synopsis)를 고안해낸, 학문적으로 탁월한 알렉산드리아의 암모니우스의 작품에 빚을 졌음을 인정한다. 암모니우스는 첫 번째 열에 마태복음 텍스트 전체를 배치했고, 따라서 다른 병행본문은 하는 수 없이 마태복음의 순서를 따를 수밖에 없었다. 비-마태복음 자료—즉 누가복음과 마가복음에 공통으로 등장하고(에우세비오스 정경 VIII) 누가복음과 요한복음에 공통으로 등장하며(정경 IX) 마가복음, 누가복음, 요한복음에만 등장하는 본문(정경 X2, 3, 4)—는 아마도 암모니우스의 작품에서 맨 마지막 부분으로 밀려났을 것이다. 이러한 비-마태복음의 분산은 에우세비오스의 비판을 불러일으키기도 했지만, 그의 작품에 영감을 불어넣어 주기도 했다. 그는 이렇게 말한다.

··

21   이어지는 논의에 관해서는 또한 다음을 보라. M. Crawford, "Ammonius of Alexandria."

알렉산드리아의 암모니우스는 그의 놀라운 근면과 노력을 통해 마태복음 옆에 다른 복음서 저자의 비슷한 본문을 배치한 사중 복음서를 우리에게 물려주었다. 이것이 초래한 불가피한 결과로 다른 세 복음서의 질서정연한 순서가 파괴되었고, 이로써 순차적 읽기가 불가능해졌다. 우리는 당신이 각 복음서 저자가 진리에 대한 열정에 이끌려 동일한 것을 말한 본문들을, 다른 복음서의 전체 내용과 그 순서 그대로, 보여 주려고 아래에 첨부한 열 개의 정경을 만들어 완전히 다르게 설계하고 이전에 이미 언급한 한 개인의 수고를 우리의 출발점으로 삼았다.[22]

에우세비오스는 열 개의 정경 목록을 암모니우스의 대조표에 기초하여 작성했다. 우리는 간단한 예시—마태복음과 누가복음에서 모두 예수의 첫 설교를 시작하는 팔복—를 통해 그가 그 이전 사람이 만든 대조표를 가지고 자신의 정경 목록을 작성한 방법을 재구성할 수 있는데, 그가 자신의 병행 번호를 네 열로 된 형식 안에서 이에 상응하는 복음서 텍스트에 지정한 것을 알 수 있다. 이는 또한 복음서의 병행 본문이 작동하는 방식을 추가로 파악할 수 있게 해주며, 본서의 다음 두 장에서 다룰 내용의 배경을 제공해준다. 에우세비오스의 시스템은 거기서 예수의 수난 사건에 관한 사중 복음서의 증언을 명확하게 드러내는 데도 도움을 줄 것이다.

    1. 암모니우스의 대조표는 아마도 처음부터 끝까지 네 열로 되어

22   NA[28], 89-90*(나의 번역).

도표 5.2 암모니우스의 대조표

마태복음 5:1-6	마가복음	누가복음 6:20, 21b, 21a	요한복음
예수께서 무리를 보시고 산에 올라가 앉으시니 제자들이 나아온지라. 입을 열어 가르쳐 이르시되 "심령이 가난한 자는 복이 있나니 천국이 그들의 것임이요."		예수께서 눈을 들어 제자들을 보시고 이르시되 "너희 가난한 자는 복이 있나니 하나님의 나라가 너희 것임이요."	
"온유한 자는 복이 있나니 그들이 땅을 기업으로 받을 것임이요."			
"애통하는 자는 복이 있나니 그들이 위로를 받을 것임이요."		〈"지금 우는 자는 복이 있나니 너희가 웃을 것임이요."〉	
"의에 주리고 목마른 자는 복이 있나니 그들이 배부를 것임이요."		"지금 주린 자는 복이 있나니 너희가 배부름을 얻을 것임이요."	

있고, 병행 본문이 없는 경우에는 빈 공간으로 남겨두었을 것이다. 그는 누가복음의 두 번째와 세 번째 복의 순서를 바꾸어 마태복음에 맞게 수정해야 했다(도표 5.2에서는 〈 〉로 표시함). 마가복음과 요한복음에는 이에 상응하는 복이 없으므로 그 행은 빈 공간으로 남아 있다.

2. 에우세비오스는 암모니우스의 대조표에 있는 내용을 연구하면서 사복음서가 네 개의 큰 범주 안에서 열 가지 방식으로 서로 연계되어 있음을 발견한다. 병행 본문은 어떤 본문의 경우에는 네 열 모두에, 다른 경우에는 세 열에(마태복음-마가복음-누가복음, 마태복음-누가복

도표 5.3 정경 번호 추가(V: 마태복음-누가복음; X: 오직 한 복음서에만)

마태복음 5:1-6	마가복음	누가복음 6:20-21	요한복음
X 예수께서 무리를 보시고 산에 올라가 앉으시니 제자들이 나아온지라.			
V 입을 열어 가르쳐 이르시되 "심령이 가난한 자는 복이 있나니 천국이 그들의 것임이요."		V 예수께서 눈을 들어 제자들을 보시고 이르시되 "너희 가난한 자는 복이 있나니 하나님의 나라가 너희 것임이요."	
X "온유한 자는 복이 있나니 그들이 땅을 기업으로 받을 것임이요."			
V "애통하는 자는 복이 있나니 그들이 위로를 받을 것임이요."		⟨V "지금 우는 자는 복이 있나니 너희가 웃을 것임이요."⟩	
V "의에 주리고 목마른 자는 복이 있나니 그들이 배부를 것임이요."		V "지금 주린 자는 복이 있나니 너희가 배부름을 얻을 것임이요."	

음-요한복음, 또는 마태복음-마가복음-요한복음), 또 다른 경우에는 두 열에(마태복음-누가복음, 마태복음-마가복음, 마태복음-요한복음, 그리고 끝으로 가서 누가복음-마가복음, 누가복음-요한복음), 그리고 또 다른 경우에는 오직 한 열(마태복음은 계속해서, 마가복음, 누가복음, 요한복음은 마태복음 다음에 부록으로)에만 등장한다. 이러한 서로 다른 열 가지 관계를 나열한 다음 에우세비오스는 복음서의 상호 관계가 바뀔 때마다 적절한 번호를 삽입하면서 암모니우스의 대조표 전체를 체계적으로 살핀다(도

표 5.3). 따라서 복음서의 단락은 자연스럽게 나누어지지 않고, 전적으로 한 복음서와 다른 복음서 사이의 변화하는 관계에 따라 결정된다.[23] 누가복음에 가난한 자에 대한 복이 등장하고, 온유한 자에 대한 복이 빠져 있다는 사실은 전자를 정경 V(마태복음-누가복음)에, 후자를 정경 X_1(마태복음 홀로)에 포함하게 하고, 이로써 마태복음 열에는 빈 공간이 발생하게 한다.

3. 에우세비오스는 네 열로 된 암모니우스의 대조표 전체에 정경 목록 번호를 삽입한 다음 마태복음 텍스트 안에 단락 번호를 순차적으로 덧붙인다. 그 결과 단락 번호가 355번까지 도달한다. 이 번호는 마태복음과 다른 복음서 간의 관계가 바뀌는 지점을 나타낸다.[24] 도표 5.4에서는 단락 번호와 정경 목록 번호 간의 차이가 각각 아라비아 숫자와 로마 숫자로 표기된다. 에우세비오스도 하나는 검정 잉크로, 다른 하나는 빨간 잉크로 표기했다.

4. 마태복음과는 대조적으로 암모니우스의 누가복음(그리고 마가복음과 요한복음) 텍스트는 순서대로 나열되어 있지 않아 이 단계에서 단락 번호를 순차적으로 부여하는 것이 불가능해진다. 따라서 에우

..

23 H. von Soden, *Die Schriften des Neuen Testaments*, 390은 종종 오해를 불러일으키는 이 점을 올바르게 강조한다.

24 단락의 정확한 구분과 번호는 분명히 에우세비오스의 작품이었으며, 그는 사실 번호가 필요 없는 암모니우스의 단락 번호보다는 그의 정경 목록 번호가 필요했다. 따라서 "암모니우스의 단락"이나 "암모니우스의 번호"는 잘못된 호칭이다. 다음을 보라. Nestle, "Die Eusebianische Evangelien-Synopse," 41. 이러한 암모니우스에 대한 잘못된 오해는 어쩌면 다음에서 비롯되었을 수도 있다. Jerome, *On Famous Men* 55.

도표 5.4 단락 번호 추가(오직 마태복음에만)

마태복음 5:1-6	마가복음	누가복음 6:20-21	요한복음
24 X 예수께서 무리를 보시고 산에 올라가 앉으시니 제자들이 나아온지라.			
25 V 입을 열어 가르쳐 이르시되 "심령이 가난한 자는 복이 있나니 천국이 그들의 것임이요."		V 예수께서 눈을 들어 제자들을 보시고 이르시되 "너희 가난한 자는 복이 있나니 하나님의 나라가 너희 것임이요."	
26 X "온유한 자는 복이 있나니 그들이 땅을 기업으로 받을 것임이요."			
27 V "애통하는 자는 복이 있나니 그들이 위로를 받을 것임이요."		⟨V "지금 우는 자는 복이 있나니 너희가 웃을 것임이요."⟩	
28 V "의에 주리고 목마른 자는 복이 있나니 그들이 배부를 것임이요."		V "지금 주린 자는 복이 있나니 너희가 배부름을 얻을 것임이요."	

세비오스는 정경 번호(I-X)를 비-마태 복음서라는 따로 구분된 텍스트(도표 5.5)로 이동할 수밖에 없었다. 정경 번호를 따라 형성된 텍스트 단락은 모두 분명하게 설정되어 있어 이 단락을 각각 본래의 누가복음, 마가복음, 요한복음의 문맥 안에 포함하는 것은 그리 어려운 일이 아니었다.

5. 일단 정경 목록 번호가 정확한 순서대로 나열된 마가복음, 누

도표 5.5 정경 번호를 누가복음(따로 구분된 텍스트)으로 이전

> V 예수께서 눈을 들어 제자들을 보시고 이르시되 "너희 가난한 자는 복이 있나니 하나
>   님의 나라가 너희 것임이요."
> V "지금 우는 자는 복이 있나니 너희가 웃을 것임이요."
> V "지금 주린 자는 복이 있나니 너희가 배부름을 얻을 것임이요."

도표 5.6 누가복음(따로 구분된 텍스트)에 단락 번호 추가

> 46 V 예수께서 눈을 들어 제자들을 보시고 이르시되 "너희 가난한 자는 복이 있나니
>   하나님의 나라가 너희 것임이요."
> 47 V "지금 우는 자는 복이 있나니 너희가 웃을 것임이요."
> 48 V "지금 주린 자는 복이 있나니 너희가 배부름을 얻을 것임이요."

가복음, 요한복음 텍스트로 이동한 다음에는 그 결과로 생겨난 단락에 번호를 순차적으로 부여하는 것이 가능해진다(도표 5.6). 이로써 마가복음의 단락이 233개, 누가복음의 단락이 342개, 요한복음의 단락이 232개에 달한다. 마가복음의 경우에서처럼 여기서도 에우세비오스의 단락은 한 복음서와 다른 복음서 간의 관계에 변화가 생기는 지점을 보여준다.

6. 이제는 열 개의 목록을 만들어 각 복음서 단락 번호를 각 해당 열에 기입하는 것이 가능하다(도표 5.7). 예를 들면 의에 주리고 목마른 자에게 주어지는 마태복음의 복에는 단락 번호 25번이 부여되었고, 지금 주린 자에게 주어지는 누가복음의 유사한 복에는 단락 번호 46번이 부여되었다. 따라서 이 두 번호는 이제 정경 V에서 서로 나란히 마주 보게 되었다. 복음서 텍스트 전반에 걸쳐 정경 목록과 단락

도표 5.7 텍스트에서 도표로 이전한 단락 번호

정경 V		정경 X₁
마태복음	누가복음	마태복음
...	...	...
25	46	24
27	48	26
28	47	29

번호의 형태로 제공된 정보는 이제 상호 참조 시스템에서 사용할 수 있도록 수집되고 체계화된다. 마태복음 텍스트에 기입된 25V는 마태복음의 복에 대한 누가복음의 병행 본문의 존재를 독자들에게 알려주며, 그 위치는 책 앞부분에 있는 정경 V를 참조하면 된다.

복음서의 상호관계에 대한 에우세비오스의 분석은 상호 참조 시스템의 역할을 수행할 뿐만 아니라 혼란스러워 보이는 복음서의 상호관계 저변에 어떤 논리적인 순서가 있다는 것을 보여준다. 이 두 가지 기능은 서로 밀접하게 연관되어 있다. 상호 참조는 단지 호기심을 만족시키는 기능만을 할 수도 있지만, 복음서 간의 병행 본문을 서로 비교하여 한 복음서 본문의 의미가 어떻게 향상되고 풍성해지는지를 보여주며, 또한 구체적인 사례를 통해 근원적인 질서를 드러내 보여준다. 현대 학계에서 논의되는 "공관복음서 문제"와는 달리 에우세비오스의 상호 참조 시스템은 가설에 의존하지 않는다. 물론 해석학적으로 어떤 것이 병행 본문이며, 또 어떤 것이 병행 본문이 아닌지를 결정해야 하는 어려움을 안고 있긴 하지만 말이다.

사실 이러한 복음서 병행 본문 분석은 사복음서 코덱스 안에서 사용하기 위해 고안된 것이다. 적절한 곳에 단락 번호와 정경 목록 번호가 적혀 있고, 또 네 복음서가 모두 포함되어 있는 코덱스 밖에서는 이러한 분석이 큰 의미가 없다. 이 시스템은 다른 복음서가 서로 내부적으로 연결되어 있음을 보여줌으로써 네 복음서가 한 권의 책이 되도록 해준다. 물론 이 시스템 자체가 혁신은 아니었지만, 각 복음서가 따로따로 유통되는 것이 더 일반적이었다. 라벤나에서 발견된 15세기의 모자이크는 열려 있는 붙박이 책장 위 칸과 아래 칸에 네 권의 책이 별개로 꽂혀 있는 모습을 보여준다. 위 칸에는 마가복음과 누가복음이 꽂혀 있고, 아래 칸에는 마태복음과 요한복음이 꽂혀 있는데, 이는 (두 권의) 사도적 기반과 두 권의 속사도 시대의 부록을 보여준다고 할 수 있다.[25] 에우세비오스가 고안해낸 이 도구가 없었다면 아마도 독자들은 네 권의 개별 복음서가 그저 합쳐진 사복음서 코덱스만을 경험했을 것이다. 독자들은 단지 책 표지와 제본 방식에서만 이 두 형태의 차이점을 발견했을 것이다. 기껏해야 한 복음서의 끝부분과 다른 복음서의 시작 부분 사이에 어떤 연결고리 하나를 삽입하는 것, 다시 말해 "여기서 마태복음이 끝나고, 여기서 마가복음이 시작한다" 정도에 불과했을 것이다. 하지만 에우세비오스의 정경 목록과 단락

••
25 라벤나의 갈라 플라시디아 마우솔레움(Galla Placidia Mausoleum)에 있는 이 모자이크의 이미지에 관해서는 다음을 보라. F. Watson, *Gospel Writing*, 577-83, 그리고 거기에 나오는 웹사이트(https://gospelwriting.wordpress.com/).

번호는 거의 매 페이지가 다른 복음서의 하나, 둘, 또는 세 페이지와 연결되어 있고, 그 관계망 안에서 서로 단단히 묶여 있으며, 서로 다른 네 권의 책을 한 표지로 묶는 것이 단순히 편리함 때문만이 아님을 증명해주면서, 보이지 않은 약 사백 행이 책 전반에 걸쳐 서로 연결되어 있음을 보여준다.

일부 사복음서 코덱스는 이미 3세기에 유통되고 있었지만, 최초로 사복음서 **편집본**을 만든 사람은 에우세비오스였다. 한편 한 세기 이전에 최초로 사복음서 **모음집**의 경계를 정한 사람은 이레나이우스였다. 단 하나의 유일한 복음서가 네 겹의 형태로 존재하는 것이라면 복음서의 네 버전이 모두 단 한 권의 책에 포함되는 것이 타당하다. 이 단 한 권의 책은 복음서의 상호관계를 세밀하게 분석한 내용을 담고 있으며, 동일한 이야기를 다르게 서술하는 혼잡한 텍스트의 기초를 이루는 복잡하지만 조화로운 질서를 드러낸다. 에우세비오스의 목록은 독자들이 다른 복음서에 있는 병행 본문을 서로 비교/대조하고 참조할 수 있도록 도움을 준다. 우리는 복음서 텍스트를 처음부터 끝까지 **쭉** 읽어 내려가지만, 이제는 한 본문에서 두 번째, 아니 세 번째 혹은 네 번째 본문으로 **건너뛰면서** 읽을 수도 있다. 에우세비오스의 정경은 사중 복음서를 정경적으로 읽는 새로운 가능성, 즉 사복음서가 지닌 다양성뿐 아니라 일관성까지 읽어내는 독법의 가능성을 열어준다.

복음서의 도입부가 다양성을 반추하기에 좋은 지점이라면 사복음서의 일관성은 사복음서의 결말부에서 가장 분명하게 드러난다.

예수가 고난을 받고 죽었다가 부활하게 될 예루살렘에 이르렀을 때 네 복음서는 모두 한 지점에서 합치한다. 따라서 우리는 에우세비오스를 우리의 안내자로 삼아 이 복음서들이 서로 만나는 합치점을 좀 더 면밀하게 살펴볼 필요가 있다.

6장

도시와 정원

"이때로부터 예수 그리스도께서 자기가 예루살렘에 올라가 장로들과 대제사장들과 서기관들에게 많은 고난을 받고 죽임을 당하고 제삼일에 살아나야 할 것을 제자들에게 비로소 나타내시니."[1] 첫 번째 복음서 저자(제일 먼저 기록한 저자가 아니라 정경 모음집에서 제일 먼저 나오는 책의 저자)가 이렇게 기록하고 있다. 예수 이야기의 결말에서는 그 그림자가 복음서 내러티브의 깊숙한 부분에까지 드리운다. 이는 미래에 일어날 사건의 순서가 하나님의 뜻 가운데 이미 예정되어 있었기 때문이다("살아나야 할 것"이라는 표현이 이를 잘 보여주듯이). 앞으로 일어날 사건은 마치 제자들의 눈앞에서 일어나고 그들의 귀에 직접 들리듯이 그들의 눈앞에서 "펼쳐진다."

첫 세 복음서 저자는 각각 예수의 수난과 죽음과 부활에 관한 그

---

1   마 16:21.

09

의 예언에 대해 서로 다른 버전을 가지고 있다. 에우세비오스의 시각에서 보면 이 본문들은 정경 목록 II에 해당한다. 우리가 곧 살펴보겠지만, 요한복음에도 이에 상응하는 본문이 들어 있지만, 이 본문은 정경 목록 I, 즉 네 복음서 모두에 공통으로 들어 있는 본문 목록에 들어가기에는 그 위치와 어법이 너무나도 다르다. 오직 마태복음만 첫 번째 수난 예고에서 예수의 죽음과 부활이 실현되려면 그가 "예루살렘에 올라가"야만 한다는 필수 불가결한 사실을 지적한다. 마가복음과 누가복음이 공유하는 어법은 예수가 "많은 고난을 받고 장로들과 대제사장들과 서기관들에게 **버린 바 되어** 죽임을 당"해야 한다고 말한다.[2] 여기서 덧붙여진 "버린 바 되어"는 "많은 고난을 받고"라는 표현을 단지 유대 당국자들에게 거부당하는 것뿐만이 아니라 예수가 죽음에까지 이르게 되는 일련의 사건을 모두 아우르는 포괄적인 표현으로 바꾸어버린다. 이미 축약 과정을 거친 이 내러티브는 예수의 "파시오"(*passio*), 즉 그의 "수난"을 서술하는 "수난 내러티브"로 적절하게 묘사된다. 특히 누가는 동사 "파스케인"(*paschein*, "고난당하다")을 포괄적인 의미로 사용하는 것을 선호한다. 누가복음의 부활하신 예수는 아직 눈이 열리지 않은 두 제자와 함께 엠마오로 내려가면서 "그리스도가 **이런 고난을 받고** 자기의 영광에 들어가야 할 것이 아니냐?"라고 되묻는다.[3] 누가복음의 최후의 만찬 내러티브는 아람어에서 유래한 단

**

2   막 8:31; 눅 9:22.
3   눅 24:26.

어 "파스카"(*pascha*, 유월절)와 "고난"을 가리키는 그리스어 단어가 우연히 서로 유사하다는 점을 활용하면서 시작한다. 제자들이 식탁에 둘러앉자 예수는 "내가 고난을 받기[*paschein/pathein*] 전에 너희와 함께 이 유월절[*pascha*] 먹기를 원하고 원하였노라"라고 말한다.[4]

두 번째와 세 번째 수난 예고에서는 다른 사건들과 다른 용어가 더 크게 주목을 받는다. 우리는 여기서 인자가 예루살렘 성전 지도자들에게 "넘겨[겨야만]"(또는 배반당해야만) 한다는 것을 알게 된다(물론 이것은 가룟 유다에 대한 암묵적인 언급이다). 당국자들은 그를 사형에 처하기 전에 그를 "조롱"하며 "채찍질"할 이방인들에게 (다시) 넘겨줄 것이다.[5] 여기서도 여러 가지 차이점을 발견할 수 있다. 이와 관련하여 마태만 처형 방법을 구체적으로 언급하는데, 그것이 바로 십자가 처형이다.[6] 마가는 침 뱉는 것에 대한 언급을 덧붙이고, 누가는 조롱과 모욕에 대한 보다 더 일반적인 언급을 추가한다.[7] 각각의 경우 여기서 사용된 동사의 어순이 일련의 사건을 예고하지만, 그 어떤 경우에도 동사나 사건이 서로 완전히 일치하지는 않는다. 이 사건은 모두 죽음과 부활로 끝나지만, 각기 서로 다른 사건을 강조하면서 다양한 방식으로 그 목적을 달성한다.

만약 우리가 이와 유사한 요약 본문을 찾기 위해 다른 본문으로

∙∙
4   눅 22:15.
5   마 20:18-19; 막 10:33-34; 눅 18:31-32.
6   마 20:19.
7   막 10:34; 눅 18:32.

까지 확대한다면 그 차이점은 훨씬 더 늘어날 것이다. 바울에 의하면 이 복음의 메시지는 그리스도께서 우리의 죄를 위해 죽으셨고 장사되었다가 사흘 만에 다시 살아나셔서 각 개인—게바, 야고보, 바울 자신—과 크고 작은 무리에게 나타나셨다는 주장으로 요약된다.[8] 공관복음의 수난 및 부활에 관한 예고에서 예수는 단 한 번도 자신의 장례나 부활절 이후의 출현에 대해 언급하지 않는다. 나중에 사도신경은 고난에서 부활에 이르는 과정을 재추적하는데, 여기서도 상당히 다른 용어가 사용된다. 예수 그리스도는 "본디오 빌라도에게 고난을 받"았는데, 이러한 언급은 로마의 재판과 관련하여 예수가 감내해야 했던 수모, 특히 빌라도의 군인들이 그에게 가한 모욕과 침 뱉기와 폭행에 관한 것이다. 예수는 "십자가에 못 박혀 죽으시고 장사" 되었다 (*crucifixus, mortuus, et sepultus*). 마태복음을 제외하고 나머지 복음서 본문은 한결같이 예수가 "십자가에 못 박히"기보다는 "죽임을 당할 것"이라는 표현을 선호한다. 비록 사도신경의 장사에 관한 언급이 바울 서신을 연상시키지만, 신약성경의 그 어떤 요약본도 사흘 만에 부활한 사실을 지옥 강하 및 승천과 함께 언급하지 않는다. 그러나 각각의 요약본에서 예수의 죽음과 부활은 다시 되풀이될 수 없는 내러티브 문맥을 확립하는 보다 더 긴 일련의 사건 안에 내재되어 있다.

네 번째 복음서 저자는 이러한 순서로 일어나는 일련의 사건을 예고하지 않는다. 수난과 관련이 있는 개별 사건은 모두 예수의 "때"

---

8   고전 15:3-8.

라는 개념 안에 함축되어 있으며, 거기서는 심지어 수난과 죽음과 부활 사이에 존재하는 기본적인 차이도 모두 말소된다. 예수는 내러티브 초반의 가나의 혼인 잔치에서, 그리고 시의적절하지 못한 순간에 자기 어머니에게 "내 때가 아직 이르지 아니하였나이다"라고 말한다.[9] "인자가 영광을 얻을 때가 왔도다"[10]라는 선언은 그의 예루살렘 입성 바로 다음에 나오는데, 이 선언은 이 시점으로부터 복음서 결말에 이르기까지 그 사이에 일어나는 모든 일이 그 "때"와 영화(glorification)의 과정에 해당한다는 사실을 보여준다. 요한복음의 수난 내러티브에 등장하는 사건도 다른 복음서와 마찬가지로 연대순으로 전개되지만, 그 사건들이 발생하는 시간은 모두 이미 정해진 시간에 일어난다.

우리는 이번 장과 다음 장에서 수난 및 부활 사건의 전 과정에서 일부를 선별할 것이며, 우리가 사복음서를 서로 나란히 놓고 읽으면 각 복음서 저자가 전달하고자 하는 의미가 어떻게 잘 드러나게 되는지를 보여주고자 소망한다. 이번 장에서는 예수가 예루살렘에 입성하는 장면과 겟세마네 동산에서 일어난 사건에 초점을 맞추고자 한다. 그리고 다음 장에서는 십자가 처형 사건과 빈 무덤에 관한 이야기가 중점적으로 다루어질 것이다.

••
9   요 2:4.
10   요 10:23.

찬사

복음서가 서로 공유하는 이야기에 대한 에우세비오스의 분석에 따르면 복음서 텍스트를 나열하는 세로 열은 복음서의 상호관계를 나타내는 가로 행으로 나누어져 있다. 설령 네 복음서가 모두 동일한 이야기를 서술한다 하더라도 각 복음서는 이를 동일한 방식으로 서술하지 않는다. 복음서 저자들의 이야기에서는 변화, 생략, 추가 등이 언제 어디서든 항상 발생할 수 있기 때문에 그들의 이야기는 항상 마태, 마가, 누가, 또는 요한에 **의한** 이야기일 수밖에 없다. 그러나 한 이야기가 네 버전에 모두 나오더라도 이 네 버전은 여전히 그 동일한 이야기에 대한 여러 버전이다. 에우세비오스의 관점에서 보면 이 이야기의 핵심은 정경 목록 I, 즉 네 복음서에 모두 등장하는 본문이 나열되어 있는 목록에 속한다. 예수의 생애 마지막 날에 관한 기사가 시작되는 예수의 예루살렘 입성 이야기도 바로 여기에 속한다. 이 이야기의 중심에는 네 복음서 저자가 서로 유사한 방식으로 묘사한 예수에게 보내는 무리들의 찬사에 있다(비록 하나 또는 그 이상의 복음서 저자가 다양한 방식으로 상호보완적인 자료를 제공해주고 있지만 말이다). 만약 우리가 에우세비오스를 따라 이 이야기의 기본 틀을 마태복음에서 가져온다면 우리는 네 버전에 등장하는 이 한 가지 이야기를 도표 6.1에서 보여주는 방식으로 분석할 수 있다. (*표는 병행 본문이 다른 복음서에 있지만, 여기서는 다른 문맥에 속한 본문을 나타낸다.)

도표 6.1

에우세비우스 정경/주제	마태복음	마가복음	누가복음	요한복음
II 지시: 나귀 데려오기	206 / 21:1-3	117 / 11:1-3	232 / 19:28-31	
VII 성경의 성취	207 / 21:4-5			101 / 12:14-15
II 나귀를 데려오다	208 / 21:6-7	118 / 11:4-7	233 / 19:32-35	
I 무리들의 찬사	209 / 21:8-9	119 / 11:8-10	234 / 19:36-38	100 / 12:12-13
V 관리들의 반대	*213 / 21:15-16		235 / 19:39-40	
X₃ 예루살렘을 위해 울기			236 / 19:41-43	
II 예루살렘의 운명	*242 / 24:1-2	*137 / 13:1-2	237 / 19:44	
X₄ 사건 회고/나사로와의 연결고리/헬라인들				102 / 12:16-22

각 열은 비록 항상 정확한 순서를 보여주지는 않지만, 네 기사의 내용을 각각 개요적으로 보여준다. 개별적으로 각 버전은 모든 요소를 갖추고 있다. 마가복음이나 누가복음의 독자는 마태와 요한이 예수

의 예루살렘 입성을 성경 예언의 성취로 소개하는 부분에서 드러나는 명백한 차이를 발견하지 못한다. 요한복음의 독자도 어떻게 나귀를 구할 수 있었는지를 말해주는 공관복음의 설명 없이 저자가 단순히 "예수는 한 어린 나귀를 보고 타시니"라고 썼다고 해서 불만을 품을 필요는 없다.[11]

에우세비오스의 분석은 복음서 간의 차이점을 전부 추적하지 않는다. 나귀 새끼를 만나게 되는 내용이 나오는 공관복음에서 (마태와 달리) 마가와 누가는 예수가 두 제자에게 "아직 아무도 타 보지 않은 나귀 새끼"를 보게 될 것이라고 말하는 내용을 기록한다.[12] 비록 어느 복음서 저자도 주의를 기울이지 않지만, 이러한 세부 사항은 사실 성경에 그 배경을 두고 있다. 한 왕이 예루살렘에 도달할 것에 대한 스가랴의 예언은 그 왕이 "겸손하여 어린 나귀와 나귀 새끼를 타고" 올 것이라고 말한다.[13] 마가—또는 그의 자료—는 이 "새 나귀 새끼"가 아직 한 번도 타 보지 않은 것임을 전제한다. 이 나귀 새끼는 아직 길들여지지 않았기에 예수가 이 나귀를 아무런 어려움 없이 탈 수 있다는 것 자체가 기적이다. 이 나귀 새끼는 메시아의 권위("주께서 쓰시겠다 하라")에 의해 강탈당하고,[14] 이 동일한 권위의 지배를 받는다. 원칙적으로 마가와 누가가 덧붙인 내용은 이 두 복음서에 공통으로 등장

**

11   요 12:14.
12   막 11:2; 눅 19:30.
13   슥 9:9 LXX.
14   막 11:3.

하는 열세 본문이 나열된 에우세비오스의 정경 VIII에 포함될 수도 있었다. 하지만 그의 분석은 모든 세부 내용을 전부 추적하지는 않는다. 병행 본문을 참조할 것을 독려하는 에우세비오스의 정경 목록은 독자들이 병행 본문 간의 차이점을 스스로 확인하도록 이끈다.

어린 나귀(또는 나귀 새끼)에 오른 예수는 예루살렘으로 향하고, 그는 주의 이름으로 오시는 분이라는 찬사를 받는다. 공관복음에서는 무리가 예수 앞에 가면서 겉옷과 나뭇가지를 길에 펴며 예수와 함께 예루살렘을 향해 행진한다. 한편 요한복음에서는 예수가 유월절을 지키기 위해 이미 예루살렘에 도착하여 종려나무 가지를 흔들며 예루살렘 성에서 그를 맞이하려 나온 순례자들의 찬사를 받는다.[15] 복음서 저자들은 그들의 찬사를 유사한 언어로 보고한다.

마태: "호산나 다윗의 자손이여 찬송하리로다. 주의 이름으로 오시는 이여, 가장 높은 곳에서 호산나!"

마가: "호산나 찬송하리로다. 주의 이름으로 오시는 이여, 찬송하리로다. 오는 우리 조상 다윗의 나라여 가장 높은 곳에서 호산나!"

누가: "찬송하리로다. 주의 이름으로 오시는 왕이여, 하늘에는 평화요 가장 높은 곳에는 영광이로다."

15 마 21:8; 막 11:7-8; 눅 19:36(오직 겉옷만); 요 12:13.

요한: "호산나 찬송하리로다. 주의 이름으로 오시는 이, 곧 이스라엘의
왕이시여!"[16]

"호산나"는 "호쉬아-나"(hôšîāh-nā)이며, 이는 시편 118편에서 유래한
구원을 요청하는 표현으로서 주의 이름으로 오시는 이에 대한 복 바로
앞에 나온다.[17] 여기서 이 어구는 그 본래 히브리어 의미를 상실했고,
대충 "알렐루야" 또는 (누가가 일러주듯이) "영광"에 상응하는 듯하다.

이 시편은 이보다 더 중요한 문제를 제기한다. 이 시편은 요청 또
는 찬사 외에도 신비스러운 "돌"에 관해 이야기한다.

건축자가 버린 돌이 집 모퉁이의 머릿돌이 되었나니, 이는 여호와께서
행하신 것이요 우리 눈에 기이한 바로다. 이날은 여호와께서 정하신 것
이라. 이날에 우리가 즐거워하고 기뻐하리로다. 여호와여! 구하옵나니
이제 구원하소서. 여호와여! 우리가 구하옵나니 이제 형통하게 하소서.
여호와의 이름으로 오는 자가 복이 있음이여! 우리가 여호와의 집에서
너희를 축복하였도다.[18]

초기 그리스도인들은 이 버린 돌에 관한 말씀에서 예수의 죽음과 부
활에 대한 중요한 성경적 증거를 발견했다. 마가와 누가는 예루살렘

••

16 마 21:9; 막 11:9-10; 눅 19:38; 요 12:13.
17 시 118:25-26a.
18 시 117[118]:22-26 LXX.

지도자들에 의해 "버림받을" 것이라는 예수의 말씀을 기록할 때 이미 이 버린 돌에 관한 본문을 염두에 두고 있었다.[19] 이 사실은 예수가 이 말씀을 그의 악한 소작농 비유 끝에 인용할 때 비로소 온전히 드러난다. 예수는 그의 청중에게 포도원 주인이 그의 농부들을 이렇게 비참하게 대우하고 그의 아들을 죽인 소작농들을 어떻게 하겠느냐고 질문한다.

> 그들이 말하되 "그 악한 자들을 진멸하고 포도원은 제때에 열매를 바칠 만한 다른 농부들에게 세로 줄지니이다." 예수께서 이르시되 "너희가 성경에 '건축자들이 버린 돌이 모퉁이의 머릿돌이 되었나니 이것은 주로 말미암아 된 것이요 우리 눈에 기이하도다' 함을 읽어 본 일이 없느냐?"[20]

수난 예고에서처럼 여기서도 예수는 임박하긴 했지만, 아직 일어나지 않은 거부와 신원(vindication)의 사건을 예고한다. 바로 이 시점에서 승리의 입성 이야기의 핵심을 관통하는 문제 하나가 드러난다. 이 시편에서 주의 이름으로 오시는 이에 대한 찬사는 버림받은 돌의 신원 **다음에** 나온다. 하지만 사복음서에서는 이 찬사가 거부와 신원 **앞에** 나온다. 이것은 너무나도 시기상조다. 예수는 왕의 위엄을 가지고

··
19 막 8:31; 눅 9:22.
20 마 21:41-42; 참조. 막 12:10; 눅 20:16-17.

거룩한 성을 향해 가고, 그는 지나치게 열광적인 찬사를 받는다(하지만 그는 채 며칠이 지나지 않아 공개적으로, 그리고 수치스럽게 처형당한다). 첫번째 종려주일 행진은 헛된 희망에 기초를 둔 듯 보인다. 예수는 마가복음에서, 그리고 마태복음에서는 더욱더 분명하게, 다윗계 메시아로 인정받는다. 그리고 누가복음과 요한복음에서는 제왕적 인물로 소개된다.[21] 그럼에도 그는 즉시 메시아의 다윗 후손설에 의구심을 제기한다. "다윗이 그리스도를 '주'라 칭하였은즉 어찌 그의 자손이 되겠느냐?"[22] 그런데 무리는 "호산나 다윗의 자손이여!"라고 외친다. 아무튼 예수는 "유대인의 왕"으로서 십자가에 못 박힐 것이다.[23] 우리에게 너무나도 익숙한 이 종려주일 이야기는 그 내러티브 문맥과 잘 어울리지 않는다. 이 시편에 의해 제기되는 문제—거부와 신원에 이어 찬사가 나오는 순서와 더불어—는 찬사가 먼저 나오고 그다음에 거부가 이어지는 네 복음서 내러티브 모두에서 분명하게 나타난다. 다윗의 자손을 환영하기 위해 길에 겉옷이나 나뭇가지를 펼친 이들에게 비판이 가해졌다는 단서가 전혀 없다. 그 어느 기사에서도 예수는 요한복음에 기록된 5천 명을 먹이신 사건에서처럼(거기서 그는 왕으로 삼으려는 군중의 요구에 호응하기보다는 홀로 산으로 피한다)[24] 열광하는 무리들과 거리를 두지 않는다. 그런데 왜 그는 예루살렘에서 자신에게 어

● ●

21 마 21:9; 막 11:10; 눅 19:38; 요 12:13.

22 마 22:45; 참조. 막 12:37; 눅 20:44.

23 마 27:37; 막 15:26; 눅 23:38; 요 19:19-22.

24 요 6:15.

떤 운명이 기다리고 있는지를 잘 알고 있으면서도 자신이 이전에 거부한 왕권을 이제 와서 수용하려는 듯 보이는가? 이 사이에서 복음서 저자들은 이 질문에 대한 여러 가지 답변을 암시한다.

사건 읽기

마태복음에 의하면 예수는 스가랴의 예언을 성취하기 위해 이러한 메시아적 행동을 연출한다.

> 이는 선지자를 통하여 하신 말씀을 이루려 하심이라. 일렀으되 "시온 딸에게 이르기를 '네 왕이 네게 임하나니, 그는 겸손하여 나귀 [그리고] 멍에 메는 짐승의 새끼를 탔도다' 하라" 하였느니라.[25]

이 행동은 하나의 선언 또는 선포다. "시온 딸에게 이르기를"은 이사야 62:11에서 유래한 것이다. 이 본문은 스가랴서 본문의 "시온의 딸아, 크게 기뻐할지어다"를 대신한다. 이 복음서 저자는 예수가 한 번에 두 짐승을 타는 것으로 만든다는 이유로 조롱의 대상이 되어왔다. 물론 그것이 정확히 그 예언 본문이 말하고자 한 것이긴 하지만 말이다. 왕은 "겸손하여서 나귀와 새 나귀 새끼를 타시고 구원을 가져다

••
25   마 21:4-5, 슥 9:9을 인용하며.

주며 의롭게" 도착할 것이다.[26] 마태가 두 짐승을 포함시킨 것보다 더 중요한 것은 그가 모든 강조점을 "겸손"(praus)에 두기 위해 의와 구원이라는 왕의 성품을 생략한 것이다. 비록 겸손이 일반적으로 왕의 권위가 인정받지 못하는 도시를 향해 가는 왕을 특징짓는 표현은 아니지만, 문맥상 이것은 왕의 겸손을 가리킬 수밖에 없다. 다른 왕들과 달리 주의 이름으로 오시는 이는 학살과 파괴에 대한 위협을 선포하지 않는다. 심지어 곧이어 일어날 성전 안에서의 폭력도 순전히 상징적이다. 마태에게 있어 이러한 메시아의 행동은 시온 딸에게 해를 끼치기보다는 선을 행하고자 하는 왕의 도래를 의미한다.

마가의 이야기에서는 성경적 배경이 전혀 명시적으로 드러나지 않으며, 예수의 동기도 모호하게 남아 있다.[27] 예수는 자신을 향한 하나님의 계획을 성취해나간다. 그것은 바로 예루살렘에 올라가 고난을 받고 죽는 것이며, 예루살렘에 도달하는 방식도 (독자들이 추측하듯이) 하나님의 계획의 일환이다. 여기서 일어나는 일들은 모두 필연적으로 일어나야만 하는 일들이다. 어쩌면 마가복음에만 독특하게 나타나는 "비밀 주제"가 여기에 잘 어울릴지도 모른다. 예수는 자신에 대한 베드로의 기독론적인 고백을 철저하게 입단속시킨 가이사랴 빌립보 지방에서 시작된 남쪽을 향한 긴 여정의 종착지로서 예루살렘

26   슥 9:9 LXX.
27   마가의 본문은 성경에 대한 간본문적 반향으로 가득 차 있지만, 그는 자신의 성경 인용을 명시적으로 드러내지는 않는다. 이에 관해서는 다음을 보라. R. Hays, *Reading Backwards*, 17-33.

에 도착한다.[28] 그는 신분을 완전히 감춘 채 여행을 했다. "갈릴리 가운데로 지날새 예수께서 아무에게도 알리고자 아니하시니."[29] 하지만 그의 여행의 끝이 다가오고 있을 때 그는 큰소리로, 그리고 지속적으로 소경 바디매오의 목소리를 통해 "다윗의 자손"으로 선포되고, 곧이어 열광하는 무리를 통해 다윗의 왕국을 다시 회복하는 메시아로 선포된다.[30] 이 두 번째 경우에 예수는 예루살렘에 왕의 위엄을 가지고 입성함으로써 메시아적 시위라는 행동을 통해 도발하고, 이를 통해 "이스라엘의 왕 그리스도" 또는 "유대인의 왕"으로서의 죽음으로 이끈 일련의 사건을 촉발한다.[31] 자신이 메시아임을 공개적으로 밝힌 예수의 이러한 선언은 유대 지도자들이 그를 로마 당국에 고발할 수 있는 길을 열어준 것이다.

한편 누가는 이 이야기에 두 가지 대조적인 내용을 덧붙임으로써 이 역설적인 이야기에 대한 매우 독특하면서도 더욱 명시적인 해석을 제공한다.

이미 감람산 내리막길에 가까이 오시매 제자의 온 무리가 자기들이 본 바 모든 능한 일로 인하여 기뻐하며 큰 소리로 하나님을 찬양하여 이르되 "찬송하리로다. 주의 이름으로 오시는 왕이여! 하늘에는 평화요 가

..
28   막 8:27-30.
29   막 9:30.
30   막 10:47-48; 11:10.
31   막 15:26, 32; 참조. 14:61-62.

장 높은 곳에는 영광이로다" 하니.[32]

가까이 오사 성을 보시고 우시며 이르시되 "너도 오늘 평화에 관한 일을 알았더라면 좋을 뻔하였거니와 지금 네 눈에 숨겨졌도다. 날이 이를지라. 네 원수들이 토둔을 쌓고 너를 둘러 사면으로 가두고, 또 너와 및 그 가운데 있는 네 자식들을 땅에 메어치며 돌 하나도 돌 위에 남기지 아니하리니, 이는 네가 보살핌 받는 날을 알지 못함을 인함이니라" 하시니라.[33]

비록 예수가 다른 복음서에서처럼 왕으로 칭송을 받긴 하지만, 이 복음서 저자는 무리가 각각 그들이 목격한 예수의 표적과 기사에 반응한 것으로 여긴다. 누가복음의 순례자들은 예수의 사역을 통해 어떻게 "맹인이 보며 못 걷는 사람이 걸으며 나병 환자가 깨끗함을 받으며 귀먹은 사람이 들으며 죽은 자가 살아"났는지를 직접 목격한 갈릴리 사람들이다.[34] 이 시점부터는 겟세마네 동산에서 잘린 귀를 치유한 사건을 제외하고 더 이상의 치유는 없으며,[35] 이것은—누가에게 있어—이제 예수의 사역이 완성되었음을 축하하기에 제일 적절한 순간이다. 하지만 축하할 과거가 있다면 그를 슬프게 할 미래도 있다(오직

••
32 눅 19:37-38.
33 눅 19:41-44.
34 눅 7:22.
35 눅 22:50-51.

예수만 알고 있긴 하지만). 나중에 누가복음의 예수는 십자가로 가는 길 도중에 예루살렘의 딸들에게 자신을 위하여 울지 말고 너희와 너희 자녀를 위하여 울라고 말한다.[36] 그는 거룩한 성을 처음으로 바라보면서도 그들처럼 울었고, 지금 있는 모습 그대로뿐만 아니라 나중에 상상조차 할 수 없을 정도로 폭력으로 가득 찬 장소가 될 때의 모습을 생각하면서도 그랬다.

누가처럼 요한에게 있어서도 승리의 예루살렘 입성은 예수의 기적을 행하는 능력과 관련이 있다. 요한복음의 무리는 이스라엘의 왕으로서뿐만 아니라 죽은 나사로를 살린—먼 갈릴리에서 행한 일반적인 행동이 아닌, 최근에 가까운 베다니에서 유일하게 단회적으로 일어난 기적을 행한—자로서 예수를 증언한다.[37] 비록 마태복음에서처럼 스가랴서와의 연관성이 적절하게 드러나 있긴 하지만, 요한복음에는 놀라운 반전이 들어 있다.

예수는 한 어린 나귀를 보고 타시니, 이는 기록된 바 "시온 딸아, 두려워하지 말라. 보라! 너의 왕이 나귀 새끼를 타고 오신다" 함과 같더라. 제자들은 처음에 이 일을 깨닫지 못하였다가 예수께서 영광을 얻으신 **후에야** 이것이 예수께 대하여 기록된 것임과 사람들이 예수께 이같이 한 것임이 생각났더라.[38]

**
36   눅 23:28.
37   참조. 요 12:13-19.
38   요 12:14-16.

바로 여기서 그 당시에 그 사건을 인식한 내용과 그 동일한 사건을 회상하면서 깨달은 내용 사이에 간극이 발생한다. 그 당시 제자들은 그 사건이 전개되는 가운데 그 사건에 침몰되어 있었다. 그들은 이 장면이 전개되는 동안 당연히 호산나의 외침에 참여했고 무리와 하나가 되었다. 그러나 내레이터에 의하면 그들은 그 사건의 참된 의미를 전혀 이해하지 못했다. 그 당시 그들의 생각이 무엇이었든지 간에 그것은 진정 잘못되었거나, 잘못 인식되었거나, 또는 무의미했다. 그들은 나중에 그들의 머릿속에 떠오른 핵심 성경 텍스트(슥 9:9)를 제대로 이해하면서 예수의 예루살렘 입성에 대한 성경적 의미를 올바르게 깨닫게 되었다. 그럼에도 이 사건은 순수하게 성경 자료만을 토대로 이해할 수는 없다. 이 사건은 이보다 더 거대한 사건, 즉 예수의 영화—그의 부활과 승천뿐 아니라 그의 십자가 처형을 통해 성취된 그의 하늘의 영광으로의 승귀—의 관점에서 바라보아야만 한다. 또한 예수를 향한 무리의 환호는 예언서 본문에 언급되어 있듯이 하나의 표지 또는 비유라고 할 수 있는 그의 진정한 즉위를 미리 앞당겨 예기한다.

이 이야기에 대한 네 가지 버전은 모두 하나의 핵심을 공유한다. 에우세비오스의 관점에서 보면 이 이야기는 정경 I에 속한다. 비록 두세 복음서의 합치점이 여전히 남아 있긴 하지만, 이 핵심에 대한 복음서 저자들의 해석은 서로 다른 방향으로 흘러간다. 그들은 자신들의 통일된 증언을 통해 예수의 중대한 예루살렘 입성을 단순히 그 표면적인 의미를 담기보다는—그럼에도 고유한 윤곽과 문맥을 지닌 독특한 **사건**으로서—깊은 반추를 요구하는 **열린** 사건으로 소개한다.

슬픔에 잠긴 사람

복음서의 수난 내러티브는 서로 연계된 일화의 연속이다. 모든 일화는 각기 제 위치가 있다. 예수의 기적과 논쟁에 대한 복음서 기사와는 달리 이 수난 일화의 순서는 크게 바뀔 수 없다. 그럼에도 각 일화는 누가가 앞에서 "예수께서 예루살렘에서 성취할 '엑소도스'"[39][개역개정은 '엑소도스'를 별세로 번역함—역자주]로 묘사한 전체 사건을 이해하는 독특한 관점을 제공해주면서 그 자체로 모든 것을 갖추고 있다. 만약 그의 예루살렘 입성 기사가 이 '엑소도스'를 승리로 소개한다면 겟세마네 일화는 그 승리 때문에 치러야 했던 희생, 곧 그 인간의 고난과 버림받음을 의미한다. 여기서도 다수의 버전이 존재한다. 에우세비오스에 의하면 모두 네 개의 버전이다. 물론 네 번째 버전은 단지 파편적으로 존재하기에 요한복음에 흩어져 있는 여러 본문을 재조합해야 하지만 말이다(도표. 6.2를 보라).

　　에우세비오스의 분석은 첫 세 기사 간의 관계가 비교적 솔직담백하다는 것을 보여준다. 마태복음과 마가복음은 서로 보조를 맞추어나간다. 병행 본문을 자세히 들여다보면 언제나 미미한 차이는 있지만, 순서와 내용 면에서는 큰 차이가 없다. 병행 단락 하나가 반복된 것(마태복음 296, 마가복음 177)은 "유혹에 빠지지 않게 기도하라"는 권면이 누가복음에서 두 차례, 곧 이 일화의 첫 부분과 끝부분(누

39　눅 9:31.

도표 6.2

에우세비오스의 정경/주제	마태복음	마가복음	누가복음	요한복음
I 겟세마네	291 / 26:36a	172 / 14:32a	279 / 22:39	156 / 18:1
VI "기도할 동안…여기 앉아 있으라"	292 / 26:36b-37	173 / 14:32b-33		
IV 예수의 슬픔	293 / 26:38	174 / 14:34		107 / 12:27a
I 기도, 잔	294 / 26:39a	175 / 14:35-36a	281 / 22:41-42a	161 / 18:11b
I "내 뜻대로 마옵시고"	295 / 26:39b	176 / 14:36b	282 / 22:40	
II 기도 촉구	296 / 26:40-41a	177 / 14:37-38a	280 / 22:40	
X₃ 천사와 고뇌			283 / 22:43-44	
II 기도 촉구	296 / 26:40-41a	177 / 14:37-38a	284 / 22:45-46	
IV 영과 육	297 / 26:41b	178 / 14:38b		70 / 6:63a
VI 제자들이 다시 잠들다	298 / 26:42-44	179 / 14:39-40		
IV 때가 오다	299 / 26:45-46	180 / 14:41-42		103 / 12:23

가복음 280, 284)에 등장하기 때문이다. 언제나 한 복음서의 단락 번호는 다른 복음서에서 어떤 일이 벌어지는지에 따라 달라지고, 이것은 에우세비오스의 도표에서 반복적으로 나타나는 현상에서도 마찬가지다. 이와 동일한 이유에서 누가복음 열의 순번(279-281-282-280-283-284)은 마태복음과 마가복음과의 병행을 보여주는 데 필요한 순서가 조정되었음을 보여준다. 에우세비오스의 누가복음 본문은 다수의 고대 사본에 생략된 예수의 고뇌 기사를 포함한다.[40] 이 본문은 누가복음에만 나오므로 정경 X에 속한다.

요한복음의 열을 보면 156-107-161-42-70-103에는 예수가 기도하는 장면이나 제자들이 기도하지 못하는 장면에 대한 언급이 없는 요한복음의 겟세마네 기사에 속한 두 단락(156, 161)만 들어 있다. 나머지 네 단락은 다른 본문에서 가져왔다. 요한복음의 순서는 이 일화에 대한 공관복음 기사와 병행을 이루는 다음과 같은 본문을 반영한다.

156 I: 예수께서 이 말씀을 하시고 제자들과 함께 기드론 시내 건너편으로 나가시니, 그곳에 동산이 있는데 제자들과 함께 들어가시니라.[41]

---

40 그리스어 원문에 대한 증거 본문은 다음 저서에 잘 나타나 있다. R. Swanson, *New Testament Greek Manuscripts: Luke*, 375-76. 다음 저서도 보라. B. Metzger, *Textual Commentary*, 177.

41 요 18:1.

107 IV: "지금 내 마음이 괴로우니 무슨 말을 하리요? 아버지여! 나를 구원하여 이때를 면하게 하여 주옵소서."[42]

161 I: "아버지께서 주신 잔을 내가 마시지 아니하겠느냐?"[43]

42 I: "나는 나의 뜻대로 하려 하지 않고 나를 보내신 이의 뜻대로 하려 하[노라]."[44]

70 IV: "살리는 것은 영이니 육은 무익하니라."[45]

103 IV: 예수께서 대답하여 이르시되 "인자가 영광을 얻을 때가 왔도다."[46]

이처럼 흩어져 있는 요한복음의 병행 본문을 공관복음의 겟세마네 이야기에서 확인한 작업은 대단한 학문적 업적이다. 아마도 에우세비오스는 이 작업과 관련하여 그보다 앞선 알렉산드리아의 암모니우스에 빚을 졌을 것이다. 이 본문들은 아마도 암모니우스의 복음서 대조표의 요한복음 열에 이미 들어 있었고, 첫 세 열의 겟세마네 일화

••
42   요 12:27a.
43   요 18:11b.
44   요 5:30b.
45   요 6:63a.
46   요 12:23.

반대편에 있었을 것이다. 단락 107번과 103번은 서로 매우 다른 일화 간의 보이지 않는 유사성을 암시하면서 승리의 예루살렘 입성 및 그 이후의 사건에 대한 요한복음의 긴 기사에 포함되어 있다. 예수가 겟세마네 동산에서 말하고, 행동하고, 경험한 것은 다른 곳에서 그가 말하고, 행동하고, 경험한 것과 일치한다. 그가 예루살렘으로 입성할 때 바로 그때가 이미 왔기 때문에 그의 영혼은 무척 괴로워한다. 겟세마네에서 자기 뜻을 아버지의 뜻에 굴복하면서 그는 새롭고 전혀 유례가 없는 상황에서 자신이 이미 행한 것을 행한다.

이 일화를 묘사하는 누가복음의 성격은 예수의 고뇌에 관한 유일한 기사가 여기에 포함되느냐 제외되느냐에 달려 있다. 본문비평학적인 관점에서 보면 증거는 이 기사가 세 번째 복음서 저자의 저작이 아니라 이른 시기에 이 본문에 추가된 것임을 암시한다. 정경적 관점에서 보면 누가의 겟세마네 기사는 사본학적으로 이미 이른 시기부터 두 가지 형태, 곧 하나는 길고, 다른 하나는 짧은 형태로 유통되고 있었다고 보는 것이 바람직해 보인다. 우리가 이러한 편집 과정을 더 이른 시기로 추적해 올라가고자 하면 할수록 그 편집 과정과 복음서 저작 과정에 연루된 다른 편집 및 필사 관행을 서로 구별하기란 점점 더 어려워진다. 복음서 저자들도 저자이자 편집자였으며, 추가적인 편집 작업은 이를 왜곡시키기보다는 그들이 해온 작업을 이어나가는 것이었다.

에우세비오스가 4세기에 읽은 텍스트뿐만 아니라 순교자 유스티누스가 2세기 중반에 읽은 텍스트에서도 잔을 옮겨달라는 기도가 극도로 고통스러워하는 장면으로 이어진다.

> 천사가 하늘로부터 예수께 나타나 힘을 더하더라. 예수께서 힘쓰고 애
> 써 더욱 간절히 기도하시니 땀이 땅에 떨어지는 핏방울 같이 되더라.[47]

하늘로부터 천사가 나타난 사실은 분명 그에게 용기를 북돋아 주었
을 것이다. 설령 제자들은 잠들었을지라도 예수는 홀로 남아 있는 것
이 아니었다. 그럼에도 이 천사가 더해준 힘은 위로나 용기를 주기 위
한 것이 아니었으며 오히려 비참한 육체적 고뇌와 근심에도 불구하
고 기도로 이를 감내할 수 있는 능력을 부여하는 것이었다.[48] 첫 두 복
음서에서 예수는 베드로와 야고보와 요한에게 "내 마음이 매우 고민
하여 죽게 되었[다]"라고 고백한다.[49] 누가의 좀 더 긴 본문에서는 육
체가 영혼의 고뇌를 함께 감내한다. 적절하든 그렇지 않든 간에 유스
티누스는 이 본문을 시편 22편(21편 LXX)과 연결한다.

> "내 모든 뼈는 물 같이 쏟아지고 흩어졌으며, 내 마음은 밀랍같이 되어
> 내 가슴에서 녹아내렸다"는 본문처럼 이 본문은 그들이 그를 잡으려
> 고 감람산으로 왔을 때 그날 밤 그에게 일어난 일을 예시한다. 왜냐하

••
47   눅 22:43-44.
48   Karl Barth는 천사의 출현은 "하늘이 보낸 필연적인 갈등을 종결짓지 못하고, 누가복
      음 기사에 의하면, 예수의 전투는 천사의 도움 이후 더 극심해진다"라고 말한다(*CD*
      IV/1, 268).
49   마 26:37-38; 막 14:33-34.

면 (내가 말했듯이) 그의 제자들이 작성한 회고록[*Apomnēmoneumata*]은 그가 "만일 할 만하시거든 이 잔을 내게서 지나가게 하옵소서"라고 기도했을 때 "땀이 물방울처럼 흘렀다"라고 진술한다. 그의 심장과 그의 뼈도 떨었으며, 그의 심장은 그의 가슴에서 밀랍같이 녹아내림으로써 그 아버지가 그의 친아들이 우리를 위해 참으로 그 고통을 감내하기를 원하셨고, 하나님의 아들이신 그가 그에게 일어난 일과 그에게 행해진 일을 전혀 느끼지 못했다고 말할 수 **없도록** 하셨음을 우리가 깨닫게 하셨다.[50]

여기서 예수의 기도 어법은 누가복음의 것이라기보다는 마태복음의 것이다. 즉 "만일 아버지의 뜻이거든 이 잔을 내게서 옮기시옵소서" 대신 "만일 할 만하시거든 이 잔을 내게서 지나가게 하옵소서"를 채택한다.[51] 유스티누스는 이 "회고록"을 사도 시대 및 속사도 시대의 공동 저작으로 보고, 마태복음과 누가복음 간의 차이를 구분하지 못할 정도로 이 둘 사이를 자유롭게 왔다 갔다 한 것으로 본다. 그는 자신의 누가복음 텍스트에서 큰 땀방울에 관한 언급을 거의 확실하게 몸의 붕괴와 융해에 대한 시편 저자의 생생한 묘사와 연결하여 해석한다.

유스티누스도 이미 인식했듯이 겟세마네 이야기를 누가의 긴 기

··
50   Justin Martyr, *Dialogue with Trypho*, 103.7-8, 시 21:15 LXX를 인용하면서.
51   마 26:39; 눅 22:42. 유스티누스는 "아버지"를 생략한다.

사로 읽는 독자는 아무도 예수가 하나님의 아들로서 그에게 일어난 일을 차분하고 냉담한 마음으로 감내했으리라고 생각하지 않았을 것이다. 비록 여기서는 예수의 참된 인성을 "가현설"에 근거하여 부인하는 문제가 제기될 가능성은 없지만, 아무튼 이 누가복음의 예수는 제자들에게 오직 환난 때의 기도에 관한 교훈을 주는 데 관심을 두고 있고, 자신의 고민에 대해서는 그 어떤 단서도 제공해주지 않는다. 제자들이 겟세마네 동산에 도착하자마자 예수는 그들에게 "유혹에 빠지지 않게 기도하라"고 말한다.[52] 예수가 세 명의 제자로 구성된 내부 서클에게 슬픔과 실망을 표현한 흔적은 전혀 없다. 예수가 드린 모범적인 기도는 비록 잔이 옮겨지는 것을 위함이긴 하지만, 그 무엇보다도 하나님의 뜻이 이루어지기 위함이며, 이것은 제자들도 드려야 하는 기도다. 사실 그들은 누가가 우리에게 일러주듯이 태만함 때문이 아니라 슬픔 때문에 잠에 빠져 든다.[53] 따라서 예수는 그들을 깨우고 "시험에 들지 않게 일어나 기도하라"는 지시를 다시 한번 반복한다.[54] 그런데 그가 이 말을 할 때 유다가 예수를 잡으러 온 무리와 함께 도착한다.[55] 기도할 수 있는 기회는 이제 지나갔다. 예수는 그 기회를 이미 활용했고, 이제 그는 이어지는 시험을 모범적으로 감내해나간다. 그의 반면교사인 베드로는 기도하는 데 실패했고, 곧 예수를 세 번 부

••
52 눅 22:40.
53 눅 22:45.
54 눅 22:46.
55 눅 22:47.

인할 것이다.

누가복음의 짧은 기사와 부록에서는 이 이야기에 대한 두 가지 해석을 소개한다. 이 이야기는 교훈을 위한 이야기라고 할 수 있다. 예수를 본보기로 삼아야 할 그리스도인들은 겟세마네에서 보인 그의 행실에서 그들이 자신들에게 닥칠 고난을 어떻게 직면해야 하는지를 배워야 한다. 그들은 자신을 보존하려는 인간의 본능을 하나님의 뜻—어떤 비인격적인 운명이 아닌, 확신을 갖고 "아버지"라고 부를 수 있는 하나님—에 굴복시키면서 고난으로부터 구원해줄 것을 기도해야 한다. 추가로 또는 대안적으로 이 이야기는 예수의 유일한 전기의 하나로도 소개될 수 있다. 이것이 바로 더 긴 텍스트에서 강조하는 부분이다. 거기서는 천사의 방문이나 고뇌, 땀방울과 같은 핏방울이 전혀 따라야 할 본보기가 아니다. 이 텍스트의 언어는 예수가 처한 고난의 구렁텅이를 상기시키지만, 독자는 얼이 빠지고 매료된 상태에서 그저 바라만 보는 구경꾼이 되고 만다. 여기서 예수의 고난은 전적으로 그의 것이 되고 만다. 이 유일한 고뇌의 이미지가 너무나도 강렬한 나머지 예수의 기도가 주는 모범적인 의미는 간과되곤 한다. 이 이야기에 대한 누가복음의 두 버전은 서로 잘 융합되지 않는다.

이와 유사한 유형의 긴장은 마태복음과 마가복음에서도 찾아 볼 수 있다. 처음에는 전기(傳記)와 같은 내용이 주를 이룬다. 제자들은 기도하기보다는 "내가 저기 가서 기도할 동안에…여기 앉아 있으라"

는 지시를 받는다.[56] 이 이야기에 대한 더 단순하며 이른 시기의 버전에 추가된 것일 수도 있는 본문에서 예수는 이름이 명시된 세 명의 제자를 따로 데리고 가서 그들에게 "여기 머물러 나와 함께 깨어 있으라"고 말하며 자신의 고민을 털어놓는다.[57] 예수가 기도하기 위해 제3의 위치로 이동할 때 두 그룹으로 나뉜 제자들은 아마도 겟세마네 동산의 다른 지점에 있었을 것이다. 이 기사의 주된 관심사는 전기적(biographical)인 것으로 보인다. 특별히 마가는 앞에서 깨어 있으라는 예수의 권면을 그의 모든 독자에게 확대하면서 각성의 중요성을 강조한 바 있다. 수난 내러티브 바로 전에 나오는 종말론에 관한 담론은 "깨어 있으라. 내가 너희에게 하는 이 말은 모든 사람에게 하는 말이니라"로 끝마친다.[58] 여기서 깨어 있다는 것은 당연히 은유적이다. 마지막 때의 긴장과 압박 가운데 마가복음의 독자들은 인자의 오심을 바라보면서 믿음과 소망과 인내를 유지해야 한다. 이 은유는 하나의 짧은 비유와 같은 본문에서 자연스럽게 확대되는데, 거기서 어떤 문지기는 주인이 밤에든 낮에든 예상치 못할 때 돌아올 것에 대해 깨어 있으라는 주문을 받는다.[59] 하지만 겟세마네 동산에서는 깨어 있다는 것이 종말론과 관련이 있기보다는 예수의 삶에서 유일무이하고 결코 반복될 수 없는 때와 연관이 있다. "여기 머물러 깨어 있으라"(마가복

••

56   마 26:36; 참조. 막 14:32.
57   마 26:37-38; 참조. 막 14:33-34.
58   막 13:37.
59   막 13:33-37.

음) 또는 "여기 머물러 나와 함께 깨어 있으라"(마태복음)는 극심한 위기 상황에서 연대를 요청하는 것으로 이해하는 것이 가장 좋다.[60] 이것은 은유적인 의미가 아니라 문자적으로 깨어 있는 것을 의미한다.

첫 번째 기도 후에 제자들에게 다시 돌아온 예수는 그들이 잠들어 있는 것을 발견한다. 예수가 자신이 느끼는 비통한 마음을 고백함으로 인해 나누어진 두 그룹은 이제 다시 하나로 합쳐지고 베드로가 단지 내부 서클의 대표로서가 아닌 열한 명의 대표로 등장한다. "시몬아, 자느냐?"[61] 바로 이 시점에서 전기의 성향을 띠고 있던 내러티브가 드디어 그 교훈적인 측면을 드러낸다.

> 너희가 나와 함께 한 시간도 이렇게 깨어 있을 수 없더냐? 시험에 들지
> 않게 깨어 기도하라. 마음에는 원이로되 육신이 약하도다.[62]

예수가 베드로에게 건넨 말의 세 부분은 문자적 깨어 있음에서 영적 경계심에 대한 일반적인 태도로, 그리고 더 나아가 왜 제자들이 때로는 자신들이 옳다고 알고 있는 것을 행동에 옮기지 못하는지에 대한 일반적인 설명으로 이동한다. 비통함에 대한 예수의 고백이 영혼과 육체의 고뇌에 관한 누가복음 이후의 극적인 묘사에 대한 단서를 제공해주듯이 이 본문은 누가가 이 이야기에서 보다 더 일관되게 교훈

**
60   막 14:34; 마 26:38.
61   막 14:37.
62   마 26:40-41; 참조. 막 14:37-38.

적인 내용을 강조한다는 단서를 제공한다.

　　마태복음과 마가복음에 나타난 이 이야기 결말은 이 이야기의 교훈적인 측면이 전기적인 측면에 비해 부차적이며 (전기적인 측면에) 의존적임을 보여준다. "보라! 때가 가까이 왔으니 인자가 죄인의 손에 팔리느니라."[63] 배신자인 유다는, 베드로가 기도하기를 게을리하고, 시험의 때가 왔을 때 실패한 것처럼, 부적절한 행실에 대한 부정적인 사례가 아니다. 유다의 행동은 예수의 고뇌만큼이나 유일하고 반복될 수 없는 것이다. 또한 이는 공포와 흥미를 동시에 불러일으킨다. 유다가 다가오고 있는 것을 알고 있으면서도 예수는 그를 맞으러 나간다. "일어나라. 함께 가자. 보라! 나를 파는 자가 가까이 왔느니라."[64] 그렇게 함으로써 그는 그가 지금까지 저항해왔던 잔을 스스로 받아드는데, 이 잔은 그가 지나가게 해달라고 간구했음에도 이제는 그가 수용할 수밖에 없는 잔이 되었다. 따라서 요한복음의 예수는 그의 제자들에게 다음과 같이 말한다. "아버지께서 주신 잔을 내가 마시지 아니하겠느냐?"[65] 왜 그에게 그 잔이 주어지고, 또 왜 그는 그 잔을 마셔야만 하는 것일까? 그 이유는 바로 인자가 버림 받는 때가 인자가 영화롭게 되는 때이기도 하기 때문이다.[66] 예수는 예루살렘에 도착했을 때 승리의 왕으로 찬사를 받았으며, 그의 왕적 승리는—비록

••
63　　마 26:45; 참조. 막 14:41.
64　　마 26:46; 막 14:42.
65　　요 18:11.
66　　요 12:23.

그의 제자들은 그 당시 이를 몰랐지만—그의 부활 못지않게 그의 고난과 죽음에서 강하게 드러난다.

7장

승리자 그리스도

5세기나 6세기의 것으로 추정되는 어떤 고대 에티오피아 복음서 책은 아마도 현존하는 복음서 저자의 초상화 가운데 가장 오래된 세트를 보존하고 있다. 이 책은 에티오피아 북쪽에 있는 아바 가리마(Abba Garima) 수도원에서 제작된 것으로 보이며, 오늘날까지도 "가리마 III"이라는 이름으로 그곳에 남아 있다. 이 수도원은 1896년에 에티오피아인들이 자신들을 식민지로 삼으려는 이탈리아 군대에 맞서 싸워 승리한 아두와 전투(Battle of Adwa) 지역 인근에 자리 잡고 있으며, 산으로 둘러싸인 환상적인 장관을 자랑한다. 몇 마일 정도 좀 더 나아가면 고대에 활발한 문명의 수도였던 악숨이란 도시가 자리 잡고 있는데, 이곳은 다름 아닌 알렉산드리아의 총대주교이자 니케아 신경의 수호자인 아타나시오스가 악숨의 첫 주교를 임명한 기원후 4세기부터 기독교 도시로서 그 명성을 떨치고 있다. 아바 가리마 수도원은 왕의 후원을 받고 있었을 것이다. 이 복음서 책의 은색 표지와 그 뒤

어난 수준의 예술성을 보면 재정이 부족하지 않았음을 알 수 있다.[1]

복음서 저자의 초상화는 이 책의 해당 단락의 도입부—예를 들면 마태는 그의 복음서에 관한 단락 초반—에서 발견된다. 그런데 초상화 하나가 다른 것에 비해 크게 두드러진다. 마가의 초상화는 알렉산드리아의 주교 보좌에 앉아 있는 측면 초상화이며, 전승에 의하면 그는 그 자리를 제일 먼저 차지한 인물이다. 여기서 복음서 책은 그의 무릎 위에 올려져 있다. 그는 이 책을 자기 바로 앞에 있는 화려한 책상 위에 올려놓으려고 한다. 다른 세 복음서 저자의 초상화에서는 저자들이 복음 선포자이자 작가로서 그들의 역할을 상징하는 낮은 연단에 서서 독자를 바라보는 모습으로 그려진다. 비록 서로 다른 의복을 입고 있지만, 그들의 외모는 놀라우리만큼 비슷하다. 각 복음서 저자는 자신의 복음서를 보여주는데, 굽혀진 왼쪽 팔뚝에 올려져 있는 책등과 더불어, 책 위로 길게 펼쳐진 오른손의 첫 번째, 두 번째 손가락은 책을 독자들에게 추천하면서 복을 비는 몸짓을 하고 있다. 책 자체는 십자가로 장식한 겉표지에 끈으로 단단히 묶은 코덱스다. 십자가의 모양은 서로 약간 다르지만, 책 자체가 복음서임은 분명하다. 책을 들고 있는 다섯 번째 초상화에서는 책의 겉표지에 십자가가 빠져 있으며, 그것을 대체하는 평행선은 이 인물이 그 책에서 크게 두드러

••

1   가리마 복음서에 관해서는 곧 출간될 다음의 저서를 보라. J. McKenzie and F. Watson, *Early Illuminated Gospel Books*. 이 복음서의 중요성을 인정하는 다음의 학자들을 보라. J. Leroy, "Un nouvel évangéliaire éthiopien illustré du monastère d'Abba Garima," and A. Bausi, "'True Story' of the Abba Gärima Gospels."

진 역할을 하는 정경 목록을 만든 사람으로서 에우세비오스임을 암시한다. 사복음서 코덱스의 편집자로서 에우세비오스가 수행한 역할은 십자가에 관해 증언하는 소명을 맡은 복음서 저자의 역할과 구별된다. 이 복음서 책의 표지 디자인은 이 책들의 공통된 주제, 즉 어두움의 세력에 대한 그리스도의 희생적 승리의 장소로서의 십자가를 표현한다.

이러한 복음서 저자의 초상화는 네 명의 복음서 저자를 서로 구별하기보다는 그들이 공유하는 것에 집중한다. 여기서 빠져 있는 것은 라틴어 복음서 책에서 차이점을 강조하는 복음서 저자들의 상징이다. 서방의 복음서 책에서는 복음서 저자들의 상징이 사복음서의 다양한 도입부—인간 계보, 광야에서 외치는 소리, 제사를 드리는 장소로서의 성전, 신적 영역으로 날아오르는 독수리—를 가리킨다.[2] 에티오피아의 초상화들은 사복음서의 결말이 서로 만나는 합치점을 표현한다. 책 표지에 그려진 십자가는 그 모양이 서로 다르다. 왜냐하면 복음서 저자들은 예수 이야기의 대단원을 완전히 똑같은 방식으로 서술하지 않기 때문이다. (따라서 요한의 십자가는 그리스도[*Christos*]를 상징하며 그 위에 그리스어의 "키"[*chi*]라는 문자가 새겨져 여덟 개의 꼭지가 있는 별 모양을 만든다.) 그럼에도 사복음서가 공유하는 결말을 강조하는 부분은 분명하다. 이 십자가로 나누어진 네 개의 면에서 보석을 상징하

***

2   8세기 린디스판 복음서들은 상징과 함께 그려진 서방의 복음서 저자 초상화에 대한 대표적인 표본이다. 다음을 보라. M. Brown, *Lindisfarne Gospels*, 114-23; R. Gameson, *From Holy Island to Durham*, 57-61.

는 타원형은 수치의 장소가 영광의 장소가 되었음을 보여준다. 십자가와 부활은 단일 사건의 양면이다. 십자가의 죽음은 부활절 아침의 찬란한 광채에 의해 빛을 발한다.

십자가에 대한 이러한 견해는 라틴어를 사용하는 서방의 복음서 책에서도 나타난다. 그런 책들 중 한 권에서 보존된 부분이 더럼 대성당 도서관에 보관되어 있다.[3] 7세기 후반의 것으로 추정되는 이 노섬브리아의 책은 린디스판섬에 있는 수도원에서 유래한 것으로 보이며, 이 수도원은 수십 년의 세월이 흐른 뒤에 훨씬 더 잘 알려진 린디스판 사복음서를 제작했다. 더럼 사복음서의 마태복음 단락은 그리스도가 십자가에서 다스리시는 독특한 묘사와 함께 끝을 맺는다.[4] 그리스도의 고난에 대한 후대의 묘사에 익숙한 이들에게 이러한 그의 모습은 무척이나 생소하며 혼란스럽다. 그는 긴 가운을 입고 있다. 그의 수염은 가슴까지 내려오고, 그 나뉜 끝자락은 가운 아래의 주름과 일치한다. 그의 검은 눈은 독자를 직접 바라보고, 그의 어깨 곡선과 만나는 두 줄기의 금빛 후광과 대비를 이룬다. 이 후광은 그리스도의 머리카락으로도 해석될 수 있는데, 이는 요한계시록에 의하면 그 "희기가 흰 양털 같고 눈 같[다]."[5] 그의 머리와 어깨는 그의 팔꿈치만 걸쳐 있는 십자가의 수평 들보보다 상당히 위로 올라와 있다. 그는 보좌

---

3 상세한 문헌 정보는 다음을 보라. P. McGurk, *Latin Gospel Books*, 29-30. 이 예술 작품에 관한 분석은 다음을 보라. J. J. G. Alexander, *Insular Manuscripts*, 40-42.

4 이 이미지를 보려면 인터넷에서 "Durham Gospels"를 검색하라.

5 계 1:14.

에 좌정해 있는 것처럼 앉아 있다. 십자가로 나누어진 아래 두 사분면에는 예수의 옆구리를 창으로 찌르고 해융에 식초를 찍어 건넨 군인들이 있다. 이 가운데 첫 번째는 롱기누스로 밝혀진다. 위의 사분면은 후광이 비치는 그리스도의 머리보다 조금 위에 있는 후광이 비치는 머리를 지닌 두 스랍이 차지한다. 이러한 십자가 처형 장면은 높이 들린 보좌에 앉으신 주님과 여섯 날개를 지닌 스랍들이 서 있는 이사야의 환상이기도 하다.[6]

이러한 십자가 처형-즉위 장면은 일련의 비문을 통해서도 해석이 가능하다. 그리스도라는 인물 위에 네 복음서에서도 볼 수 있는 어구가 적혀 있다. *Hic est Iesus Rex Iudeorum*, "이는 유대인의 왕 예수다." 그의 머리 양쪽에는 알파와 오메가라는 글자가 있다. 이는 그가 인류의 이야기에서 우연히 나타난 인물이 아니라 "처음과 마지막이요 시작과 마침"이기 때문이다.[7] 위의 여백에는 이렇게 적혀 있다. *Scito quis et qualis est qui talia ... passus pro nobis ...*("우리를 위해 그러한 고난을 당하신 이가 누구시며 어떤 분이신지를 알라"). 십자가 위에서 고난을 당하신 그리스도는 또한 부활하신 그리스도시다. 왼쪽 여백에는 독자들을 그리스도의 고난에서 그의 부활과 승천으로 인도하는 사도신경의 문구가 적혀 있다. *Surrexit a mortuis, [sedet ad] dexteram patris*("그는 죽은 자 가운데서 다시 살아나셨으며, 아버지의 우편에 앉아 계신다"). 이 이미지는

••
6   사 6:1-2.
7   계 22:13; 참조. 1:8.

고난을 당하신 그리스도 못지않게 부활하시고 즉위하신 그리스도를 묘사한다. 왜냐하면 이 둘은 동일한 분이기 때문이다. 오른편 여백에는 그의 고난의 목적이 더욱 상세하게 진술되어 있다. *Auctorem mortis deiiciens vitam nostram restituens si tamen compatiamur*("죽음의 주체를 내쫓고, 우리의 생명을 회복하고, 만약 우리가 그와 함께 고난을 받는다면"). 이 마지막 어구는 바울 서신에서 가져온 것이지만,[8] 마귀를 내쫓는 모티프는 요한복음의 것이다. "이제 이 세상에 대한 심판이 이르렀으니 [이제] 이 세상의 임금이 쫓겨나[고 있다]."[9] 십자가에서 다스리시는 그리스도는 모든 죽음과 어두움의 세력을 무찌르신다.

에티오피아의 복음서 저자 초상화에서 십자가는 네 복음서 모두의 공동 주제다. 노섬브리아의 책이 십자가 처형 이미지를 마태복음 끝부분에 배치한 것도—마치 다른 복음서와 공유하는 기본적인 내용을 요약이라도 하듯이—마찬가지다.

비록 지리적으로는 4천 마일이나 떨어져 있긴 하지만, 동방과 서방의 복음서 책은 그 형태와 보완적 자료와 예술성에 있어 서로 공통점이 많다. 이러한 공통점 가운데 하나가 바로 어떤 본문이 어느 복음서에 나오는지를 알기 원하는 독자에게 필요한 길잡이가 되는 에우세비오스의 정경 목록 사용이다.

··
8   롬 8:17.
9   요 12:31.

메시아의 죽음

에우세비오스가 예수의 죽음에 관한 네 정경 복음서 기사를 세밀하게 분석한 내용은 도표 7.1에 나타나 있다.

　마태복음과 마가복음이 서로 공유하는 순서를 유지하면 누가복음과 요한복음의 순서에 상당한 변화가 생긴다. 이 사중 복음서 기사의 핵심 요소는 정경 I 본문에 담겨 있으며, 오직 요한복음에만 생략된 정경 II 본문에 의해 지지를 받는다. 정경 I 본문은 골고다 도착, 옷 나눔, 죄패, 두 행악자, 예수의 죽음을 이야기한다. 이 목록에는 신 포도주도 포함되어야 한다. 여기서 에우세비오스는 이 모티프에 대한 요한복음 버전을 그 이전에 십자가 처형 순간에 제안받은 포도주와 연계함으로써(이로써 요한복음 203은 이 순서에서 빠져 있다) 그에게서 쉽게 찾아볼 수 없는 실수 하나를 범한다. 이와 비슷한 또 다른 실수는 십자가 옆에 있는 여자들에 관한 본문이 정경 X_4(요한복음 202)와 VI(마태복음 347, 마가복음 226)과 X_3(누가복음 331)로 나누어진 데서도 발견된다. 하지만 여기서 독특한 요소는 여전히 두 정경 X 본문—요한복음의 경우에 예수의 어머니를 사랑하는 제자에게 맡긴 내용과 누가복음의 경우에는 무리가 슬퍼하는 내용—에 들어 있다. 정경 II 본문은 대제사장과 강도들의 조롱, 어두움, 성전 휘장이 갈라짐, 백부장의 고백 등을 포함한다. 이 본문들이 요한복음에서 생략된 것은, 우리가 곧 살펴보겠지만, 십자가 처형을 즉위식으로 이해하는 그의 독특한 관점과 일치한다. 부분적으로 누가의 경우는 예외로 치더라도 복음서 저자들은 십자가 처형 행위 자체를 옷을 나누는 일화에 종속시키면서 처형 행위에 관해서는 빠르게 지나간다.

도표 7.1

에우세비오스의 정경/주제	마태복음	마가복음	누가복음	요한복음
I 골고다에 도착	332 / 27:33	210 / 15:22	318 / 23:33a	197 / 19:17-18a
IV 포도주 제안	333 / 27:34	211 / 15:23		203 / 19:28-30
I 옷을 나눔	334 / 27:35-36	212 / 15:24	321 / 23:34b	201 / 19:23-24
X₄ 십자가 옆의 여자들(1)				202 / 19:25-27
X₂ 제삼시		213 / 15:25		
I 죄패	335 / 27:37	214 / 15:26	324 / 23:38	199 / 19:19
X₄ "내가 쓸 것을 썼다."				200 / 19:20-22
X₃ "아버지… 사하여 주옵소서."			320 / 23:34a	
I 두 행악자	336 / 27:38	215 / 15:27a	317 / 23:32	198 / 19:18b
	336 / 27:38	215 / 15:27a	319 / 23:33b	198 / 19:18b
VIII 불법자와 동류로 여김을 받았다.		216 / 15:27b-28	*277 / 22:37	
VI 지나가는 자들의 조롱	337 / 27:39-40	217 / 15:29-30		

II 대제사장의 조롱	338 / 27:41-43	218 / 15:31-32a	322 / 23:35	
II 강도들의 조롱	339 / 27:44	219 / 15:32b	325 / 23:39	
X_3 뉘우치는 강도			326 / 23:40-42	
II 어두움	340 / 27:45	220 / 15:33	327 / 23:44-45a	
VI "나의 하나님, 나의 하나님 ..."	341 / 27:46-47	221 / 15:34-35		
II 신 포도주	342 / 27:48-49	222 / 15:36	323 / 23:36	
I 예수의 죽음	343 / 27:50	223 / 15:37	329 / 23:46	204 / 19:30
II 휘장	344 / 27:51a	224 / 15:38	328 / 23:45b	
X_1 지진	345 / 27:51b-53			
II 백부장의 고백	346 / 27:54	225 / 15:39	330 / 23:47	
VI 십자가 옆의 여자들(2)	347 / 27:55-56	226 / 15:40-41		
X_3 무리들과 증인들			331 / 23:48-49	
X_4 옆구리를 창으로 찌름				205 / 19:31-37

각 복음서는 정경 X 범주에 적어도 한 본문을 갖고 있으며, 독특한 본문은 정경 I이나 II가 공유하는 본문에 그 기원을 두고 있다. 마가는 십자가 처형 행위에 대한 공통된 언급에 시간에 대한 언급을 덧붙이

지만,[10] 누가는 "아버지, 저들을 사하여 주옵소서. 자기들이 하는 것을 알지 못함이니이다"라는 말씀을 덧붙인다.[11] 예수와 함께 십자가에 못 박힌 두 강도에 대한 언급은 자신의 잘못을 뉘우치는 강도에 관한 누가 기사의 출발점이 된다. 요한은 죄패 및 십자가 옆에 있는 여자들에 관한 전통적인 모티프를 발전시킨다. 마태는 성전 휘장이 찢어진 것과 지진 및 성도들의 부활을 서로 연관시킨다. 또 다른 정경 X 본문은 예수가 죽을 때 외친 "큰 소리"가 "아버지, 내 영혼을 아버지 손에 부탁하나이다"라는 알아들을 수 있는 말로 표현된 누가복음 23:46에서 비롯된 것일 수도 있다.

이러한 단점에도 불구하고 에우세비오스의 분석은 복음서 기사 간의 형식적인 관계를 분명하고 효과적인 방식으로 설정했다. 그의 분석은 복음서 내러티브 전체의 목표라고 할 수 있는 사건을 해석하는 데 필요한 기반을 제공한다. 정경 I, II, X 본문의 통합이 이미 암시하듯이 다양한 복음서 기사는 각 복음서가 공유하는 사건의 순서에 대한 다른 여러 각도를 제공한다. 마태복음과 마가복음에서 예수는 다른 이들을 대신하여 그들의 대속물로 죽는다. 누가복음에서는 예수가 죽는 방식이 그의 추종자들이 따라야 할 패턴을 제시한다. 요한복음에서는 예수의 십자가 처형이 왕으로서 그의 역설적인 즉위식인 동시에, 영생의 원천으로서 그의 영광이 가장 확실하게 나타나는 최

••
10 막 15:25.
11 눅 23:34.

고의 계시로 드러난다. 예수의 죽음에 대한 이러한 관점들은 앞으로 전개될 논의의 틀을 제공해준다.

속죄

일부 고대 세계의 처형 방식처럼 십자가 처형은 피해자가 공개적으로 조롱을 받는 구경거리가 되도록 하기 위한 목적을 갖고 있다. 이 가혹한 현실은 첫 세 복음서에 반영되어 있으며, 에우세비오스의 단락 번호는 이 조롱에 관한 세 일화를 따로 구별한다. 마태복음과 마가복음에만 등장하여 정경 VI에 속하는 첫 번째 일화에서는 "지나가는 자들"이 예수가 성전에 위협을 가한 말을 가지고 그를 조롱한다. "성전을 헐고 사흘에 짓는 자여, 네가 만일 하나님의 아들이거든 자기를 구원하고 십자가에서 내려오라!"[12] 이 조롱은 그 전날 밤 산헤드린 공회 앞에서 진행된 예수를 상대로 한 심문에서 "거짓 증인들"이 한 고발을 반영한다.[13] 두 번째 일화에서는 예수가 대제사장들과 서기관들과 장로들에게(마태복음), 대제사장들과 서기관들에게(마가복음), 또는 "관리들"에게(누가복음) 조롱을 당한다.[14] 이 세 가지 버전의 조롱 가운데 가장 짧은 것이 누가의 버전이며, 가장 긴 것이 마태의 버전이다.

▪▪
12   마 27:39-40; 참조. "네가 만일 하나님의 아들이거든"이 생략된 막 15:29-30.
13   마 26:61; 막 14:58.
14   마 27:41-43; 막 15:31-32; 눅 23:35.

누가복음: "저가 남을 구원하였으니 만일 하나님이 택하신 자 그리스도이면 자신도 구원할지어다!"[15]

마가복음: "그가 남은 구원하였으되 자기는 구원할 수 없도다! 이스라엘의 왕 그리스도가 지금 십자가에서 내려와 우리가 보고 믿게 할지어다!"[16]

마태복음: "그가 남은 구원하였으되 자기는 구원할 수 없도다! 그가 이스라엘의 왕이로다. 지금 십자가에서 내려올지어다. 그리하면 우리가 믿겠노라! 그가 하나님을 신뢰하니 하나님이 원하시면 이제 그를 구원하실지라. 그의 말이 '나는 하나님의 아들이라' 하였도다!"[17]

비록 누가복음에서는 두 행악자 가운데 한 명이 예수를 변호하는 말을 하지만, 짧은 세 번째 조롱 일화(마태복음)에서는 두 사람 모두 예수께 대한 적대적인 태도에 동참한다.[18]

　가장 큰 비중을 차지하는 것이 두 번째 일화다. 세 버전 모두에 공통으로 나오는 말씀은 "그가 남은 구원하였으되 자기는 구원할 수 없도다"다(누가복음은 "자기는 구원할 수 없도다"를 "자신도 구원할지어다"로

••
15　눅 23:35.
16　막 15:31b-32.
17　마 27:42-43.
18　눅 23:40-41.

대체한다). 복음서 저자들은 조롱의 의도가 담긴 이 말씀이 실제로 의도된 것은 아니지만, 진실이 담긴 진술로 이해한다. 예수는 참으로 자신은 구원하지 못하면서—여기서 "못하면서"는 겟세마네 이야기가 말해주듯이 그가 그의 아버지의 뜻을 저버리기를 원치 않았다는 의미다—남은 구원했다. 예를 들어 그가 삭개오라는 세리의 집에 가서 "오늘 구원이 이 집에 이르렀으니…인자가 온 것은 잃어버린 자를 찾아 구원하려 함이니라"[19]고 선언했을 때 그는 "남을 구원"한 것이다." 인자는 자신을 구원하러 오지 않았다. 다른 이들은 구원을 받고 그는 패망의 길을 간다. 그들은 그의 희생으로 구원을 받는다. 그런 의미에서 그는 그들의 **대속물**로 죽는 것이다. 이러한 한계에도 불구하고 이 용어는 의도되지는 않았지만 관리들이 조롱하는 말 안에 감추어진 진실, 곧 복음서 내러티브 전체를 아우르는 진실을 정확하게 지적한다. 예수의 죽음을 대속의 죽음으로 보는 견해는 하나님 자신이 죄인 측이 아닌 다른 이에게—그 경우에는 (그가 자비로우시므로) 그의 친아들에게—그 처벌을 가할 수 있는 자유가 있지만, 죄를 처벌할 의무가 있다는 것을 암시하지는 않는다. 오히려 대속의 개념은 하나님의 아들이 전혀 거리낌 없이 인간의 심각한 고통에 동참하는 것과, 그가 다른 이들의 안녕을 가져다주는 것이 서로 대조를 이루는 데 관심을 둔다. 그는 다른 이들이 살 수 있게 하려고 죽음을 선택한다.[20]

19   눅 19:9-10.
20   다음을 보라. S. Gathercole, *Defending Substitution*.

예수가 무저갱으로 떨어지는 모습은 복음서 기사에서 생생하게 그려진다. 네 복음서 저자가 모두 한결같이 지적하듯이 그는 온몸이 발가벗겨지고 무기력한 상태에서 만인이 보는 가운데 악의적인 수치를 당한다. 십자가 처형을 받는 사람으로서 치욕을 당할 수밖에 없는 그의 객관적인 상황은 행인들과 관리들이 퍼붓는 조롱을 유발한다. 이 것이 마가복음의 일부 사본에서 발견된 이사야 53:12 인용문이 표현하는 현실이며, 에우세비오스는 이 인용문을 그의 분석에 포함한다.

> 강도 둘을 예수와 함께 십자가에 못 박으니 하나는 그의 우편에, 하나는 좌편에 있더라. "불법자와 함께 인정함을 받았다"고 말한 성경이 응하였느니라.[21]

비록 이사야서 인용문이 대다수 사본에 빠져 있지만, 이 인용문은 (어쩌면 이 인용문이 이전되어온 누가복음 문맥보다) 여기서 특히 더 적절하다. 누가의 최후의 만찬 내러티브 끝자락에서 예수는 여행할 때 짐을 가볍게 하라는 이전의 지시를 취소하고, 새로운 요구조건이 제시되었음을 제자들에게 모호한 방식으로 알린다.

> "검 없는 자는 겉옷을 팔아 살지어다. 내가 너희에게 말하노니 기록된 바 '그는 불법자의 동류로 여김을 받았다' 한 말이 내게 이루어져야 하

••
21 막 15:28.

리니 내게 관한 일이 이루어져 감이니라." 그들이 여짜오되 "주여! 보소
서. 여기 검 둘이 있나이다." 대답하시되 "족하다" 하시니라.[22]

어쩌면 성경을 근거로 제시한 것은 겟세마네 동산에서 최소한 한 제
자가 왜 검을 소지하고 있었고, 또 왜 그것을 사용했는지를 설명하려
는 의도를 담고 있다.[23] 무장한 경비대에 둘러싸여 있다는 것은 "불법
자"의 경우에 해당하는데, 이제 예수는 성경의 증언에 따라 그런 사
람으로 "인정"될 수밖에 없다. 누가를 통해 복음서 전승에 흘러들어
온 이사야 본문은 나중에 두 행악자 사이에서 벌어진 예수의 십자가
처형에 더 적절하다고 판단한 누군가에 의해 마가복음으로 전이되었
다. 이사야서의 원 문맥에서는 이 본문이 피상적으로 보이는 것—고
난받는 주의 종이 "불법자"의 범주에 속한다는 것—과 그가 "많은 이
의 죄를 지고 가는" 현실 사이의 모순을 강조한다.[24]

비록 독자는 예수의 육체적 고통이 극심하리라고 추정할 수는
있겠지만, 그 부분은 여기서 강조되지 않는다. 사복음서에서 육체적
고통에 대한 언급은 "내가 목마르다"라는 요한복음의 단 한 번의 기
록밖에 없다. 요한복음의 이 언급은 신 포도주를 적신 해면을 우슬초
에 매어 건넨 이상한 일에 어울리는 문맥을 제공해주지만, 마태와 누
가는 이를 아무런 설명 없이 보고하고, 누가는 이를 또 다른 형태의

..
22   눅 22:36b-38.
23   마 26:51-52; 막 14:47; 눅 22:49-51; 요 18:10-11.
24   사 53:12 LXX.

조롱으로 간주한다.[25] 요한에게 있어 신 포도주를 받는다는 것은 바로 다음에 일어난 예수의 죽음의 필수 조건이었다. 여기서는 육체의 고통이 논쟁거리가 아니었던 것 같다. 다른 십자가 처형의 희생자와 함께 예수가 경험한 육체적·심리적 고통보다 훨씬 더 중요한 것은 그가 하나님으로부터 버림받았다고 부르짖게 만든 어두움이다.

제육시로부터 온 땅에 어둠이 임하여 제구시까지 계속되더니, 제구시쯤에 예수께서 크게 소리 질러 이르시되 "엘리 엘리 라마 사박다니" 하시니 이는 곧 "나의 하나님, 나의 하나님, 어찌하여 나를 버리셨나이까?" 하는 뜻이라. 거기 섰던 자 중 어떤 이들이 듣고 이르되 "이 사람이 엘리야를 부른다" 하고…그 남은 사람들이 이르되 "가만 두라. 엘리야가 와서 그를 구원하나 보자" 하더라.…예수께서 다시 크게 소리 지르시고 영혼이 떠나시니라.[26]

제육시와 제구시에 대한 언급은 마가복음에만 등장하는 시간에 관한 기록과 관련이 있다. "때가 제삼시가 되어 십자가에 못 박으니라."[27] 예수는 제삼시에 십자가에 못 박혔고, 제육시에 나타난 어둠은 그가 십자가 위에서 경험한 고통의 시간을 각각 동일한 세 시간으로 나눈다. 첫 세 시간은 옷을 나누고 조롱하는 시간으로 묘사된다. 이러한

••

25   요 19:28-29; 참조. 마 27:48; 막 15:36; 눅 23:36.
26   마 27:45-50; 참조. 막 15:33-37.
27   막 15:25.

학대에 대해 예수는 전혀 대응하지 않는다. 그는 단순히 이를 감내한다. 두 번째 세 시간 동안에는 정오에 어둠이 내려앉자 조롱의 목소리가 잠잠해진다. 세 시간 후 이러한 침묵은 하나님이 버리셨다는 외침에 의해 깨지고, 어둠의 의미가 (비록 이해하지 못하는 구경꾼들에게는 아니지만) 독자들에게 드러난다. 어둠과 이 외침은 그가 남은 구원하고 자신은 구원하지 못한다는 경멸적인 말이 진실임을 드러낸다. 예수가 다른 이를 구원할 수 있는 능력은 자신을 육체적·영적 멸망으로부터 구원할 수 없는 그의 무능력함에 달려 있다.

패턴

십자가에 못 박힐 때 누가복음의 예수는 "아버지, 저들을 사하여 주옵소서. 자기들이 하는 것을 알지 못함이니이다"라고 기도한다.[28] 이 본문은, 비록 일부 초기 사본에 생략되어 있고 후대의 삽입일 수도 있지만, 에우세비오스의 텍스트에 들어 있고 그의 분석에서 유일하게 누가복음에 속한 본문으로 확인된다.[29] 이 본문을 포함하는 대다수 사본은 훨씬 더 보편적인 "예수가 말씀하셨다"(And Jesus said)가 아닌, "예수가 말씀하고 계셨다"(And Jesus was saying)로 시작한다. 이것은 그가 십자가

..
28   눅 23:34.
29   다음을 보라. R. Swanson, *New Testament Greek Manuscripts: Luke*, 396; B. Metzger, *Textual Commentary*, 180.

에 못 박히면서도 이 기도를 계속했고, 자신보다 자기를 해하는 자들에게 더 많은 관심을 보였음을 의미할 수 있다. 이러한 극심한 상황에서 그의 행동은 그가 이전에 가르친 교훈을 그대로 구현한다.

너희 원수를 사랑하며, 너희를 미워하는 자를 선대하며, 너희를 저주하는 자를 위하여 축복하며, 너희를 모욕하는 자를 위하여 기도하라.[30]

원수 사랑은 예수가 "그러면 내 이웃이 누구이니이까?"[31]라는 질문에 대한 답변으로 그의 선한 사마리아인의 비유에서 보여준 이웃 사랑에 대한 궁극적인 형태다. 예수에게 있어 이웃은 단순히 자기 자신 같은 사람이 아니다. "너희가 만일 너희를 사랑하는 자만을 사랑하면 칭찬받을 것이 무엇이냐? 죄인들도 사랑하는 자는 사랑하느니라."[32] 이웃이란 같고 다름과 상관없이 그가 궁핍한 상황에 처해 있을 때 우리가 만나는 사람이다. 이웃 사랑은 그 필요에 대한 반응이다. 골고다, 곧 그 사악한 "해골이라 하는 곳"[33]에서 예수의 이웃은 십자가 처형을 집행하는 이들이다. 그들은 사마리아인이 강도 만난 자에게 가까이서 함께한 것처럼 그와 가까이 있지만, 그에게 선을 행하기보다는 오히려 해를 끼친다. 그럼에도 그들은 그 순간에도 그의 이웃이다.

••
30 눅 6:27-28.
31 눅 10:29.
32 눅 6:32.
33 마 27:33; 막 15:22; 눅 23:33; 요 19:17.

예수는 의식이 있었다면 제사장과 레위인이 예루살렘에서 여리고로 내려가기 위해 급하게 지나갈 때 도움을 요청할 수도 있었던 피해자의 역할을 스스로에게 부여하지 않는다. 그는 제아무리 자신이 처한 상황이 극심하더라도 자기의 필요를 채우기 위해 이웃을 찾지 않는다. 그는 비록 스스로를 자기 이야기에 나오는 피해자와 동일시할 수 있는 이유가 분명히 있다 하더라도 타인의 필요를 채우기 위해 행동하는 이웃과 자신을 동일시한다. 심지어 그 타인이 자신의 생명을 앗아갈 원수일지라도 말이다. 이 원수가 그러한 필요에 대해 아무것도 모르고 있다 하더라도 전혀 상관없다. 폭력과 불의를 저지르는 행동은 예수가 "아버지"라고 부르는 분의 질서를 거부하며, 또 그런 일을 저지르는 이들은 그것에 대해 알고 있든지 여부를 떠나 그 질서와 화해할 필요가 있다.

물론 골고다에 있던 예수의 이웃이 모두 그의 원수는 아니다. 그는 그에게 갑자기 자신의 필요를 들고 나오는 자에게 "오늘 네가 나와 함께 낙원에 있으리라"라는 말로 안심시키면서 그의 이웃이 될 수 있다.[34] 예수는 강도들 사이에 들게 되었고, 그중 한 명은 십자가 처형에 이르게 한 자신의 폭력적인 행위가 정당화될 수 없으며 또 변명의 여지가 없음을 불현듯 깨닫게 된다. 마치 선한 사마리아인이 다친 사람을 치료와 돌봄을 받을 수 있는 여관으로 데려간 것처럼 예수도 고통당하고 있는 그의 동료를 그가 "낙원"이라고 부르는 치유의 장소로 인도할 것이다. 누가복음에서 요한복음으로 넘어오면 우리는 예수의 어머니와 익명의 "사랑하시는 제자"도 골고다에서 그의 이웃이었음을 발견한다. 마리아의 맏아들로서 그녀를 모시는 것이 예수의 책임이긴 하지만, 그는 그녀를 이 복음서에서 전체적으로, 그리고 부정적으로 언급된 바 있는 그의 "형제들"에게 맡기지 않고, 한 제자에게 자신의 대리인 역할을 맡긴다.[35]

세 공관복음에서 모두 이웃 사랑은 하나님 사랑과 밀접하게 연관되어 있다. 예수에게 "이웃"의 정의에 관해 질문한 누가복음의 "율법교사"는 율법 전체를 "네 마음을 다하며 목숨을 다하며 힘을 다하며 뜻을 다하여 주 너의 하나님을 사랑하고, 또한 네 이웃을 네 자신같이 사랑하라"는 이중 요건으로 요약함으로써 칭찬을 받는다.[36] 골고다에서 이웃 사랑이 극도의 압박을 받지만, 하나님의 사랑도 마찬가지다. 그러나 누가복음의 예수는 하나님을 아버지라고 부르며 그의 시련을 그가 시작했던 방식대로 끝마친다. "아버지, 내 영혼을 아버지 손에 부탁하나이다."[37]

••
35 요 19:25-27; 참조. 2:12; 7:3-5.
36 눅 10:26-28.
37 눅 23:46.

생명

예수의 죽음 장면은 당연히 네 복음서에 모두 기록되어 있고, 에우세비오스 정경 I에 속한다. 요한복음에서 예수의 죽음 장면은 비록 그의 옆구리가 창에 찔렸음에도 상당한 지면을 할애하여 예수의 뼈가 어떻게 부러지지 않았는지를 설명하는 후기로 이어진다.[38] 공관복음에는 이에 해당하는 내용이 전혀 없다. 이 사건—예수의 뼈가 보존된 것과 그의 옆구리를 찌른 것—은 각각 성경의 예언을 성취했다고 한다. 유월절 양에 대해서는 "그 뼈가 하나도 꺾이지 아니하리라"고 기록되어 있다.[39] 네 번째 복음서 저자에 의하면 예수의 죽음은 비록 이 점을 추가로 발전시키지는 않지만, 유월절 양을 잡는 것에 해당한다.[40] 또한 "그들이 그 찌른 자를 보리라"고도 기록되어 있다.[41] 그럼에도 예언의 성취보다는 창으로 찌른 것에 더 큰 의미가 있다. 어쩌면 예언의 성취는 예수의 죽음의 세부적인 내용까지 미리 각본에 들어 있었음을 보여주기 위한 변증법적인 이유에서 인용되었을 수도 있다. 예수의 찔린 옆구리에서 피와 물이 흘러나오고, 그 세부적인 내용은 성경이 아닌 목격자의 증언으로 거슬러 올라간다.

**

38   요 19:31-37.
39   요 19:36; 참조. 출 12:46.
40   요 18:28, 39; 참조. 13:1.
41   요 19:37; 참조. 슥 12:10.

그중 한 군인이 창으로 옆구리를 찌르니 곧 피와 물이 나오더라. 이를 본 자가 증언하였으니 그 증언이 참이라. 그가 자기의 말하는 것이 참인 줄 알고 너희로 믿게 하려 함이니라.[42]

이 모든 것이 다 의문 투성이다. 과연 옆구리에서 흘러나온 피와 물이 왜 유일하게 믿음을 독려하는 특별한 증언이 필요한가? 익명의 증인은 누구인가? 그는 익명인 "예수가 사랑한 제자"와 쉽게 동일시될 수 없다. 왜냐하면 그 제자는 이미 예수의 어머니를 그의 집으로 모시고 가기 위해 그 장소를 떠났기 때문이다.[43] 그 증인이 누구든지 간에, 그의 증언의 진실성은 마치 회의적인 반대에 직면한 것처럼 왜 그리도 강조되고 있는가? 마치 이 증인의 주장이 지닌 진실성에 따라 그 믿음이 성립되거나 무너지는 것처럼 보인다. 그가 목격했다고 주장하는 피와 물은 단순히 물과 피 그 이상일 수밖에 없다. 이 물과 피는 생명을 주는, 예수의 찔린 옆구리로부터 흘러나오는 강일 수밖에 없다.

한편 하나님의 유월절 양의 부서지지 않은 몸과 거기서 흘러온 피와 물에 관한 수수께끼를 푸는 열쇠는 요한복음 앞부분에서 찾아볼 수 있다.

요한복음 6장에서 5천 명을 먹이신 전통적인 이야기는 요한복음에만 나오는 예수와 무리 간의 대화로 이어지는데, 이 대화는 기적

**

42   요 19:34-35.

43   요 19:27.

이 일어난 장소에서 이루어지지 않고, 이튿날 가버나움 회당에서 진행된다.[44] 이 대화에서 이 기적의 의미가 논쟁의 대상이 된다. 이 복음서에서 종종 일어나듯이 예수와 그의 청중은 서로 동문서답을 주고받는다. 그들은 모세가 광야에서 만나를 가지고 그렇게 했듯이 예수도 자신들에게 영원한 떡을 제공할 것을 요구한다.[45] 예수는 그들에게 "썩을 양식을 위하여 일하지 말고 영생하도록 있는 양식을 위하여 하라"고 다그친다.[46] 이 대화가 계속 전개되고 청중의 몰이해가 점점 더 적대감으로 변하자 예수는 자신을 모형론적으로 하늘로부터 내려온 성경의 만나에 상응하는 영생을 주는 양식과 동일시한다. "[나는] 하늘에서 내려온 떡이라."[47] 그리고 더 나중에는 떡이 역설적인 반전을 통해 살로 변한다. "내가 줄 떡은 곧 세상의 생명을 위한 내 살이니라"는 주장은 "이 사람이 어찌 능히 자기 살을 우리에게 주어 먹게 하겠느냐?"라는 분노에 찬 질문을 불러일으킨다.[48] 이에 대한 답변은 다시 한번 반복되고 청중의 분노를 더욱 악화시킨다.

> 예수께서 이르시되 "내가 진실로 진실로 너희에게 이르노니 인자의 살을 먹지 아니하고 인자의 피를 마시지 아니하면 너희 속에 생명이 없느니라. 내 살을 먹고 내 피를 마시는 자는 영생을 가졌고 마지막 날에 내

..
44   요 6:59.
45   요 6:30-34.
46   요 6:27.
47   요 6:41; 참조. 6:34-35.
48   요 6:51-52.

가 그를 다시 살리리니."[49]

이러한 배경에 비추어 보면 하나님의 유월절 어린양의 꺾이지 않은 뼈와 그의 상한 옆구리로부터 흘러나온 피에 대한 언급이 마침내 이해가 되기 시작한다(물론 그 의미가 여전히 완전히 이상하고 반[反]직관적이긴 하지만 말이다). 예수는 하늘에서 내려온 만나와 유월절 어린양에 해당한다. 우리는 이 두 가지 역할을 하는 예수를 먹을 수 있다. 익명의 증인은 예수의 피에서 믿는 자에게 주어지는 생명의 음료의 상징 표지 또는 성례를 발견한다.

이 음료는 피이기도 하지만, 또한 물이기도 하다. 요한복음 7장에서 예수는 갈릴리에서 그의 많은 추종자로부터 버림을 받은 후 장막절을 위해 예루살렘으로 올라간다. 이 명절 마지막 날에 그는 그 자리에 서서 다음과 같이 선포한다.

> "누구든지 목마르거든 내게로 와서 마시라. 나를 믿는 자는 성경에 이름과 같이 '그 배에서 생수의 강이 흘러나오리라'" 하시니, 이는 그를 믿는 자들이 받을 성령을 가리켜 말씀하신 것이라. (예수께서 아직 영광을 받지 않으셨으므로 성령이 아직 그들에게 계시지 아니하시더라.)[50]

· ·
49   요 6:53-54.
50   요 7:37-39.

예수가 죽은 후에 그를 찌른 창은 그의 심장으로부터 생명수의 강이 흘러나오게 한다. 여기서 이 말씀의 배경은 이제 변화무쌍한 성경의 이미지가 회복된 성전에 대한 에스겔서의 환상에서 찾을 수 있는데, 거기서는 성전의 입구에서 생명을 주는 물이 흘러나온다. 예수가 만나와 유월절 어린양과 동일시된 것처럼 여기서는 그가 성전과 동일시된다.[51] 그는 자기의 죽음이 임박해올 때 목이 말랐지만, 그의 옆구리에서는 생명을 주는 강물이 흘러나왔고, 이로 인해 이제는 그 누구도 더 이상 목마를 필요가 없게 되었다.

죽음 이후

장사와 빈 무덤 내러티브에 대한 에우세비오스의 분석에는 다소 이례적인 부분이 있는데, 특히 그가 마태복음과 마가복음에 나오는 실명이 언급된 여자들과 누가복음에 나오는 익명의 여자들을 서로 구분하는 점이 그렇다. 이보다 더 중요한 것은 이 분석이 이 연속적인 이야기에서 마가복음이 수행한 중대한 역할에 주의를 기울인다는 점이다. 비록 마태, 마가, 누가가 각자 나름대로 이 이야기에 기여하는 것이 사실이지만($X_{1,3,4}$ 본문), 다른 본문에서는 마가가 항상 공통분모의 역할을 감당한다. 다른 정경 목록도 모두 마가복음을 포함한다(I,

••
51   참조. 겔 47:1-12.

II, VI, VIII; 도표 7.2를 보라).

복음서의 부활절 이야기에 대한 에우세비오스의 분석은 16:8에서 끝이 나는 마가복음의 가장 오래된 버전에 기초한다. 막달라 마리아와 다른 여자들은 빈 무덤 앞에서 천상의 존재를 만나고, 예수의 부활과 갈릴리에서 그와 다시 만날 것을 남자 제자들에게 알리라는 지시를 받는다. 놀랍게도 이 여자들은 이 메시지를 전달하는 데 완전히 실패한다. 이 복음서는 그들의 실패를 보고하면서 다음과 같이 끝을 맺는다. "여자들이 몹시 놀라 떨며 나와 무덤에서 도망하고 무서워하여 아무에게 아무 말도 하지 못하더라."[52] 비록 에우세비오스가 이 본문을 그의 정경 II에 할당하지만, 마가복음은 마태복음과 누가복음의 병행 본문과 상당히 다르다. 마태복음에서는 여자들이 "무서움과 **큰 기쁨으로**" "**제자들에게 알리려고**" 달려가서 즉시 부활하신 주님을 만난다.[53] 누가복음은 이 메시지가 실제로 전달되고 그들이 이를 믿지 않은 것을 보고한다.[54] 마태와 누가와 요한은 모두 부활하신 주님의 출현을 서술한다. 하지만 마가에게는 빈 무덤 이야기가 새로운 시작이기보다는 하나의 결말이다.

여기서 제기되는 질문은 과연 이 복음서가 본래 마가복음이 끝난 지점에서 **마치는** 것이 맞냐는 것이다. 다른 복음서 저자들에게는 부활하신 예수가 그 부활한 몸으로 제자들에게 나타나셔서 앞으로 그들

••
52 막 16:8.
53 마 28:8-9.
54 눅 24:9-11.

이 감당할 복음 선포자로서의 역할을 부여하는 것이 필요했다. 제자들은 부활하신 주님에 대한 믿음으로 되돌아와야 했고, 유대인과 이방인에게 그 믿음을 전해야만 했다. 2세기의 어느 시점에 이르러서는 이에 대한 마가복음의 무관심은 더 이상 용납될 수 없게 되었다. 따라서 새로운 결말이 만들어지고 옛 결말에 덧붙여지게 된 것이다.

> 여자들이 몹시 놀라 떨며 나와 무덤에서 도망하고 무서워하여 아무에게 아무 말도 하지 못하더라. 예수께서 안식 후 첫날 이른 아침에 살아나신 후 전에 일곱 귀신을 쫓아내어 주신 막달라 마리아에게 먼저 보이시니, 마리아가 가서 예수와 함께하던 사람들이 슬퍼하며 울고 있는 중에 이 일을 알리매 그들은 예수께서 살아나셨다는 것과 마리아에게 보이셨다는 것을 듣고도 믿지 아니하니라.[55]

소위 이 마가복음의 긴 결말은 두 제자가 시골로 내려가다가 예수를 만나고 이 사실을 나머지 열한 제자에게 알리는 이야기로 전개되는데, 거기서 그들은 그들의 불신앙으로 인해 비난을 받지만, 곧이어 세계 선교 사명을 받는다.[56]

이러한 긴 결말이 존재함에도 불구하고 마가복음 16:8에서 끝나는 본문도 계속해서 회람되었다. 수 세기가 지난 이후에도 이 복음서

--

55 막 16:8-11.
56 막 16:12-20.

에 보다 더 만족할 만한 결말을 제공하려는 새로운 시도는 지속되었다. 이것이 소위 짧은 결말인데, 16:8에서 끝나는 그 이전의 결말과 혼동을 일으켜서는 안 된다.

여자들이 몹시 놀라 떨며 나와 무덤에서 도망하고 무서워하여 아무에게 아무 말도 하지 못하더라. 그리고 그들은 그들에게 전한 모든 것을 베드로 및 그와 함께 있는 이들에게 간략하게 보고했다. 그 이후 예수는 그들을 통해 거룩하고 불멸하는 영원한 구원의 메시지를 동쪽에서 서쪽까지 내보냈다. 아멘.

이 본문은 이 여자들이 오직 남자 제자들에게 도달할 때까지만 무서워하며 침묵을 지켰고, 남자 제자들은 이 여자들이 전한 메시지를 듣고 믿었다는 것을 전제한다. 마태, 누가, 요한과 마찬가지로 이 긴 결말에서는 부활하신 주님이 그의 제자들에게 나타난 사건이 선교의 사명과 특별히 관련이 있다. 놀랍게도 이 모든 본문에서 생략된 것은 바로 바울과 후대 저자들이 크게 강조한 예수의 부활과 죽은 자들의 일반적인 부활 간의 연관성이다.[57] 예수의 죽음의 경우에서처럼 그의 부활 역시 다양한 방식으로 해석될 수 있다. 만약 마가복음의 긴 결말과 짧은 결말을 서로 나란히 놓고 원래의 결말을 복구한다면 어쩌면 그중의 한 가지 해석이 복구될 수 있을지도 모른다.

..
57   참조. 고전 15장.

만약 마가복음이 본래부터 여자들이 무서워하며 무덤을 떠난 것으로 끝났다면 예수의 부활에 대한 천사의 선포가 이 사건과 관련하여 이 복음서 저자가 직접적으로 제시한 유일한 증언이다.

놀라지 말라. 너희가 십자가에 못 박히신 나사렛 예수를 찾는구나. 그가 살아나셨고 여기 계시지 아니하니라. 보라! 그를 두었던 곳이니라.[58]

빈 무덤 이야기가 유월절 내러티브의 출발점인 다른 복음서에서는 천사의 선포보다 주님의 출현이 그의 부활에 대한 믿음을 유발한다. 만약 누가복음과 이 긴 결말에서처럼 여자들을 통해 전달된 천사의 메시지를 제자들이 믿지 않았다면 빈 무덤 이야기는 그 참된 의미를 잃어버리고 만다. 그러나 만약 예수의 부활에 대한 마가의 증언이 이 이야기 안에 모두 담겨 있다면 마가의 증언의 역할은 크게 향상될 수밖에 없다. 문제는 그 향상된 역할을 어떻게 이해해야 하느냐에 있다.

마가복음에서 빈 무덤 이야기의 본래 형태는 예수의 출현을 내다보기보다는 예수의 죽음을 되돌아본다. 막달라 마리아와 야고보와 요세의 어머니 마리아, 그리고 살로메는 예수가 십자가에 달려 있을 때 "멀리서 바라보[고]" 있었다.[59] 유월절 아침에 무덤에 향품을 가져간 이들도 바로 이 세 여자였으며, 그중 두 여자는 예수가 장사 되는

..
58   막 16:6.
59   막 15:40-41.

것도 목격했다고 한다.[60] 다른 인물들은 마가복음의 이야기 결말부에서 좀 더 제한된 임무를 수행한다. 아리마대 사람 요셉은 예수를 장사할 수 있도록 허락해달라고 요구한다. 빌라도는 백부장과 협의한 후에 요셉의 요구를 들어준다. 흰옷을 입은 청년은 무덤에서 예수의 메시지를 전달한다. 비록 돌을 옮기는 문제를 논의할 때를 제외하고는 항상 침묵을 유지하긴 하지만, 이 여자들은 예수의 죽음, 그의 장사, 그의 빈 무덤 등 결정적인 순간에는 모두 그 자리를 지키고 있었다. 이것이 주는 효과는 바로 이 빈 무덤 이야기를 장사 이야기를 이어받는 후속 기사로 만드는 것이다. 예수의 무덤을 그의 시체가 없는 빈 무덤으로 만든 하나님의 이 보이지 않는 행동은 그의 시체를 그곳에 둔 요셉의 행위를 다시 거꾸로 되돌린다. 여자들은 시체를 무덤에 두는 것과 그 시체가 사라진 것에 대한 증인이다. "보라! 그를 두었던 곳이니라." 시체가 사라진 것은 반드시 설명이 필요한데, 다음의 설명이 부활에 관해 마가복음이 제시하는 유일한 증거다. "그가 살아나셨고 여기 계시지 아니하니라."[61]

죽음과 장사와 부활: 문제는 이 세 사건을 어떻게 서로 연결하느냐는 것이다. 이 내러티브의 무게 중심은 압도적으로 이 세 가지 가운데 첫 번째에 있다. 사흘째 날의 부활은 이미 마가복음의 수난 예고에서 죽음으로 끝날 미래의 수난에 대한 후기(postcript)에 지나지 않아

..
60   막 16:1; 15:47.
61   막 16:6.

보인다.[62] 장사와 부활은 그 죽음에 대한 인간과 하나님의 대조적인 반응으로 볼 수 있다. 요셉의 용감하고 관대한 행동은 혹사를 당한 예수의 몸의 존엄성을 어느 정도 회복시켜주려는 의도가 담겨 있다. 보이지는 않지만 강력한 하나님의 행동은 상당히 다른 차원에서 이루어진다. 이 행동은 그의 죽음을 통해 인자가 "자기 목숨을 많은 사람의 대속물로 주려 함"이라는 그의 소명을 성취하고[63] 육체적·영적 멸절(annihilation)을 스스로 받아들임으로써 많은 사람의 안녕을 보장해주었음을 선포하고 확증한다.

••
62   막 10:33-34; 참조. 8:31; 9:31.
63   막 10:45.

8장

복음의 진리

그리스도가 탄생하기 약 반세기 전에 티투스 루크레티우스 카루스라는 한 로마 시인은 야심 차게 *De rerum natura*라는 제목을 붙인 여섯 권의 책에서 철학적인 시 하나를 썼다. 이 제목을 문자적으로 번역하면 이 시인의 야망의 크기를 제대로 포착하지 못한다. 번역가는 이를 「사물의 본질에 관하여」(*On the Nature of Things*)라기보다는 「우주의 본질에 관하여」(*On the Nature of the Universe*)로 번역하는 것이 더 낫다. 이보나 더 나은 번역은 「모든 것에 대한 이론」(*A Theory of Everything*)일 수도 있다. 루크레티우스의 시는 그 당시를 대변하지만, 그 핵심 주장은 아주 쉽게 현대 상황에 적용할 수 있다. 이 시는 우주 안에 있는 모든 것은 무한한 숫자의 물질 입자, 곧 무한한 공간을 통해 영원히 떠다니는 "원자"로 만들어졌다고 가르친다. 이 원자는 서로 연합하여 우리가 거주하는 이 세계의 복잡한 존재—별과 바람과 바위와 나무와 몸과 생각—를 형성하는 본유적인 성향이 있다. 사물은 생겨나고 어느 기간 동안 지속하다가 그것을 구성하는 원자가 새로운 구조를 형성하면 분해된다. 원자는 그냥 거기에 있다. 원자는 항상 있었고, 또 항상 있을 것이다. 어느 신도 그것을 창조하지 않았다. 우리는 자연의 힘을 주관하는 숨겨진 신적 동인을 발견하기 위해 원자의 배후로 돌아갈 수 없다. 왜냐하면 그러한 동인은 존재하지 않기 때문이다. 사실 이 시는 우리가 이러한 가상의 동인에 의존하는 것으로부터 자유롭기를 원한다. 이 시는 우리가 이러한 가상의 동인 없이도 훨씬 더 행복할 것이라고 가르친다.

루크레티우스는 그의 시 초두에서 우리에게 익숙한 종교적 신념과 관행은 단순히 폐기되어야 한다는 자신의 요구에 동요하는 독자들에게 자신을 소개한다. 종교가 거대한 악의 원천이라는 자신의 명제를 입증하기 위해 그는 신의 은혜를 얻기 위해 무고한 자식을 희생제물로 바치는 어떤 아버지에 관한 오래된 이야기를 들려준다.[1] 이 이야기에서 그 자식은 이피게니아라는 여자아이인데, 그의 아버지 아가멤논은 그 아이의 결혼을 축하하기 위해 그 아이를 아울리스에게 보낸다. 그 아이가 혼인 예식을 치르기 위해 도착했을 때 그 아이는 그 자리에 모인 사람들이 울고 있다는 것을 알아차린다. 그리고 칼을 들고 있는 사제들 옆에는 제단이 있는데, 그 아이의 아버지 역시 그 뒤에 서서 울고 있었다. 제물로 드릴 짐승은 눈에 띄지 않았고 결혼식도 열리지 않았다. 그녀의 아버지는 그녀를 속인 것이다. 그는 트로이

..
1   Lucretius, *On the Nature of Things* 1.82-101.

로 배를 타고 떠날 준비를 모두 마쳤지만, 여신 디아나의 마음을 상하게 한 나머지 그가 탄 배는 더 이상 앞으로 전진할 수 없었다. 그가 이 여신의 힘으로 순풍을 만나려면 그는 자기 친딸을 희생제물로 바쳐야만 했다. 이제 자신이 처한 상황을 깨닫게 된 이피게니아는 두려운 나머지 바닥에 엎드렸고, 사람들은 이제 그녀를 제단으로 끌고 가야 하는 상황에 처하게 되었다. 무고한 자가 죄인을 대신하여 속죄의 제물이 되고, 그 배는 이제 앞으로 나아갈 수 있게 되었다. 이 이야기가 주는 교훈은 단 한 줄의 충격적인 문장으로 요약된다. *Tantum religio potuit suadere malorum*(이것이 종교가 사람들로 하여금 가장 흉악한 짓까지도 저지르게 하는 수준이다).[2] 심지어 사랑이 많은 부모—아가멤논, 아브라함—조차도 이 강한 힘으로부터 자유롭지 못하다. 종교가 저지를 수 있는 악에 대한 시인의 확신은 심지어 "자기 아들을 아끼지 아니하시고 우리 모든 사람을 위하여 내주신"[3] 신에 관해 이야기한다 할지라도 결코 줄어들지 않을 것이다.

비록 종교가 다양한 형태를 취할 수 있다는 사실을 루크레티우스가 절대 모르지 않았겠지만, 그는 종교 간의 차이점보다는 유사점에 더 큰 충격을 받았다. 언제나 그리고 어느 곳에서나 이 세상의 종교는 눈에 보이는 현상 배후에 있는 보이지 않는 세력—자기들이 좋아하는 이들에게는 복을, 그렇지 않은 이들에게는 그 반대의 것을 주

..

2   Lucretius, *On the Nature of Things* 1.101.

3   롬 8:32.

기 위해 이러한 현상을 통제하고 주관하는 세력—과 인간관계를 협
상하기 위한 여러 가지 의식과 기술을 만들어냈다. 종교가 만들어낸
의식과 기술은 일반적으로 전문가 계급의 전유물이며, 그들이 신과
가까이 있다는 것만으로도 그들은 자신의 인간 고객을 대변할 수 있
는 역할을 부여받는다. 루크레티우스가 볼 때 이것은 모두 거짓이며
속임수다. 바람이 잘못된 방향으로 부는 것은 신이 진노하는 것과 아
무런 상관이 없다. 만약 바람이 올바른 방향으로 분다면 그것은 값비
싼 희생제물로 인해 신의 진노가 사그라들었기 때문이 아니다. 바람
은 단지 바람일 뿐이며, 어떤 초인간적 존재의 호의나 불쾌한 감정의
표현이 아니다. 바람은 이 세상의 물질적 하부구조에 내재된 논리에
따라 분다.

　　루크레티우스는 독자들에게 자신의 모든 것에 관한 이론을 소개
하면서 그들을 어떤 공동체에 합류하도록 초청한다. 그의 공동체를
세운 창시자는 비록 인간이긴 하지만, 다른 어떤 전통적인 신보다 훨
씬 더 신으로 인정받을 만한 자격을 갖추고 있다(이것이 그가 인류에게
가져다준 혜택이다). 시인은 그의 시 전체를 통해 그가 태어나기 두 세기
전에 아테네의 자기 집 정원에서 같이 모인 남자와 여자에게 자신의
철학을 가르친 에피쿠로스의 철학을 웅변적으로 설파한다. 이와는
대조적으로 시인이 그의 독자들에게 합류하도록 초청한 그 공동체는
뿔뿔이 흩어져 있다. 그 공동체는 이 시가 달성하고자 하는 목적이 성
취되는 곳에서는 언제든지 존재한다. 그것은 바로 다른 이들을 오직
원자와 그 원자를 담고 있는 공간만 있고 신은 없는 그 세계로, 곧 시

에서 상상하는 그 실제 세계로 이끄는 것이다. 같은 생각을 하는 사람들이 모이는 다른 공동체처럼 이 공동체 역시 그 안에 신조가 있고, 그 공동체에 들어갈 수 있는 조건은 이 신조에 동의하는 것이다. 그 가운데 한 가지 신조를 꼽자면 종교는 본유적으로 악하며, 인간은 종교를 거부할 때 비로소 자신의 인간성을 온전히 깨닫게 된다는 것이다. 차별(differentiation)과 미묘한 차이(nuance)와 반증(counterexample)은 여기서 환영을 받지 못하며, 자기비판은 오직 기본 원칙을 위협하지 않는 차원에서만 허용된다. 따라야 할 또 다른 신조는 이 세상에 존재하는 모든 것을 매끄럽고 포괄적인 방식으로 설명하는 단일 "만물 이론"의 가능성과 타당성이다. 루크레티우스의 시는 이 두 신조, 곧 긍정적인 신조와 부정적인 신조를 중심으로 회전한다.

이러한 유형의 "인문주의적" 관점에서 보면 인간이 신의 세계와 맺는 관계를 이야기하는 본문은 모두 위험할 정도로 사물의 본질(*rerum natura*)을 왜곡하여 설명한다. 당연히 이것은 신약성경과 그 안에 들어 있는 네 복음서에도 동일하게 적용된다. 이 인문주의적 또는 세속주의적 시각에서 보면 사복음서는 최소한의 역사적 사실을 내포한 순수한 픽션의 옷을 입고 있지만, 그럼에도 가장 절대적이고 전체주의적인 형태의 진리를 구현하도록 되어 있다. 이 진리에 대한 맹목적인 믿음이 필요하며, 다른 믿음을 가진 사람이나 믿음이 없는 사람은 악마처럼 여긴다. 하나님의 권위가 유일하게 한 개인에게 있다는 사복음서의 주장은 약한 자들 위에 군림하는 강한 자들에 의해 자행되는 모든 유형의 관념적인 남용에 사복음서를 노출시킨다. 아버지와 아들, 그리고 특별히 선택된 열두 명이 주된 임무를 수행한다는 사실은 이제 계몽된 세속 세계에서 더 이상 수용될 수 없고 이해 불가능한 방식으로 여성의 권리를 계속해서 빼앗고 있다. 똑같이 문제시되는 것은 아버지에 의해 아들이 고통을 당하는 것을 선하고, 타당하며, 필수적이라고 여기는 사복음서의 아버지-아들의 관계의 묘사다. 여성이 소외되거나 아이들이 학대를 받는 상황에 무조건적으로 정당성을 부여하는 본문은 절대로 신성불가침의 대상일 수도 없고, 비판을 초월할 수도 없다. 이것이 허용되는 본문에서는 이러한 절대적인 지위에 진정으로 도전할 수 있는 자유도 없다. 또한 만약 모순과 불합리성과 부도덕성이 지적을 받으면 "신성 모독"이라는 강력한 처벌이 곧바로 내려질 것이다.

이런 문제를 나열하자면 끝이 없다. 이러한 논쟁거리에 대응할 만한 시간과 장소가 따로 있겠지만 여기는 아니다. 그럼에도 심지어 우리가 복음이 거짓이고 인간의 안녕에 해가 된다는 세속주의자들의 합의를 거부한다 하더라도 복음 자체가 거짓이라는 그들의 주장은 여전히 복음의 진리 문제에 대한 성찰을 유발한다. 대부분의 진리 및 진리 주장과 관련하여 우리가 취할 수 있는 첫 번째 단계는 그것의 일차 문맥을 확인하는 것이다. 어떤 진리는 당연히 보편적이며 또 보편적으로 인정을 받는다. 그 진리의 진실성 또는 거짓됨의 문제는 제기되지 않으며, 논쟁의 여지도 없다. 어쩌면 더욱더 흥미로운 진리 또는 진리 주장은 공동체 안에 내재되어 있고, 현장에서 지켜져야 한다. 이러한 진리나 진리 주장은 추상적으로 존재하지 않으며, 보편적으로 이를 평가하기에 가장 좋은 기준이라는 것은 없다. 아마도 그 진리가 복음의 진리일 경우에는 더더욱 그럴 것이다. 우리는 다음의 네 가지 사례 연구를 통해 이러한 연구가 오늘날에도 유익하리라는 소망을 가지고 복음의 진리가 과거에 어떻게 주장되어왔는지를 탐구해보고자 한다.

성찬의 배경

2세기 기독교 철학자인 순교자 유스티누스는 그의 흥미로운 자서전 글에서 어떻게 자신이 추구하던 진리와 확실성에 이르지 못하면서도 한 유형의 철학 선생에서 다른 유형의 철학 선생으로 옮겨갈 수 있었는지를 이야기한다. 하나는 철학적 탐구를 하나님이 아닌 다른 무언가를 탐구하는 것으로 이해하는 스토아 학파이고, 다른 하나는 지나치게 사치스러운 것으로 판명 난 소요 학파다. 음악과 천문학과 기하학에 대한 무지 때문에 탁월한 피타고라스 학자에게 거절당한 젊은 유스티누스는 플라톤 학파에 합류하고 하나님이 계신 곳처럼 보이는 더 높은 비물질적인 영역을 사랑하는 것을 배우게 되었을 때 비로소 그가 찾던 것을 발견한 듯했다. 바닷가에서 명상을 위한 고독을 즐기던 유스티누스는 어떤 노인이 그에게 다가와 함께 철학적인 대화를 나누면서 자신이 새롭게 발견한 하나님 인식 가능성과 영혼의 불멸성에 대한 플라톤적 믿음이 약화되기 시작하는 것을 발견한다. 유스티누스를 절망에 빠뜨리고 나서 이 노인은 그에게 그리스 철학자들에 대한 열정을 포기하고, 하나님의 아들이 이 세상에 올 것을 예고한 훨씬 더 오래된 히브리 예언자들에게 관심을 돌릴 것을 권면한다. 그런데 바로 그 중요한 순간에 이 노인은 갑자기 사라진다. 유스티누스는 "즉시 내 영혼 안에 불이 붙었고, 예언자들과 그리스도의 친구들에 대한 사랑이 나를 사로잡았으며, 내가 그의 말씀을 곰곰이 묵상할 때 비로소 나는 이것만이 확실하고 유익한 철학임을 발견했다"라고 회고한다.[4] 그의 눈에는 자신이 여전히 철학자이지만, 그는 이제 "그리스도의 친구들"—그들이 철학자이든 아니든 간에—과 어울리며 그들을 사랑한다. 그는 플라톤주의자들의 공동체를 그리스도인들의 공동체와 바꿨으며, 이를 통해 한 세계에서 다른 세계로 이동했다. 그리스도인들의 공동체 안에서 경험하는 세계는 그가 자신의 보금자리로 만드는 데 실패한 다양한 철학적 세계와 완전히 다를 것이다.

이러한 새로운 공동체의 삶의 중심에는 유스티누스가 "사도들의 회고록"이라고 부르는 텍스트가 있다. 물론 그도 인정하듯이 모든 사람이 이 텍스트를 "복음서"라고 부르지만 말이다. 이 텍스트는 사회적 배경이나 교육 수준과 상관없이 모든 사람을 위한 것이다.

"일요일"이라고 불리는 날에는 도시와 시골에 사는 이들이 전부 모이는 모임이 있는데, 거기서는 시간이 허락하는 대로 사도들의 회고록이

---

4   Justin Martyr, *Dialogue with Trypho* 8.1.

나 예언자들의 글을 낭송한다. 그리고 낭송자가 읽기를 마치면 사회자는 우리가 이 선한 것들을 본보기로 삼을 것을 교훈하고 독려하는 연설을 한다. 그리고 우리는 다 일어나 기도하고…우리의 기도가 끝나면 사람들은 빵과 포도주와 물을 가지고 왔다.[5]

이것이 바로 사도와 예언자의 성경이 진리를 이야기한다는 확신을 유스티누스에게 심어준 공동체적 문맥이다. 하지만 이러한 성경의 진리는 단순히 그 성경을 읽을 때 온전히 드러나지 않는다. 거룩한 과거로부터 들려오는 이 음성은 현대 설교자의 연설로 보완되어야만 하는데, 여기서 그의 설교는 읽은 말씀과 도시나 시골에서 온 그의 청중의 한 주간의 삶을 서로 연결해주는 역할을 한다. 매주 일요일마다 갱생되는 이러한 연결고리 없이 사복음서는 오직 제한된 의미에서만 "참되다." 사복음서는 실제의 삶을 산 사람들과 실제로 일어난 사건들에 관해 진실하게 이야기할 수 있지만, 사복음서가 의도한 삶으로 살아가는 총체적인 진리를 사실상 제공해주지 못한다. 복음서에 담긴 진리는 텍스트와 그 지시 대상 간의 어떤 무기력한 교류가 아니다. 그 변화시키는 능력은 사복음서가 읽히고, 해석되고, 들려지고, 기도의 대상이 되고, 삶으로 살아내면서 지속적으로 재발견되어야만 한다. 복음서 낭독 이후에 이어지는 이 말씀에 대한 사회자의 해석은 복음에 대한 보다 더 포괄적인 해석이 어떻게 매일의 삶에서 실천될 수

5   Justin Martyr, *1 Apology* 67.3-5.

있는지를 보여주는 데 그 목적이 있다.

복음과 삶의 이러한 관계는 어떤 임의적인 관계가 아니다. 유스티누스가 초기 기독교 예배에 대해 비록 짧지만 의미 있게 묘사하는 내용을 보면 사람들이 복음서 내러티브를 단지 읽고 해석할 뿐만 아니라 성찬식을 거행하는 가운데 이를 재현하고 있다는 것을 알 수 있다. 낭독과 설교와 기도 후에 빵과 포도주를 가져오는데, 이는 예수가 제자들에게 자신을 이렇게 기념할 것을 지시했기 때문이다.

> "복음서"라고 불리는 그들의 회고록에서 사도들은 우리에게 그들이 명령받은 것, 즉 예수가 빵을 가지고 감사 기도를 하시면서 "이것은 너희를 위하여 주는 내 몸이라. 너희가 이를 행하여 나를 기념하라"라고 말씀하셨고, 잔을 가지고도 이처럼 감사 기도를 하시면서 "이 잔은 내 피다"라고 말씀하셨다. 그리고 그는 그들에게만 이를 전해주셨다.[6]

성찬식에 참여한 자들은 복음서 내러티브 안에서 예수가 자신을 그들의 양식과 음료로 제공하는 식탁을 공유하는 그의 제자들의 입장에 선다. 이러한 최후의 만찬의 재현(再現, reenactment)은 복음서 읽기와 말씀 선포에 따라 매일의 삶에서 이루어지는 "모방"(*mimesis*)의 객관적인 기초가 된다. 유스티누스는 다른 본문에서 마가복음과 요한복음보다는 마태복음과 누가복음에 더 익숙한 자신을 보여주는데,

..
6   Justin Martyr, *1 Apology* 66.3.

이는 여기서도 마찬가지다. "너희가 이를 행하여 나를 기념하라"는 명령은 누가복음에서 가져온 것인데, 여기서 누가는 바울을 따른다.[7] 누가와 마찬가지로 유스티누스에게도 이 명령은 예수를 따르는 자들이 반드시 따라야 할 명령임을 명시적으로 밝힌 유일한 말씀으로서 매우 중요하다. 유스티누스의 글에서는 재현하라는 명령이 떡과 잔에 관한 말씀보다 앞에 배치됨으로써 누가복음에서보다 훨씬 더 크게 강조된다. "감사 기도"에 관한 첫 번째 언급도 누가복음에서 가져온 것인데, 마태복음은 그 대신 여기서 "축복하시고"라고 말한다.[8] 유스티누스는 "그와 같이 하여"라는 표현에서 볼 수 있듯이 예수의 행동 간의 대칭을 부각하면서 누가복음을 따른다. 두 저자는 "잔"에 대한 언급에서 정관사를 덧붙이면서 이 잔이 성찬식 참여를 통해 독자들에게도 이미 친숙함을 암시한다. 누가복음 이야기의 순서는 다음과 같다.

> 또 떡을 가져 감사 기도 하시고 떼어 그들에게 주시며…
>
> **"이를 행하여 나를 기념하라.…"**
>
> **저녁 먹은 후에 잔도 그와 같이 하여….[9]**

한편 축약된 명령("이것은 내 몸이니", "이것은…나의 피니라")은 "잔을 가

---

7   눅 22:19; 참조. 고전 11:24-25.
8   마 26:26.
9   눅 22:19-20.

지사 감사 기도 하시고" 및 제자들의 참여에 대한 언급과 함께 마태
복음을 반영한다.

> "받아서 먹으라. 이것은 내 몸이니라."
> 또 잔을 가지사 감사 기도 하시고 그들에게 주시며…
> "이것은 죄 사함을 얻게 하려고 많은 사람을 위하여 흘리는바 나의 피
> 곧 언약의 피니라."[10]

유스티누스의 요약본에서는 마태복음과 누가복음의 성찬 내러티브
가 서로 엮여 있다. 유스티누스의 성찬 언어에는 요한복음의 측면도
담겨 있다. 최후의 만찬 때 예수가 자신을 드리는 내용은 그의 성육신
한 삶 전체를 상징적으로 표현한다. 공관복음의 성찬 언어는 요한복
음의 광범위한 문맥에 위치한다.

> 하나님의 말씀을 통해 우리 주 예수 그리스도께서 육신이 되시고
> [*sarkopoiētheis*], 우리의 구원을 위해 육신과 피를 가지신 것처럼, (우리
> 가 배운 것처럼) 그의 감사의 기도를 통해 주어진 자양분도…육신이 되
> 신 예수의 육신과 피다.[11]

..
10   마 26:26-28; 참조. 막 14:22-24.
11   Justin Martyr, *1 Apology* 66.2.

공관복음의 "몸과 피"와는 대조적으로 예수가 육신이 되신 것에 대한 이중 언급과 그의 "육신과 피"와 성찬의 연관성에서는 요한복음의 영향이 엿보인다.[12] 이러한 요한복음 관점의 도입은 성찬식에서 기념하는 것이 단순히 예수의 죽음이 아니라 그의 성육신하신 삶의 목적과 의미가 담긴 그의 자기희생적 죽음임을 보장해준다. 이를테면 성육신으로부터 십자가의 처형과 그 너머에까지 확대되는 복음서 내러티브 전체를 통해 나타난 예수의 모든 것이 떡과 포도주를 통해 제자들에게 주어지는 것이다. 그리고 정경 복음서가 서술하는 이 예수의 자기희생적 행위 전체가 성찬식이 거행될 때마다 새롭게 재현되는 것이다.

초기 기독교 성찬식에 관한 유스티누스의 묘사는 어떤 의미에서 그리 새롭지만은 않다. 모든 것은 우리가 예상한 대로다. 그리스도인들은 주일 예배를 위해 모이고, 복음서나 구약성경을 낭독하고 이에 기초한 설교가 이어지며, 중보 기도와 성찬 기도와 떡과 포도주를 나눈다. 궁핍한 자들을 위한 헌금도 한다. 비록 예수의 성찬 주문 명령이 성찬식 기도에 포함되어 있었는지는 확실하지 않지만, 유스티누스가 이를 인용했다는 점은 그리스도인들이 이 명령을 성찬 예배의 기본으로 이해했음을 말해준다. 모든 것이 우리가 예상한 대로이며, 이는 이 모든 것이 우리에게 매우 친숙하기 때문이다. 예수의 최후의 만찬의 재현은 여전히 지금도 주일마다 이와 유사한 방식으로 계속

---

12   요 1:14; 6:54.

되고 있다. 이러한 문자적 재현은 여전히 특별한 변화 없이 복음서 낭독과 설교를 통해 표현되고 매일의 삶에서 실천되는 모방(*mimesis*)의 기초가 된다고 볼 수 있다. 이러한 성찬의 문맥에서는 사중적 정경의 형태로 주어진 복음서의 진리를 확인하는 것이 자연스럽고, 이를 거부하는 것이 부자연스럽다.

복음서에 대한 변증

예수는 거짓 증인들이 그를 기소할 때 침묵을 지켰다. 그는 자신을 변호할 수 있었지만, 그렇게 하지 않았다. 예수는 심지어 지금도(오리게네스는 「켈수스에 대항하여」라는 그의 위대한 변증서 도입부에서 그렇게 지적한다) 그와 그의 추종자들이 그를 대적하는 비판자들에게 공격을 받을 때 침묵을 지킨다(물론 그들은 이 세상에 악이 지속하는 한, 언제나 공격의 대상이 되겠지만 말이다). 그의 유일한 변호—그리고 이것은 위험이 뒤따른다—는 그가 세운 공동체의 삶뿐이다. 그리스도인들은 그들의 주님이 보이신 모범을 따라 오리게네스가 건네받은 것과 같은 반(反)기독교 책자를 접할 때 침묵을 지키는 것이 옳다. 이 문제의 책자는 「참된 교리」(*True Discourse*)인데, 켈수스가 오래전에 쓴 것이지만, 오리게네스가 이에 대응하던 240년대에도 여전히 유통되고 있었다. 오리게네스는 기독교 신앙을 위한 변명이 그 관심을 공동체의 삶에서 다른 곳으로 돌림으로써 기독교 신앙을 오히려 더욱더 약화시킬 수 있음을 인정한다. 어쩌면 오히려 침묵이 더 나은 선택일 수도 있다. 그럼에도 그는 자신의 신실한 후견인인 암브로시우스의 요청과 켈수스의 주장으로 인해 흔들릴 수도 있는 연약한 동료 그리스도인들의 믿음을 배려하여 글을 쓰기로 결심한다.

켈수스는 다수의 복음서가 회람되고 있음을 알고 있었지만, 그는 주로 마태복음과 친숙했고, 또 이를 와해시키고자 했다. 마태복음에 의하면 예수의 어머니는 처녀일 때 기적적으로 임신하고 그를 낳았다. 그가 정혼한 남편 요셉은 처음에는 그녀의 부정을 의심했지만, 천사의 방문으로 그녀가 임신한 아기가 실은 성령의 능력으로 잉태되었다는 사실을 받아들이게 된다. 켈수스에 의하면 이 이야기는 단순히 종교를 빙자한 사기에 지나지 않는다. 실제로 일어난 사건은 마리아가 판테라라는 이름의 군인과 불륜을 저질러 목수 남편에게 거절당했다는 것이다.[13] 고향 마을에서 쫓겨난 그녀는 혼외 아들과 함께 얼마간 정처 없이 떠돌아다니다가 이집트에 도착한다. 그 아이가 마술 능력을 얻어 자신이 다름 아닌 하나님의 아들이라는 확신을 얻게 된 것도 바로 이집트에서였다.[14] 복음서 저자는 이 볼썽사나운 현실을 노골적인 거짓말—예언의 성취, 신비스러운 별들, 사람을 죽이려는 왕들 등—뒤에 감춘다.

그리고 예수의 세례에 관한 이야기도 있다. 켈수스는 마태복음

----

13   Origen, *Against Celsus* 1.32.
14   Origen, *Against Celsus* 1.28.

내러티브에 공격을 가하면서 예수에게 직접 질문을 던지는 가상의 유대인 심문자라는 장치를 사용한다. 켈수스의 유대인은 심한 아이러니를 사용하여 다음과 같이 말한다. "당신이 요한 옆에서 씻고 있을 때 당신은 새의 모습을 한 무언가가 당신 위에 내려왔다고 말하는데, 그 모습을 과연 어떤 신뢰할 만한 증인이 목격했고, 또 과연 누가 당신을 하나님의 아들로 입양했다는 천상의 음성을 들었단 말이오?"[15] 켈수스에게 이러한 복음서 내러티브는 기독교 신념을 알리고 선전하기 위해 절대로 받아들일 수 없는 역사적 진실을 체계적으로 왜곡하는 위조 작품에 불과하다.

그렇다면 그리스도인들은 과연 어떻게 하늘이 열리고, 비둘기가 내려오고, 하늘에서 음성이 들리는 이야기를 기정사실로 받아들일 수 있단 말인가? 오리게네스는 이러한 적대적인 감정 뒤에서 세심한 답변을 요구하는 진솔한 질문을 포착한다. 그는 역사적 사건을 재구성하고 그 사건이 실제로 일어났음을 증명하는 것은 언제나 까다롭고 어려운 작업임을 인식할 필요가 있다고 말한다. 예를 들어 트로이 전쟁의 역사성과 같이 많은 것들은 결국 믿음으로 받아들이는 수밖에 없다.[16] 역사를 다룬 책을 평가할 때 기본적으로 세 가지 옵션만이 우리에게 주어진다. 첫째, 우리는 그 주장에 전적으로 동의할 수 있다. 둘째, 우리는 그 책이 의도한 것이 비문자적·은유적 의미라고 결

..

15   Origen, *Against Celsus* 1.41.
16   Origen, *Against Celsus* 1.42.

론지을 수 있다. 셋째, 우리는 특정 인물이나 집단의 이익을 도모하기 위해 어떤 이야기가 날조되었다고 의심할 수 있다. 비평적인 사고를 하는 그리스도인 독자들은 사복음서에 서술된 예수의 역사를 다룰 때 특히 이 두 번째 옵션을 깊이 고려할 필요가 있다. 그리스도인들은 자신들이 가지고 있는 비평적 사고 능력을 포기한 채 자신이 읽는 것을 모두 문자 그대로 믿을 필요는 없다.[17]

예수의 세례의 경우 오리게네스는 두 인간 주인공—요한과 예수—의 역사성은 친(親)기독교적 편견이라고 비난받을 수 없는 신뢰할 만한 자료를 통해 확증된다고 말한다. 유대 역사가 요세푸스는 「유대 고대사」(*Antiquities of the Jews*) 18장에서 요한과 그의 세례 의식을 언급한다. 그는 다른 곳에서도 "그리스도라고 불리는 예수의 형제 의인 야고보"의 죽음과 관련하여 예수를 우연히 언급한다.[18] 따라서 예수가 요한에게 세례를 받은 것은 그 자체로 불가능한 일은 아니다. 우리는 이 사건이 실제로 일어났다는 사복음서의 주장에 동의하지 못할 이유가 전혀 없다.

하늘이 열린 사건은 또 어떤가? 이것은 오리게네스의 두 번째 옵션에 해당한다. 즉 사복음서의 언어는 은유적이라는 것이다. 우리는 우주의 물리적 구조가 잠정적으로 중단되었다는 의미에서 하늘이 열렸다고 생각하지 않는다. 예언자 에스겔이 "하늘이 열리며 하나님의

••

17   Origen, *Against Celsus* 1.42.
18   Origen, *Against Celsus* 1.47, Josephus, *Antiquities* 18.116-19; 20.200을 인용.

모습이 내게 보이니"[19]라고 기록했을 때도 그런 의미가 아니었으며, 예수가 세례를 받을 때 하늘이 열린 것도 당연히 이와 다르지 않다. 분별력 있는 그리스도인 독자라면 예언서와 복음서 텍스트가 환상을 보는 경험을 묘사하기 위해 은유적인 언어를 사용하고 있다고 결론 지어야 할 것이다.[20]

오리게네스는 복음서를 접하는 대다수 그리스도인 독자나 청자가 소수에게만 허용된 교육을 받지 못했기 때문에 특별히 분별력이나 비판적인 사고가 뛰어나지 못한 것이 사실이라고 말한다. 평범한 대다수 그리스도인은 복음서에서 하늘이 열리는 이야기를 읽으면 우주의 물리적 구조에 잠시 어떤 큰 변화가 일어났다고 생각할 것이 분명하다. 그들은 별 어려움 없이 그들이 사는 이 세상에 그런 일이 벌어질 수 있다고 생각할 것이며, 그들은 오히려 은유적인 언어에 관해 이야기하면 더더욱 놀랄 것이다.[21] 켈수스는 교육을 받지 못하고 순진하여 맹목적인 믿음을 가지고 비판적인 사고를 할 줄 모르는 이들을 업신여긴다.[22] 하지만 오리게네스는 이들을 변호한다. 단순한 믿음은 교육을 받지 못한 이들에게 가장 잘 어울린다. 만약 구원이 오직 탁월한 비판적 사고 능력을 갖춘 자들에게만 열려 있다면 구원을 받을 자는 그리 많지 않을 것이다.[23] 더 나아가 자신의 합리적 사고를 자랑하

••
19 겔 1:1.
20 Origen, *Against Celsus* 1.48.
21 Origen, *Against Celsus* 1.48.
22 Origen, *Against Celsus* 1.9.
23 Origen, *Against Celsus* 1.9.

는 이들은 철학 학파를 선택하는 데 있어 믿음의 역할이 얼마나 중요한지를 생각해보아야 한다(여기서도 모든 옵션을 냉철하게 평가해서 결정하는 경우는 드물다).[24]

비평적인 사고를 하는 독자는 문자적 또는 은유적 의미 중 하나에 동의할 수 있지만, 진리를 추구하기보다는 본질에서 벗어난 것에 더 큰 관심을 보이는 내러티브에 **이의를 제기**할 수도 있다. 이것이 바로 오리게네스의 세 번째 옵션이며, 기본적으로 켈수스 자신이 채택한 독법이다. 켈수스는 복음서 이야기가 이념적인 동기에 의해 조작되었다는 또 다른 예로 예수가 그의 죽음과 그 죽음으로 이끄는 여러 사건을 미리 예언했다는 주장을 인용한다. 그는 이 주장이 그 어떤 개연성 있는 현실에 기초하지 않고, 단순히 예수의 제자들에 의해 조작된 것이라고 믿는다.[25] 예수는 그가 잡히던 날 밤 그의 제자들이 그를 버리고 또 베드로가 그를 세 번 부인할 것을 미리 예언했다고 한다. (켈수스는) 설령 그것이 사실이라 하더라도 사실상 아무런 차이가 없다(고 주장한다). 자기 자신의 죽음을 미리 내다본 악행자도 악행자이기엔 마찬가지다. 아마도 이것은 사실이 아닐 것이다. 예수의 치욕스러운 죽음으로 인해 큰 충격을 받은 그의 제자들은 예수가 자신의 운명에 대한 초자연적인 지식을 가지고 있었다고 주장함으로써 이 스캔들을 잠재우려고 했을 것이다.[26]

••

24 Origen, *Against Celsus* 1.10.
25 Origen, *Against Celsus* 1.15.
26 Origen, *Against Celsus* 1.16.

오리게네스가 올바르게 지적하듯이 이러한 독법에는 한 가지 문제점이 있다. 만약 예수의 추종자들이 이 당혹스러운 진실을 감추고자 그토록 애를 썼다면 그들은 왜 제자들이 예수를 버린 것과 베드로가 그를 부인한 것까지도 기록했을까? 어떤 사건이 실제로 일어났다는 사실 자체는 아무에게도 그 사실을 기록으로 남길 것을 강요하지 않는다. 기독교 공동체의 지도자로서 베드로를 비롯한 다른 제자들에게는 예수가 체포되던 날 밤에 자신들이 저지른 비참한 실패를 은폐할 만한 이유가 충분했다. 그럼에도 불구하고 그들은 그렇게 하지 않았다. 오리게네스는 이러한 내러티브가 사복음서의 진리에 대한 강한 집념의 표시라고 말한다.[27]

사실 복음서 내러티브에 대한 오리게네스의 변증은 확고한 결론에 이르지 못한다. 셀수스가 복음서의 진실성을 사전에 수용하지 않았음을 고려하면 그의 "의심의 해석학"의 정당성은 사실상 거부될 수 없다. 오리게네스의 복음서에 대한 변증은 다른 분쟁의 영역—법정, 스포츠 경기, 또는 전쟁터—에서 얻을 수 있는 완전한 승리를 기대할 수 없다. 그렇지만 그는 적어도 그의 상대에게 승리를 허락하지 않을 수 있었고, 또 더 중요한 것은, 비판적이며 기독교적인 복음서 읽기를 개발하는 일에 착수할 수 있었다.

··
27   Origen, *Against Celsus* 1.15.

형식과 내용

마르틴 루터는 그의 독일어 신약성경 역본(1522년)의 서문 끝부분에서 신약의 책들을 중요도에 따라 서열을 매긴다.[28] 사실 이렇게 서열을 매기는 시도 자체가 놀라울 따름이며, 그 이전이나 그 이후에도 이와 유사한 사례는 찾아보기 어렵다.

이 서열의 상위층에는 바울 서신과 더불어 요한복음과 요한일서가 위치하고, 로마서와 갈라디아서와 에베소서가 탁월한 책으로 꼽힌다. 베드로전서는 진정한 그리스도인이라면 날마다 묵상해야 할 이 책들에 사도의 권위를 부여하기 위해 추가된다. 이 서열의 하위층에는 야고보서가 자리한다. 악명 높게도 루터는 이 서신을 "복음의 본질을 전혀 지니고 있지 않은" "지푸라기 서신"(*eyn rechte stroern Epistel ..., denn sie doch keyn Evangelisch art an ihr hat*)이라고 부른다.[29] 그리고 마태복음, 마가복음, 누가복음은 이 두 양극 사이에 위치한다. 이 지점에서 열 권의 책이 한꺼번에 언급되는데, 여섯 권은 윗부분에(나머지 바울 서신과 함께), 한 권은 맨 아래에, 그리고 세 권은 그 중간에 위치한다. 이 서열의 주요 세 지점은 중간에 커다란 공간을 두고 서로 거리를 유지한다. 요한복음은 다른 세 복음서에 비해 **훨씬** 더 선호의 대상이다. 이 복음서는 다른 복음서보다 더 높은 곳에 위치한다(*den andern*

••
28   *WA DB* 6.10-11; *LW* 35.361-62.
29   *WA DB* 6.10; *LW* 35.362.

dreyen weyt weyt fur zu zihen vnd hoher zu heben).[30] 최후의 수단으로 우리는 요한복음에 기록된 그리스도의 구원 선포보다 그의 사역에 더 초점을 맞춘 마태, 마가, 누가복음을 포기할 수도 있다.

루터는 자신이 생각하는 서열을 반영하기 위해 신약의 책 순서를 단 한 부분만을 제외하고 재편성하지 않는다. 히브리서는 베드로 전후서와 요한 서신 다음으로 밀려난다. 신약성경 모음집을 마무리하는 네 권의 책은 이제 히브리서, 야고보서, 유다서, 요한계시록이며, 루터는 이 책들을 논쟁의 여지가 없는 다른 정경 책들보다 항상 덜 중요하게 여겼다. 일곱 권으로 구성된 공동 서신 모음집은 이제 사라지고, 구약 외경에 상응하는 것이 새로운 모음집으로 다시 태어났다. 이 점을 크게 부각하자면 이 마지막 네 권의 책은 루터가 다른 책에 1번부터 23번까지 붙인 순번에 포함되지 않는다.

독일어 역본 맨 앞에는 마태복음, 마가복음, 누가복음, 요한복음이 전통적인 표제—*1. Euangelion Sanct Matthes; 2. Euangelion Sanct Marcus; 3. Euangelion Sanct Lucas; 4. Euangelion Sanct Johanis*—하에 전통적인 순서대로 등장한다. 그렇지만 더 이상 순서나 표제를 뒷받침해줄 만한 정당성은 존재하지 않는다. 네 복음서 모음집은 이제 적어도 원칙상 사라졌고, 공동 서신도 마찬가지다. 그의 서문 초반에 루터는 다음과 같이 쓴다. "그러므로 애당초 오직 네 복음서와 네 복음서 저자만 있다는 생각은 거부되어야 함을 알아야 한다"(*Darumb*

••
30   WA DB 6.10; LW 35.362.

ist auffs erste zu wissen, das abtzuthun ist der wahn, das vier Euangelia vnd nur vier Euangelisten sind).[31] 전통적인 표제는 오해의 소지가 있다. 왜냐하면 이 표제는 "유앙겔리온"(*Euanglion*, 복음)이라는 핵심 용어를 그리스도에 관한 내러티브의 문학적 장르에 적용하는 반면, 그리스어에서 빌려온 이 단어는 실제로 "좋은 메시지, 좋은 소식, 좋은 뉴스, 기쁨으로 부르고 전하는 좋은 보고서"(*gute botschafft, gute meher, gutte newzeytung, gutt geschrey, dauon man singet, saget vnd frolich ist*)를 의미한다.[32] 복음의 메시지가 가져다주는 선함과 기쁨은 요한복음에 아주 분명하게 나타나 있는데, 거기서 예수는 굶주린 자들과 어두움에 다니는 자들과 길 잃은 양처럼 헤매는 자들에게 자신을 생명의 떡, 세상의 빛, 선한 목자 등으로 소개한다.[33] 그러나 루터는 마태복음, 마가복음, 누가복음을 읽을 때는 선함의 증거나 기쁨의 이유를 덜 발견한다. 그에게는 소위 이 "유앙겔리아"(복음)가 그 이름 값을 제대로 하지 못한다.

그의 이러한 결론을 신중하게 받아들인다면 이 결론은 이 사중 복음서를 서로 다르면서도 일관성이 있는 책으로 재고하는 시도를 결정적으로 방해한다. 정경 복음서는 복음의 진리에서 벗어나게 되고, 이러한 신약의 형태는 그 핵심 내용에 대한 급진적인 해석으로 인

..
31   *WA DB* 6.2; *LW* 35.357.
32   *WA DB* 6.2; *LW* 35.358.
33   참조. 요 6:35; 8:12; 10:14.

해 전복될 것이다.[34] 그럼에도 루터의 신약성경에는 이러한 형태가 계속 지속된다. 스물일곱 권의 책이 모두 (거의) 이러한 익숙한 순서대로 등장한다. 루터의 급진성은 (주로) 그의 서문에 국한되어 있다. 문제는 "복음"이 과연 문학 장르로서, 그리고 좋고 기쁜 소식으로서 공유할 수 있느냐에 달려 있다.

놀랍게도 루터는 1521년에 신약성경을 번역하는 과정에서 쓴 짧은 글에서 그가 만들어낸 문제에 대한 해결책을 제시한다. 이 글은 바르트부르크 설교집(Wartburg Postil)으로 알려지고, "사복음서에서 찾고 기대해야 할 것에 관한 간략한 설명"(*Eyn kleyn unterricht, was man ynn den Euangeliis suchen und gewartten sol*)이라는 제목이 붙은 설교집에 포함시키기 위해 집필되었다.[35] 당연히 이 가운데 많은 내용은 얼마 후에 집필된 신약성경 서문에도 포함되었다. 하지만 여기에는 신약성경 책의 서열이 들어 있지 않으며, 사중 복음서를 그리스도가 구원의 말씀을 선포한다는 더 나은 텍스트와 오직 그의 사역에 관해서만 이야기한다는 더 못한 텍스트로 나누는 구분도 없다. 이제 최종적인 구분은 텍스트 안에 들어 있지 않고, 독자의 몫으로 남아 있다. 이 점은 이미 이 설교집의 표제에도 암시되어 있는데, 거기서 "찾고 기대해야

··
34 하지만 이러한 급진주의는 모든 성경 텍스트에 무분별한 "권위"를 부여하는 온화한 성서주의보다 훨씬 더 교육적이다. Rudolf Bultmann의 *Theology of the New Testament* 는 루터의 신약성경 이해가 계속해서 결실을 맺고 있음을 잘 보여주는데, 공관복음보 다 바울 서신과 요한복음을 더 중시하는 그의 견해는 루터의 영향을 받은 것이다. 다음을 보라. F. Watson, "Bultmann and the Theological Interpretation of Scripture."

35 *WA DB* 10 I.8-18; *LW* 35.117-24.

할 것"은 독자가 텍스트 안으로 가지고 들어가는 것뿐만 아니라 텍스트가 독자에게 말하고자 하는 바를 가리킨다. 보다 더 명확하게 말하자면 이것은 텍스트에 올바르게 접근하는 방법이 있고, 또 그릇된 방법이 있다는 것을 의미한다. 텍스트를 대하는 올바른 방법은 그 안에서 하나님의 선물인 그리스도를 찾고 그분을 발견하리라고 기대하는 것이다. 잘못된 방법은 그 안에서 따라야 할 본보기로서 그리스도를 찾고 그분을 발견하리라고 기대하는 것이다. 그리스도는 그 무엇보다도 하나님의 선물이다. 그는 오직 그 기초하에서만 우리 행실의 최종적인 패턴이다.

복음의 가장 대표적인 조항이자 근간은 당신이 그리스도를 본보기로 삼기 이전에 당신이 먼저 그분을 하나님이 당신에게 주셨고 이제 당신의 것이 된 선물임을 받아들이고 인정하는 것이다. 따라서 당신이 그분이 무언가를 하시거나 어떤 고난을 당하시는 것을 보거나 들으면 당신은 이런 일을 하시거나 고난을 당하시는 그리스도 자신도 당신의 것임을 의심하지 말아야 한다.

Das hauptstuck und grund des Euangelii ist, das du Christum zuvor, ehe du yhn zum exempel fassist, auffnehmist unnd erkennist als eyn gabe und geschenck, das dyr von gott geben und deyn eygen sey, also das, wenn du yhm zusihest odder horist, das er ettwas thutt odder leydet, das du nit zweyfellst, er selb Christus mit solchem thun und leyden sey deyn.[36]

이 명쾌한 단 하나의 진술—독일어로는 단 한 문장—안에 복음에 대한 해석이 전부 들어 있다. 비록 선물에 대한 루터의 강조점은 바울의 영향을 반영할 수도 있지만, 이 용어는 사실 사복음서에도 깊이 스며들어 있다. 요한복음은 "하나님이 세상을 이처럼 사랑하사" 또는 "하나님이 **이렇게** 세상을 사랑하사 그의 유일한 아들을 **주셨으니** 이는 그를 믿는 자마다 멸망하지 않고 영생을 얻게 하려 하심이라"고 말한다.[37] (이 진술을 시작하는 "후토스"[houtōs]는 하나님의 사랑을 선물 주심과 유의어로 만들며 "이렇게 많이"보다는 "이런 방식으로"를 의미한다.) 하나님의 아들 주심은 아들의 자기 내어주심이기도 하다. "내가 줄 떡은 곧 세상의 생명을 위한 내 살이니라."[38] 따라서 공관복음에서 예수는 떡을 떼어 **주시면서** 다음과 같이 말한다. "이것은 **너희에게 주는** 내 몸이라."[39] 또한 잔도 **준다**. 이 그리스어 동사는 자기를 내어주는 세 공관복음의 성찬 기사에서 여섯 차례 등장한다. 다른 본문에서는 "인자가 온 것은 섬김을 받으려 함이 아니라 도리어 섬기려 하고 자기 목숨을 많은 사람의 대속물로 **주려** 함이니라"고 기록되어 있다.[40] 이러한 공관복음의 "선물/주심" 어록은 결코 요한복음보다 덜 포괄적이지 않

••
36   *WA DB* 10 I.11; *LW* 35.119.
37   요 3:16.
38   요 6:51.
39   눅 22:19; 참조. 마 26:26; 막 14:22.
40   마 20:28; 막 10:45.

으며, 사복음서에서 찾고 기대해야 할 것이 다름 아닌 선물로서의 그리스도라는 루터의 주장에 대한 문헌적 근거를 제공해준다. 여기서 요한복음과 공관복음 간의 차이는 그 내용보다는 표현에 있다.

하지만 그리스도는 **또한** 본보기다. 선물은 그리스도에 바탕을 두고, 또 오직 이 그리스도-선물을 통해서만 가능한 새로운 행동 패턴의 길을 열어준다. 선물이 먼저고, 본보기는 그다음이다.

> 내가 주와 또는 선생이 되어 너희 발을 씻었으니, 너희도 서로 발을 씻어 주는 것이 옳으니라. 내가 너희에게 행한 것 같이 너희도 행하게 하려 하여 본을 보였노라.[41]

> 내가 너희를 사랑한 것 같이 너희도 서로 사랑하라.[42]

공관복음에서도 예수는 자신이 요구하는 행동의 본보기다. 그는 추종자들에게 원수를 사랑하고 그를 위해 기도하라고 말하며, 자기 자신도 십자가에 못 박히면서 원수를 사랑하고 그들을 위해 기도한다.[43] 그는 심령이 가난한 자와 온유한 자에게 축복을 선포하고, 자기 자신도 마음이 온유하고 겸손하다.[44] 네 복음서에서 모두 그리스도는 선물

••
41   요 13:14-15.
42   요 13:34.
43   참조. 눅 6:27-28; 23:34.
44   참조. 마 5:3, 5; 11:29.

이자 본보기이며, 그 순서대로다. 그리스도인의 행동은 언제나 하나님의 자비로우신 행동에 대한 반응이다. 그렇지 않다면, 루터가 말하듯이, 그것은 단순히 이교도적이다.[45]

이 점에 관해서는 사복음서가 모두 일치하기 때문에 복음서의 형태를 그 내용과 분리할 필요가 없고, 또 사중적 내러티브를 그 메시지와 분리할 필요가 없다. 결국 찾고 기대해야 할 것에 관한 루터의 교훈은 동어 반복적이다. 즉 우리는 복음서 안에서 복음을 찾고 기대해야 하며, 복음을 거기서 찾고 기대해야 하는 이유는 그것이 바로 그 본질이기 때문이다.

한 말씀

"복음의 진리"는 바울이 사용한 표현이다. 그는 이 표현을 그가 갈라디아인들에게 보내는 편지의 본론을 시작하는 논쟁적이며 자서전적인 본문에서 두 번 사용한다.[46] 바울은 복음서 텍스트를 염두에 두고 있지 않으며, 네 권의 복음서는 더더욱 아니다. 그의 관심은 그의 갈라디아 공동체가 기초를 두고 있는 십자가에 달려 죽으시고 부활하신 예수의 메시지에 있으며, 보다 더 구체적으로는 이방인 회심자들

..
45   *WA* 10 I.9; *LW* 35.117.
46   갈 2:5, 14.

에게 그 메시지의 유대 성경적 근원이 주는 함의에 있다. 과연 이러한 성경적 근원은 이방인 회심자 및 공동체가 그들의 행실을 그 복음 자체보다는 모세의 율법에 기초한 유대 관습에 맞추도록 요구하는가? 이러한 문맥에서 "복음의 진리"는 율법에 근거한 관습을 복음에 근거한 관습과 차별화시키는 것을 의미한다.

또 다른 문맥에서는 "복음의 진리"가 이와는 상당히 다른 무언가를 의미할 수도 있다. 아테네의 시장에서 바울은 에피쿠로스 철학자 및 스토아 철학자와 더불어 복음을 놓고 논쟁을 벌이는데, 거기서 그가 다룬 주제는 음식법과 할례에 관한 것이 아니라 예수와 부활에 관한 것이었다.[47] 갈라디아에서처럼 아테네에서도 진리에 관한 문제는 복음이 단순히 선포되고 읽힐 뿐만 아니라 도전을 받고 논쟁의 대상이 될 때마다 제기된다. 이러한 도전은 그리스도인 공동체 안에서도 일어날 수 있다. 심각한 위기의 순간에 바울은 복음의 진리가 그가 "거짓 형제"라고 묘사하는 익명의 사람들뿐만 아니라 심지어 초기 기독교 운동 내의 지도자급 인물들—그의 선교 사역 동료인 바나바와 사도들 가운데 "기둥"이라고 할 수 있는 게바—에 의해서도 위협을 받고 있음을 본다.[48] 어쩌면 이러한 도전은 에피쿠로스 철학자와 스토아 철학자, 그리고 다른 많은 사람이 예수와 그의 부활에 대한 선포와 경쟁을 벌일 뿐만 아니라 자기들끼리 서로 경쟁을 벌이면서 만물

---

47 행 17:17-18.
48 참조. 갈 2:4, 9, 13-14.

의 본질에 대한 상반된 견해를 홍보하는 시장에서 복음이 선포될 때 공동체 밖에서도 일어날 수 있다. 이러한 갈등은 항상 존재하며, 상호 존중을 기반으로 한 대화의 형태를 띠기도 하지만, 때로는 치명적인 결과를 초래하기도 한다.

위기가 감지되는 상황에서 사람들은 복음의 진리를 고백할 필요가 있다. 복음의 진리에 대한 공식적인 고백은 각 시대의 교회를 향해 이루어져야 하겠지만, 단순히 한순간의 고백으로 그쳐서는 안된다. 거짓과 불의 앞에서 복음의 진리를 엄중하게 재진술하는 의미에서 이러한 고백은 또한 미래에 다가올 상당히 다른 상황에서도 적용할 의도를 담고 있다. 바르멘 선언(Barmen Declaration)은 비교적 최근에 나타난 이러한 유형의 고백이며, (그 모든 한계에도 불구하고) 지금까지도 여전히 유용하다.

1934년 5월에 독일의 루터교회, 개혁교회, 연합교회의 대표들은 국가 통제로부터 교회의 독립을 주장하고, 교회를 나치 사상과 일치시키려는 소위 독일 그리스도인들의 시도에 반대하기 위해 바르멘이라는 공업 도시―부페르탈이라는 광역도시의 일부―에 모였다.[49] 이 선언문은 주로 칼 바르트의 주도하에 작성되었으며, 감동적인 그 첫 조항은 다음과 같다.

..
49 교회/정치적 정황에 관해서는 다음을 보라. K. Scholder, *Churches and the Third Reich*, 2:122-71.

성경이 우리에게 증언하는 바와 같이 예수 그리스도는 우리가 듣고, 신뢰하고, 삶과 죽음으로 순종해야 하는 그 한 하나님의 말씀이다.

Jesus Christus, wie er uns in der Heiligen Schrift bezeugt wird, ist das eine Wort Gottes, das wir zu hören, dem wir im Leben und im Sterben zu vertrauen und zu gehorchen haben.[50]

이러한 긍정적인 주장에는 현실에 대한 하나님의 말씀과 뜻이 총통(Führer)이라는 사이비 메시아적 인물 안에 구현되어 있었다는 독일 기독교의 견해를 거부하면서 부정적인 주장이 덧붙여졌다. 이 조항 뒤에는 이 긍정적인 주장과 부정적인 주장 모두에 대한 성경적 근거를 제공하는 요한복음 본문이 뒤따른다.

예수께서 이르시되 "내가 곧 길이요 진리요 생명이니, 나로 말미암지 않고는 아버지께로 올 자가 없느니라"(요 14:6).

내가 진실로 진실로 너희에게 이르노니 "문을 통하여 양의 우리에 들어가지 아니하고 다른 데로 넘어가는 자는 절도며 강도요.…내가 문이니

──

50 이 진술은 Barth가 처음 작성한 내용과 정확히 동일하며, 그 앞에 인용된 요한복음의 두 본문 중 두 번째 본문도 그대로 남아 있다(요 10:1, 9). 첫 번째 본문(요 14:6)은 나중에 추가된 것으로 보인다. 다음을 보라. K. Scholder, *Churches and the Third Reich*, 2:138.

누구든지 나로 말미암아 들어가면 구원을 받고 또는 들어가며 나오며 꼴을 얻으리라"(요 10:1, 9).

복음의 진리는 여기서 진리이신 예수 그리스도와 동일시된다. 진리는 거짓으로부터 공격을 받지만, 그리스도의 말씀과 약속은 여전히 든든히 서 있다. 바르멘 선언과 그 성경 인용문은 교회의 상태와 방향에 관한 현재의 논란을 혼돈이나 타협의 여지가 전혀 없는 극도로 상반된 관점에서 해석한다.

이 조항의 주체는 성경이 우리에게 증언하는 바와 같이 "예수 그리스도"이시다. "예수 그리스도"라는 이름은 네 복음서 가운데 세 복음서 초반 또는 그 부근에서 등장하지만, 뒷부분에서는 복음서 전체를 통틀어 단 한 번만 나온다. 이 이름은 마태복음, 마가복음, 요한복음 내러티브의 근간이다. 마태는 "**예수 그리스도의 계보**"라는 말로 시작하여 "**예수 그리스도의 나심**"을 이야기한다.[51] 마가는 "**예수 그리스도의 복음의 시작**"을 선포하고, 요한은 "은혜와 진리는 **예수 그리스도**로 말미암아 온 것이라"라고 진술한다.[52] 바르멘 선언 조항은 예수 그리스도에 대한 성경의 증언을 사복음서에 국한하지 않고, 사복음서가 그분을 그렇게 명명하고 그분을 맨 앞에 언급하는 방식을 따른다. 요한복음에 대한 구체적인 언급은 인용된 본문에서뿐만 아니라 "말

••
51 마 1:1, 18.
52 막 1:1; 요 1:17. 사복음서의 다른 본문에는 "예수 그리스도"가 오직 요 17:3에만 등장한다.

씀"에 대한 암묵적 언급을 통해서도 강조된다. 예수 그리스도는 우리가 반드시 경청해야 할 그 한 말씀이다. 요한복음의 "로고스"는 귀로 들을 수 있는 하나님의 말씀이다.[53] 비록 육신이 된 말씀이 요한복음의 프롤로그에서는 보이지도 않고 들리지도 않지만, 이 복음서는 다른 본문에서 우리가 반드시 듣고 믿어야 할 생명을 주는 예수의 말씀을 언급한다.[54]

성경이 증언하는 예수 그리스도는 그가 세운 공동체가 받아들인 그 나사렛 예수를 우리에게 소개한다. 비록 이 역사적 인물과 그를 수용한 그의 초기 모습을 서로 구분하는 것이 때로는 나름대로 가치가 있을 수 있지만, "신앙의 그리스도"와 대비될 수 있는 "역사의 예수"를 재구성하는 작업은 신학적·역사적인 이유에서 문제점이 있다. 역사적 예수의 재구성은 현대의 의제를 다루는 경향이 있다. 지극히 높은 평가를 받은 1930년대의 한 저서에서 예수의 하나님 나라 선포는 "이스라엘과 유대"의 문화적 유산보다는 자신의 문화적 유산에 나타나 있는 "아리아 어족"의 성향을 반영한다.[55] 이와는 대조적으로 사중 복음서의 예수 그리스도는 "아브라함과 다윗의 자손"이다.[56] 복음서는 비(非)유대인 예수를 배제한다. 복음서는 교회, 성경, 또는 교리가 없는 영성을 추구하는 현대의 요구를 수용한 예수를 보여줄 수 있는

..

53   참조. R. Bultmann, *Das Evangelium des Johannes*, 17-19(영역본, 34-36).
54   참조. 요 5:24, 25, 28; 10:27.
55   R. Otto, *Kingdom of God*, 13-44.
56   마 1:1.

신뢰할 만한 출전(source)이 아니다. 그러한 인물은 복음서가 말하는 그 한 분 하나님의 말씀이 될 수 없다.

사복음서의 예수는 "우리가 듣고, 신뢰하고, 삶과 죽음으로 순종해야 하는 그 한 분 하나님의 말씀"이다. 사복음서는 어떤 특정 인물의 삶과 그 결말을 이야기하고, 또 그 삶은 너무나도 최종적이며 포괄적이어서 우리의 삶 전체가 이 유일한 하나님 말씀의 영역으로 이끌리는 하나의 소통 행위로 이해될 수 있다. 우리는 이 말씀 안에서 살고 움직이고 존재한다. 이 말씀이 그 한 분 **하나님**의 말씀이다. 비록 예수의 임재가 네 복음서의 모든 페이지에서 살아 움직이지만, 여기서 강조되어야 할 점은 그가 하나님께로부터 왔거나 하나님으로부터 보내심을 받았으며, 그의 말씀과 사역을 통해 하나님이 우리에게 말씀하시고 우리를 대신하여 행동하신다는 사실이다. 예수의 임재는 또한 동시에 하나님의 임재다. 하나님은 예수 자신에게 임재해 계시는 만큼 사복음서에 서술된 그의 말씀과 사역 안에도 임재해 계신다. 이 사실은 예수가 이 세상에 태어나기 훨씬 전에 그에게 예비되어 있던 이름에 이미 분명히 나타나 있었다. 임마누엘, 곧 "하나님이 우리와 함께 계시다."

참고문헌

일차 자료

Apostolic Fathers. Edited by Bart D. Ehrman. 2 vols. LCL. Cambridge, MA: Harvard University Press, 2003.

The Apostolic Fathers—Justin Martyr—Irenaeus. ANF 1. Grand Rapids: Eerdmans, 1975.

Augustine. *De Consensu Evangelistarum*. Edited by F. Weihrich. CSEL 43. Vienna: Österreichische Akademie der Wissenschaften, 1904.

_____. *Harmony of the Evangelists*. NPNF [1], vol. 6. Grand Rapids: Eerdmans, 1991.

Bede. *The Ecclesiastical History of the English Nation*. London: J. M. Dent; New York: E. P. Dutton, 1910.

Chrysostom, John. *Homilies on Matthew*. NPNF [1], vol. 10. Grand Rapids: Eerdmans, 1991.

Codex Fuldensis. Edited by E. Ranke. Marburg and Leipzig: N. G. Elwert, 1868.

Ephrem. *Saint Éphrem, Commentaire de l'Évangile concordant, texte syriaque*. Edited by L. Leloir. Dublin: Hoddaes Figgis, 1963.

_____. *Saint Éphrem, Commentaire de l'Évangile concordant, version arménienne*. Edited by L. Leloir. Louvain: Peeters, 1953-54.

_____. *Saint Ephrem's Commentary on Tatian's Diatessaron*. Translated by Carmel McCarthy. Oxford: Oxford University Press, 2000.

Eusebius. *Church History*. NPNF [2], vol. 1. Grand Rapids: Eerdmans, 1982.

_____. *Eusebius Werke, Die Kirchengeschichte*. Edited by E. Schwartz and Theodor Mommsen. 3 vols. GCS. Leipzig: J. C. Hinrichs, 1903-9.

Evangelion da-Mepharreshe: The Curetonian Version of the Four Gospels, with the Readings of the Sinai Palimpsest and the Early Syriac Patristic Evidence. Edited by F. C. Burkitt. 2 vols. Cambridge: Cambridge University Press, 1904.

Irenaeus. *Libri Quinque Adversus Haereses*. Edited by W. W. Harvey. 2 vols. Cambridge: Cambridge University Press, 1857.

Jerome. *Commentarii in epistulam Pauli apostoli ad Galatas*. Edited by F. Bucchi. CCSL 77A. Turnhout: Brepols, 2006.

_____. *Commentariorum in Matheum libri IV*. Edited by D. Hurst and M. Adriaen.

CCSL 77. Turnhout: Brepols, 1969.

Josephus. *Jewish Antiquities*. Edited by H. St. J. Thackeray. 7 vols. LCL. Cambridge, MA: Harvard University Press; London: Heinemann, 1978-81.

———. *The Jewish War*. Edited by H. St. J. Thackeray. 2 vols. LCL. Cambridge, MA: Harvard University Press; London: Heinemann, 1976-79.

Justin Martyr. *Apologiae pro Christianis, Dialogus cum Tryphone*. Edited by M. Marcovich. New York: de Gruyter, 2005.

Lucretius. *On the Nature of Things*. Edited by W. H. D. Rouse and Martin F. Smith. LCL. Cambridge, MA: Harvard University Press, 1989.

Luther, Martin. *D. Martin Luthers Werke: Kritische Gesamtausgabe* (= WA, 121 vols.). Weimar: Hermann Böhlaus Nachfolger, 1883-2009.

———. *Luther's Works*. Edited by Jaroslav Pelikan and Helmut T. Lehmann. 55 vols. St. Louis: Concordia; Minneapolis: Fortress, 1957-86.

Origen. *Against Celsus*. ANF 4. Grand Rapids: Eerdmans, 1976.

———. *Commentary on the Gospel according to John*. Edited by Ronald E. Heine. 2 vols. Washington, DC: Catholic University of America Press, 1989-93.

———. *Commentary on the Gospel of John*. ANF 10. Grand Rapids: Eerdmans, 1974.

———. *Commentary on Matthew*. ANF 10. Grand Rapids: Eerdmans, 1974.

———. *Der Johanneskommentar*. Edited by E. Preuschen. GCS. Leipzig: J. C. Hinrichs, 1903.

———. *Homilien zu Lukas in der Übersetzung des Hieronymus und die griechischen Reste der Homilien und des Lukas-Kommentars*. Edited by Max Rauer. 2nd ed. GCS. Berlin: Akademie-Verlag, 1959.

———. *Homilies on Luke*. Translated by Joseph T. Lienhard, SJ. FC 94. Washington, DC: Catholic University of America Press, 1996.

———. *Origenes Werke, Erster Band: Die Schrift vom Martyrium, Buch I-IV Gegen Celsus*. Edited by P. Koetschau. GCS. Leipzig: J. C. Hinrichs, 1899.

Priscillian. *Priscillian of Avila: The Complete Works*. Edited by Marco Conti. Oxford: Oxford University Press, 2010.

Synopsis Quattuor Evangeliorum. Edited by K. Aland. 4th ed. Stuttgart: Württembergische Bibelanstalt, 1967.

Tatian. *Diatessaron*. ANF 10. Grand Rapids: Eerdmans, 1974.

———. *Diatessaron de Tatien*. Edited by A.-S. Marmardji. Beyrouth: Im primerie Catholique, 1935.

Victorinus of Pettau. *Victorini Episcopi Petavionensis Opera*. Edited by J. Haussleiter. CSEL 49. Vienna: F. Tempsky; Leipzig: G. Freytag, 1916.

이차 자료

Alexander, J. J. G. *Insular Manuscripts, 6th to the 9th Century*. London: Harvey-Miller, 1978.

Barth, Karl. *Church Dogmatics*. Edited by G. W. Bromiley and T. F. Torrance. 14 vols. Edinburgh: T&T Clark, 1936-77. 『교회 교의학』 전13권, 대한기독교서회 역간.

Bauckham, Richard. *Jesus and the Eyewitnesses: The Gospels as Eyewitness Testimony*. Grand Rapids: Eerdmans, 2006. 『예수와 그 목격자들』, 새물결플러스 역간.

Bausi, Alessandro. "The 'True Story' of the Abba Gärima Gospels." *Comparative Oriental Manuscript Studies Newsletter* 1 (January 2011): 17-20.

Bockmuehl, Markus. *Seeing the Word: Refocusing New Testament Study*. Grand Rapids: Baker Academic, 2006.

Brown, Michelle P. *The Lindisfarne Gospels and the Early Medieval World*. London: British Library, 2011.

Brown, Raymond E. *The Birth of the Messiah: A Commentary on the Infancy Narratives in the Gospels of Matthew and Luke*. 2nd ed. New York: Doubleday, 1993. 『메시아의 탄생』, CLC 역간.

Bultmann, Rudolf. *Das Evangelium des Johannes*. 10th ed. KEK. Göttingen: Vandenhoeck & Ruprecht, 1968. Translated by G. R. Beasley-Murray, R. W. N. Hoare, and J. K. Riches as *The Gospel of John: A Commentary* (Oxford: Blackwell, 1971).

_____. *Theology of the New Testament*. Translated by Kendrick Grobel. 2 vols. London: SCM, 1952-55. Originally published as *Theologie des Neuen Testaments* (Tübingen: Mohr, 1951).

Burridge, Richard A. *Imitating Jesus: An Inclusive Approach to New Testament Ethics*. Grand Rapids: Eerdmans, 2007.

_____. *What Are the Gospels? A Comparison with Graeco-Roman Biography*. Grand Rapids: Eerdmans, 2004.

Childs, Brevard S. *The New Testament as Canon: An Introduction*. London: SCM, 1984.

Crawford, Matthew R. "Ammonius of Alexandria, Eusebius of Caesarea, and the Beginnings of Gospel Scholarship." *NTS* 61 (2015): 1-29.

_____. "Diatessaron, a Misnomer? The Evidence of Ephrem's Commentary." *Early Christianity* 3 (2013): 362-85.

Davies, W. D., and D. C. Allison. *A Critical and Exegetical Commentary on the Gospel according to St. Matthew*. 3 vols. ICC. Edinburgh: T&T Clark, 1988-97.

Gameson, Richard. *From Holy Island to Durham: The Context and Meanings of the Lindisfarne Gospels.* London: Third Millennium, 2013.

Gathercole, Simon J. *Defending Substitution: An Essay on Atonement in Paul.* Grand Rapids: Baker Academic, 2015.

_____. *The Gospel of Thomas: Introduction and Commentary.* Leiden: Brill, 2014.

_____. "The Titles of the Gospels in the Earliest New Testament Manuscripts." *ZNW* 104 (2013): 33-76.

Goodacre, Mark. *The Case against Q: Studies in Markan Priority and the Synoptic Problem.* Harrisburg, PA: Trinity Press International, 2002.

Grafton, Anthony, and Megan Williams. *Christianity and the Transformation of the Book.* Cambridge, MA: Harvard University Press, 2006.

Hays, Richard B. *Reading Backwards: Figural Christology and the Fourfold Gospel Witness.* Waco: Baylor University Press, 2014.

Hengel, Martin. *The Four Gospels and the One Gospel of Jesus Christ.* Translated by John Bowden. London: SCM, 2000.

Hurtado, Larry W. *The Earliest Christian Artifacts: Manuscripts and Christian Origins.* Grand Rapids: Eerdmans, 2006.

Kraus, Thomas J., Michael J. Kruger, and Tobias Nicklas, eds. *Gospel Fragments.* Oxford: Oxford University Press, 2009.

Kraus, Thomas J., and Tobias Nicklas, eds. *Das Petrusevangelium und die Petrusapokalypse: Die griechischen Fragmente mit deutscher und englischer Übersetzung.* GCS. Berlin: de Gruyter, 2004.

Leroy, Jules. "Un nouvel évangéliaire éthiopien illustré du monastère d'Abba Garima." In *Synthronon: Art et archéologie de la fin de l'antiquité et du moyen âge,* edited by A. Grabar et al., 75-87. Paris: Librairie C. Klinck sieck, 1968.

McGurk, Patrick. *Latin Gospel Books from A.D. 400 to A.D. 800.* Paris Brussels: Aux Éditions "Érasme"; Anvers-Amsterdam: Standaard Boekhandel, 1961.

McKenzie, Judith, and Francis Watson. *Early Illuminated Gospel Books from Ethiopia.* Oxford: Manar al-Athar; Amsterdam: Allard Pierson Museum (forthcoming).

Metzger, Bruce M. *A Textual Commentary on the Greek New Testament.* New York: United Bible Societies, 1975.

Mitchell, Margaret. "Patristic Counter-Evidence to the Claim That 'The Gospels Were Written for All Christians.'" *NTS* 51 (2005): 36-79.

Nestle, Eberhard. "Die Eusebianische Evangelien-Synopse." *NKZ* 19 (1908): 40-51, 93-114, 219-32.

Nordenfalk, Carl. *Die spätantiken Kanontafeln: Kunstgeschichtliche Studien über die eusebianische Evangelien-Konkordanz in den vier ersten Jahrhunderten ihrer Geschichte.* Göteborg: O. Isacson, 1938.

Otto, Rudolf. *The Kingdom of God and the Son of Man: A Study in the History of Religion.* Translated by Floyd V. Filson and Bertram Lee Woolf. London: Lutterworth, 1943.

Scholder, Klaus. *The Churches and the Third Reich.* 2 vols. London: SCM, 1987–88.

Soden, Hermann von. *Die Schriften des Neuen Testaments in ihrer ältesten erreichbaren Textgestalt hergestellt auf Grund ihrer Textgeschichte,* I.1. Berlin: Duncker, 1902.

Steinmetz, David. "The Superiority of Pre-Critical Exegesis." *ThTo* 37 (1980): 27–38.

Swanson, Reuben J., ed. *New Testament Greek Manuscripts: Variant Readings Arranged in Horizontal Lines against Codex Vaticanus—Luke.* Sheffield: Sheffield Academic Press; Pasadena, CA: William Carey International University Press, 1995.

Trobisch, David. *The First Edition of the New Testament.* Oxford: Oxford University Press, 2000.

Tuckett, Christopher. *The Gospel of Mary.* Oxford: Oxford University Press, 2007.

Wallraff, Martin. *Kodex und Kanon: Das Buch im frühen Christentum.* Berlin: de Gruyter, 2013.

Watson, Francis. "Bultmann and the Theological Interpretation of Scripture." In *Beyond Bultmann: Reckoning a New Testament Theology,* edited by Bruce W. Longenecker and Mikeal C. Parsons, 257–72, 320–24. Waco: Baylor University Press, 2014.

_____. *Gospel Writing: A Canonical Perspective.* Grand Rapids: Eerdmans, 2013.

_____. "Towards a Redaction-Critical Reading of the Diatessaron Gospel" (forthcoming).

Webster, John. *Holy Scripture: A Dogmatic Sketch.* Cambridge: Cambridge University Press, 2003.

Wormald, Francis. *The Miniatures in the Gospel of St Augustine (Corpus Christi College Ms. 286).* Cambridge: Cambridge University Press, 1954.

네 권의 복음서, 하나의 복음 이야기
신약성경에 나타난 예수의 초상에 대한 신학적 해석

Copyright ⓒ 새물결플러스 2020

1쇄 발행 2020년 10월 12일
2쇄 발행 2020년 11월 5일

지은이   프란시스 왓슨
옮긴이   이형일
펴낸이   김요한
펴낸곳   새물결플러스

편 집   왕희광 정인철 노재현 한바울 정혜인
            이형일 나유영 노동래 최호연
디자인   윤민주 황진주 박인미 이지윤
마케팅   박성민 이원혁
총 무   김명화 이성순
영 상   최정호 곽상원
아카데미 차상희

홈페이지 www.holywaveplus.com
이메일   hwpbooks@hwpbooks.com
출판등록 2008년 8월 21일 제2008-24호
주 소   (우) 04118 서울시 마포구 마포대로19길 33
전 화   02) 2652-3161
팩 스   02) 2652-3191

ISBN 979-11-6129-167-3 93230

책값은 뒤표지에 있습니다.

이 도서의 국립중앙도서관 출판예정도서목록(CIP)은 서지정보유통지원시스템
홈페이지(seoji.nl.go.kr)와 국가자료공동목록시스템(nl.go.kr/kolisnet)에서
이용하실 수 있습니다. CIP2020031150